普通高等教育"十五"国家级规划教材

教育部高职高专规划教材

金　融　市　场

（第3版）

主编　崔　荫

中国财政经济出版社

图书在版编目（CIP）数据

金融市场/崔茵主编．—3版．—北京：中国财政经济出版社，2010.5
教育部高职高专规划教材
ISBN 978－7－5005－8374－5

Ⅰ．金…　Ⅱ．崔…　Ⅲ．金融市场－高等学校：技术学校－教材
Ⅳ．F830.9

中国版本图书馆CIP数据核字(2009)第093325号

中国财政经济出版社出版

URL：http：//www.cfeph.cn
E－mail：jiaoyu@cfeph.cn

社址：北京市海淀区阜成路甲28号　邮政编码：100142
发行电话：88190655　88190655（传真）
北京财经印刷厂印刷　　各地新华书店经销
787×960毫米　16开　16.25印张　264 000字
2010年5月第3版　2010年5月北京第1次印刷
定价：22.00元
ISBN 978－7－5005－8374－5/F·7306
（图书出现印装问题，本社负责调换）

出版说明

教材建设工作是整个高职高专教育教学工作的重要组成部分。改革开放以来，在各级教育行政部门、学校和有关出版社的共同努力下，各地已出版了一批高职高专教育教材。但从整体上看，具有高职高专教育特色的教材极其匮乏，不少院校尚在借用本科或中专教材，教材建设仍落后于高职高专教育的发展需要。为此，1999 年教育部组织制定了《高职高专教育基础课程教学基本要求》（以下简称《基本要求》）和《高职高专教育专业人才培养目标及规格》（以下简称《培养规格》），通过推荐、招标及遴选，组织了一批学术水平高、教学经验丰富、实践能力强的教师，成立了“教育部高职高专规划教材”编写队伍，并在有关出版社的积极配合下，推出一批“教育部高职高专规划教材”。

“教育部高职高专规划教材”计划出版 500 种，用 5 年左右时间完成。出版后的教材将覆盖高职高专教育的基础课程和专业主干课程。计划先用 2～3 年的时间，在继承原有高职、高专和成人高等学校教材建设成果的基础上，充分汲取近几年来各类学校在探索培养技术应用性专门人才方面取得的成功经验，解决好新形势下高职高专教育教材的有无问题；然后再用2～3年的时间，在《新世纪高职高专教育人才培养模式和教学内容体系改革与建设项目计划》立项研究的基础上，通过研究、改革和建设，推出一大批教育部高职高专规划教材，从而形成优化配套的高职高专教育教材体系。

"教育部高职高专规划教材"是按照《基本要求》和《培养规格》的要求，充分汲取高职、高专和成人高等学校在探索培养技术应用性专门人才方面取得的成功经验和教学成果编写而成的，适合高等职业学校、高等专科学校、成人高校及本科院校举办的二级职业技术学院和民办高校使用。

教育部高等教育司

第3版前言

本教材于2001年出版，2005年在第1版的基础上进行了再版修订，本次修订是在第2版的基础上修订完成的。

第1版教材在编写过程中针对高职高专培养目标和金融专业教学的特点，定位准确。全书对金融市场理论部分的阐述通俗易懂，基本原理讲述浅显透彻；强调了理论与实践的结合，突出了应用性和实务操作性；在教材的架构上注意了内容的完整性和略微超前性。由于上述特色明显，第1版教材出版后受到了相关院校广大师生的欢迎。近几年，我国的金融改革在不断深化，金融市场在面对机遇、挑战和竞争中，也在不断地发生着变化。因此，有必要对原教材的部分内容进行补充、修订和再修订。

本次修订保持了第2版教材的结构，仍由十章构成。第一章概述了金融市场的基本构成、功能，金融市场的投资工具，并简要介绍了世界金融市场概况。第二至第七章就传统金融市场的四大分类进行介绍，分别介绍了货币市场、资本市场、外汇市场、黄金市场的基本构成、特征以及市场运作，其中，资本市场部分比较复杂，又细分为股票市场、债券市场和基金市场。第八章离岸金融市场虽然兼有货币市场与资本市场的业务，但它所具有的“境外货币”“境外市场”的特色，又有其独特的交易对象和业务特点，列为专章进行介绍。第九章金融衍生市场是当今国际金融市场的重要构成，也是我国金融市场发展与完善的一个必然走向，而金融衍生市场业务又是国内从业人员相对陌生的，本章从基本原理和实务相结合的角度对衍生市场业务进行了简要介绍。在全面介绍金融市场业务的基础上，第十章就金融市场的风险进行了分析，并从风险防范的角度介绍了不同市场的管理。

本次修订的重点围绕着三个方面进行。一是根据我国金融市场逐步发展的进程以及相关法律法规的完善，进行了必要的补充或修改。二是对近年来金融市场业务、金融工具的创新或变更进行了介绍和充实。三是在文字上重新进行了梳理。本次修订由崔荫和李煊执笔，崔荫负责第一章、第二章、第六章、第七章、第八章的修改，李煊负责第三章、第四章、第五章、第九章、第十章的修改，全书仍由崔荫总纂。

由于作者水平所限，书中仍难免存在不足和错误，敬请读者指正。

作　者

2008年12月

目录

第一章

金融市场概述

内容提示

金融市场是金融体系的重要构成部分，它链接着一切金融活动，是金融投资、金融融资、金融交易的场所。对于现代经济来说，金融市场是否发达，金融产品是否丰富，金融工具是否多样化，集中反映着一国经济发展水平的高低。本章对金融市场的概貌进行描述，介绍金融市场的概念与构成，金融市场上的金融投资活动以及世界各国金融市场的概况。

第一节 金融与金融市场

一、金融和金融市场的概念

（一）金融与金融资产

金融是资金的融通，是资本的流动。当今社会，金融活动正频繁地出现于各种场合并对人们的经济生活和社会生活产生重大的影响。从宏观上看，金融通过聚集社会的散财、游资和闲钱，动员起社会的经济潜力，促使生产迅速扩张；金融可能引起强烈的经济震荡，使社会生产乃至世界经济在一夜之间陷入混乱。从微观上看，越来越多的人介入金融活动，从事金融投资，股票、债券、基金、期货、期权、汇率已成为人们频繁接触的日常用语，金融活动已日益深入人心。

金融活动要借助于金融资产进行，金融资产是以价值形态存在的资产，如银行储蓄存款、银行贷款、投资基金、股票、债券等。金融资产是相对于实业资产而言的。

（二）金融市场及其特性

所谓市场，就是买卖双方或供求双方在一起进行交易的场所。金融市场是资金借贷双方、证券买卖双方利用金融工具或者金融工具价格进行交易的场所或机制。

在金融市场里，一切金融交易必须按照价值规律进行，也就是说，金融市场首先是一个交易的场所，但交易场所必须拥有“确定价格”的职能。我们知道，同所有的商品一样，金融交易基本上包括三个环节：一是交易双方发生联系，确定交易的对象和数额；二是双方讨价还价，共同决定交易对象的价格；三是拍板成交，买方付钱，卖方付货。可见，交易本身便包含了确定价格的过程。因此，金融市场的含义揭示了两层意思：首先，金融市场是一个交易的场所，它为交易双方提供了进行交易的地方；其次，金融市场又是供求双方直接协商进行交易活动，最终确定金融工具价格的地方。

金融市场和其他市场一样，具有竞争价格等市场机制，但又有自己的特殊性。

1. 市场交易的对象不同。商品市场交易的对象是各种有形商品，交易双方主要是买卖关系；金融市场交易的则是特殊商品，这种特殊商品既包括货币、外汇、股票、债券等金融资产，又包括利率、汇率、股票价格指数等金融资产价格，交易双方体现的是一种复杂的借贷、买卖关系。

2. 市场的价格确定方式不同。在商品市场上，普通商品的价格一般由商品的价值所决定，并随着供求关系围绕价值而波动。在金融市场上，金融商品的价格如利率、汇率等则与金融商品的价值无关，完全取决于资金的供求状况。

3. 市场交易的关系不同。一般的商品交易是买卖双方在等价原则基础上的交易行为，交易行为结束后，买卖关系随之终止。金融商品的交易交割以后，从形式上看买卖双方的关系已经结束，但实际上是建立和转移了信用关系，使债权或所有权从卖者转移到买者，只有到了还本付息后，债权、债务关系才算结束。

4. 市场交易场所不同。普通的商品市场一般都有固定的交易场所，而金融市场却不完全有固定的场所。金融市场是一个庞大的市场体系，是一个广义的市场，既可以是固定场所的有形市场，如股票交易所、期货交易所等，又可以是无固定场所的无形市场，如证券场外交易市场、外汇市场、黄金现货市场等。当今的金融市场，在全球不同的空间范围内，通过电脑、电信等现代通讯设施，就可以使近在咫尺或远隔万里的买卖在瞬息间完成，因此，联系着金融机构和客户的庞大电讯网络也可以说是一种金融市场的交易场所。

二、金融市场的功能

在现代市场经济体制中，金融市场占有极其重要的地位，这是由金融市场本身特有的功能所决定的。完善的金融市场具有以下四种功能。

（一）聚财功能

在现实生活中有很大一部分货币沉淀在居民和企业手里，这些分散的货币不能形成投资规模，银行通过吸收存款可以将闲散资金积聚起来用于投资。但是单纯依靠银行吸收存款还不能满足人们对货币资金的多种需要，金融市场则能提供具有不同功效的多种金融商品，如可流通的各种债券和国库券、具有不同风险和收益的股票等，这些金融商品能够适应人们对货币资金的多种要求，从而有效地把小额货币积聚成具有投资能力的大额资金。

（二）导向功能

金融市场不仅能聚集资金，而且能够引导货币资金的流向，并通过货币的流动引导商品和各种生产要素的流动。在市场经济中，商品市场、生产要素市场和金融市场一起构成一个完整的市场体系。在这个市场体系中，金融市场占据了主导地位，它主导着其他市场的运动，即金融市场中的货币资金运动引导着商品市场的商品流动和生产要素市场的生产要素流动，通过资金流动的导向，使物质资料、劳动力、技术等生产要素组合成现代生产能力。

（三）调控功能

由于金融市场在市场体系中的主导地位，它必然是国家间接调控宏观经济的主要工具。在现代市场经济中，货币像无形的纽带，把众多分散的局部经济运行连接起来，形成社会经济的整体运动。国家的宏观金融政策通过专业银行和金融市场的传导，可以引起货币流量和流向的变动，从而影响商品市场和生产要素市场的变动，达到调控经济的目的。同时，中央银行还可以从专业银行和金融市场的信息反馈上观察、检验调控效果，然后对二者加以综合分析，校正调控措施，保证调控的完美实现。

（四）效益功能

在金融市场上，企业所需资金可以通过各种金融商品形式向资金闲置的单位和个人融通。但这些单位和个人是否愿意提供资金，一是要看投资是否安全，资金到期能否收回；二是要看能否获得较高收益。为此，他们就要对筹资企业的生产经营状况和盈利水平进行严格审查。同时，在金融市场上有众多的资金需求者处于相互竞争的地位，竞争的结果，自然是那些经济效益高的企业和投资项目优先取得资金。因此，金融市场可以引导社会资金用于经济效益最高的企业和投资项目上，从而提高社会资金的使用效益，使资源得到合理的配置。

三、金融市场的构成

（一）金融市场的参加者

金融市场是一个由多种要素组成的有机统一体。其基本要素有五个，包括：资金需求者、资金供应者、中介机构、投机者和管理者。这些市场的参与者无论是政府部门、工商企业、个人、商业银行还是其他金融机构，无论他们在市场上的交易目的如何，都离不开在金融市场筹措资金、获得利润、避免风险、匹配期限、调控利率等目标。

1. 政府部门。在金融市场上，中央政府与地方政府通常都是资金的需求者，他们主要通过发行政府债券方式筹集资金，用于基础设施建设，弥补财政预算赤字等。

2. 工商企业。工商企业一般也是金融市场的资金需求者，他们既通过市场筹集短期资金从事经营活动，又通过发行股票或中长期公司债券等方式筹措资金用于扩大生产或经营。有些工商企业还是金融市场上的资金供给者，他们将暂时不用或多余的资金提供出去，使这些资金得到保值或增值，以获取更大的收益。

3. 个人。个人作为投资者，是金融市场上的主要资金供给者，他们将自己的资金购买各种有价证券以寻求收益。但是，一些小的投资者很少进行直接投资，大多通过中介机构进行间接投资，如购买基金，投入人寿保险等，这些中介机构便成了供给资金的机构投资者，其资金来源还是来自个人的投资。个人有时也是资金的需求者，如个人消费贷款和房屋抵押借款等。

4. 中央银行。中央银行既是金融市场的参与者，又是金融市场的管理者和监督者。中央银行作为最后的贷款人，它是资金的供给者。而中央银行在金融市场通过买卖证券等公开市场业务操作，可以行使其宏观调控和实施货币政策的重要职责。

5. 商业银行。商业银行是金融市场最重要的参与者，它既是市场上的资金供给者，又是资金需求者，几乎参与了整个金融市场的活动。作为资金的需求者，商业银行的资金来源是多渠道的，有本身的股东权益，有同业拆借的短期资金，有本身发行的金融债券，也有通过派生存款创造的银行信用等等。作为资金的供给者，商业银行主要通过贷款或投资参与市场，同时还根据业务需要，通过金融市场调整其资产负债结构。

6. 其他中介机构。金融市场上资金余缺双方的供需调节需要通过中介机构来实现。如证券公司在金融市场上承购、包销、代销各种债券和短期票据，代客经营或自营股票、债券买卖，办理证券抵押放款，从事金融期货、期权交易等。金融市场上的其他中介机构还有储蓄机构、保险公司、各种互助基金、财务公司等。

（二）金融市场结构

按照结构的不同，金融市场可以划分为许多种类，如长期金融市场和短期金融市场、有形金融市场和无形金融市场、国内金融市场和国际金融市场、传统金融市场和离岸金融市场等。目前比较流行的是按业务性质划分，可分为货币市场、资本市场、外汇市场、黄金市场、衍生市场。

1. 货币市场。货币市场是指短期的资金市场。这里所谓短期，是指一年以下的资金借贷或交易行为，其中又可细分为短期借贷市场、银行同业拆借市场、定期存款单市场、商业票据市场和短期证券市场等。

2. 资本市场。资本市场与货币市场的根本区别，在于资本市场是从事一年期以上资金的借贷交易的市场，主要进行银行的长期放款和证券投资等业务。资本市场又可细分为中长期信贷市场、股票市场和债券市场，股票市场或债券市场又可再分为发行市场和交易市场。

3. 外汇市场。外汇市场是经营外汇买卖的场所。外汇市场与资金市场的不同，在于资金市场使用同一种货币进行交易，而外汇市场的交易则在不同货币间进行。外汇市场上的交易方式主要有即期外汇交易、远期外汇交易、套汇交易和套利交易。

4. 黄金市场。黄金市场是集中进行黄金买卖或金币兑换的交易场所。在目前的信用货币制度下，黄金已退出货币流通领域，但由于历史原因和黄金的稀缺性，黄金在世界经济生活中仍占有极其重要的地位。由于黄金本身的特殊性，黄金市场上的黄金交易具有两重性，一是作为商品来交易，一是作为货币来交易，从后一角度理解，黄金市场是金融市场的一个组成部分。黄金市场按交易方式不同又可分为现货市场和期货市场。

5. 金融衍生市场。金融衍生市场是以金融衍生工具为交易对象的市场。金融衍生工具是从传统金融工具衍生出来的新型金融工具，它起源于原生性金融商品或基础性金融工具，并根据其相关金融资产的预期价格变化而定值。它的最大特征是衍生品不能单独交易，必须以原生商品或基础工具为载体共同交易。金融衍生市场又可细分为金融远期市场、金融期货市场、金融期权市场、金融互换市场等。

第二节 金融市场与金融投资

一、投资与金融投资

（一）投资的含义

投资是一个广泛的概念，只要是某种有目的的投入，希望在将来某个时候获取相应的好处的活动，都可以称为投资。经济学中的投资是指为取得某种预期收益而进行的资金或资本的投入及其运动过程。投资包括直接投资和间接投资。直接投资是指经济主体直接经营企业、开厂设店，或收买现有企业获得直接经营企业权力的投资，是一种实物投资。间接投资是指经济主体以银行或金融机构为中介，或在金融市场直接购买证券等形式进行的投资，是一种金融投资。

（二）金融投资及其特点

金融投资是以金融市场为依托的投资，如投资者在金融市场上，通过存放款、拆借资金、票据承兑贴现、买卖各种有价证券等形式进行的投资。

金融投资的最大特点是：投资的间接性和筹资的直接性。对投资者来说，购买金融商品就形成了投资，但仅此而已，投资是不可能带来收益，购买金融商品的货币还必须从投资者手中转到筹资者手中，并转化为资本投入生产，货币才能真正产生收益，因此投资是间接的。从筹资者的角度看，只要售出了金融商品，就完成了筹资，因而筹资是直接的。

与实物投资相比，金融投资还有以下特点：

1. 投资的媒介不同。金融投资通过购买金融资产而实现，一般以拥有产权、债权为特征，在未来某一时间凭拥有的产权或债权获得收益；实际产业投资在拥有实际资产的所有权后还必须通过具体的经营活动才有可能获取收益。

2. 投资的流动性不同。金融投资的流动性较大，所投资的金融资产一般以货币形态表现，通过金融市场交易较易兑现；实际产业投资中投入的资金主要以物质财富的形式存在，其变现性和流动性较小。

3. 投资的风险性不同。金融市场上的不可预测因素较多，因此，金融投资承担的风险较大，而且一旦失误便难以减少其损失；实际产业投资有较长的时间进行方案论证、评价和选择，即便在投资过程中出现失误，也还存在减少损失的可能性。

（三）投资、投机、赌博的区别

1. 投资与投机的区别。经济学中的投机，是指货币持有者利用金融市场交易中某种标的物（基金、股票、债券等）的价格波动，根据投资者对未来价格的预期，通过贱买贵卖获得货币收益的行为。投资与投机的主要区别在于：

（1）在投资目的方面。投资的目的多在于获取利息、股息、红利等收益，是一种相对有理性的投资行为。投机则着眼于从价格波动中赚取买卖价差，往往是一种缺乏理性的行为。

（2）在资金来源方面。一般说来，投资者以自有资金作资本，或者说是自己剩余资本的利用。投机者则通过融资、借贷和其他方法拆入资金，有的甚至是高息借款。

（3）在承担风险方面。投资者进行投资所承担的风险是经过精心计划的，在风险与收益的比较中，对投资的安全考虑较多，宁愿少些收益，也不愿多冒风险。投机者则明知风险存在，为追求高额利润，而愿意或敢于承担风险。

（4）投资时间方面。投资一般时间较长，属于一种中长期信用方式。投机则侧重于短期操作，属于一种短期投资方式。

在金融市场上，投资与投机是两种不同的投资理念与投资方法，但在实际操作中他们往往同时并存，有时，投资者也会进行投机，投机者亦可能进行投资。

2. 投机与赌博的区别。客观地说，投机交易是金融市场上不可或缺的组成部分，它对投资者分散价格变动的风险，提高金融交易的流动性起到一定的作用，但过度投机则会给金融市场带来巨大风险，形成破坏性结果。有人将投机与赌博混为一谈，其实它与赌博是有严格区别的，主要表现在：

（1）投机不是一种完全盲目的行为，就投机者而言，他仍然具备一定的知识和资信，并对未来的情况进行一定的分析和评估。赌博则完全凭直观感觉行事，没有足够的资信和知识作为决策的基础，而是以百分之百的侥幸心理孤注一掷，全凭自身运气，是具有极端风险的一种爱好行为。

（2）投机者是投风险之机，这种风险原已存在，投机者只是对风险加以利用而已。赌博则是自己制造风险，自己承担风险，这种风险原本可以是不存在的。

二、金融投资的类型

按现代市场运行情况，金融投资可分为银行性金融投资、证券性金融投资、衍生性金融投资三大类。

（一）银行性金融投资

银行金融投资就是银行作为投资主体的投资。银行体系通常分为两类：政策性银行和商业银行，银行金融投资是和商业银行联系在一起的。商业银行作为投资主体进行的投资，主要有两种：

1. 通过贷款进行的投资。银行进行贷款投资，一般通过流动资金贷款和固定资产贷款进行，其中固定资产贷款的投资性质比较明显，这些贷款一般有固定的偿还期和利率，而且大多数是以项目形式进行的。从银行的角度看，这种贷款很难说是一种投资，但这些贷款最终还是被使用者用作投资的。

2. 在证券市场上购入证券进行投资。对银行而言，真正的投资是购买有价证券以获得利润。银行购买的证券一般是政府证券（如国库券、政府公债）和公司证券（如公司债券、股票）。由于政府证券比较安全可靠，变现能力强，加上许多国家都禁止银行购买股票，所以政府证券是银行金融投资的主要部分。公司证券一般是抵押证券和信用证券，也包括股票和企业债券等，但银行对公司证券投资一般不是很大，主要原因是收益低、期限长和风险大。

（二）证券性金融投资

证券金融投资是最基本，也是最重要的一种金融投资方式。证券一般是经法律确认的、反映某种经济权利的书面凭证。证券包括证据证券、所有权证券和有价证券。证据证券只是单纯证明事实的文件，如借用证等。所有权证券是认定合法权利的证券。有价证券是这三类中最为重要的一类证券，是权利的价值量化。有价证券又可分为商品证券、货币证券和资本证券三种。商品证券是商品流通过程中代表对商品索取权的证券，这种证券随商品交易的结束而消失。货币证券就是替代货币流通的信用货币，如票据、支票等。资本证券是筹集资本的证券，分为债券和股票。从收益的角度看，通过上述证券都可以进行投资，但最为典型的是资本证券投资。

（三）衍生性金融投资

衍生性金融投资就是购买衍生金融商品或利用衍生金融工具而进行的投资。衍生金融商品的价格运动是以基础商品的未来价格为趋向目标的，由于基础商品和衍生商品的市场都受相同因素的影响，因此两者的价格走向是一致的。正是由于这种关系，可以利用衍生商品进行两种投资：风险规避性投资和投机性投资。前者通常称之为套期保值，其功能旨在规避由基础商品投资所带来的风险，确保投资的收益。投机性投资就是纯粹根据衍生商品的市场价格波动，以低买高卖来获取利润，这种投资风险大，当然收益有可能也大。

三、金融投资工具

（一）金融投资工具及其特征

金融投资工具简称为金融工具，是证明资金买卖双方债权债务关系的书面凭证，是一种具有法律效力的契约。金融工具中必须列明有关事项，如存单、债券等债务凭证，应载明面额、期限、利率及利息计算方式，以及债权人、债务人双方必须遵守的特殊条款。

金融工具是金融市场交易的对象。金融商品交易与普通商品交易不同，在交易中卖方出售的只是资金的使用权，因此卖方在让渡出资金的同时，要得到一种书面凭证来证明买卖双方的债权债务关系，以保证将来资金能连本带利地得到偿还。也就是说，金融商品交易需要通过以货币表示的信用工具，才能实现资金的融通。

在金融市场的具体交易中，金融工具、金融资产、金融负债的实质相同，对金融工具持有者来说是拥有了一种金融资产，对金融工具发行者而言则是承担了金融负债，从金融交易的角度来讲则是金融工具。

将金融工具与实物资产比较，它具有如下特征：

1. 货币性。金融工具主要是以信用货币的形式出现的，这些信用货币具有很好的变现能力，如定期存单、支票、期票、政府债券等，只须经过一定的手续就能变成货币，因此将他们称为准货币。严格地讲，准货币不是货币，不能直接充当交换媒介，但是，它可以充当流通手段和支付手段，并可以随时变现，是潜在的市场货币，对货币流通有着直接的影响。在金融市场上，一般投资者都愿意选择准货币这种货币性极强的金融工具进行投资。

2. 可分性。金融工具一般借助货币进行表示，其金额具有很好的可分性。银行存款、现金支票、转账支票等几乎是无限可分的。其他金融工具的可分程度不等，主要取决于金融工具的设定单位。如大额定期存单、政府债券等，既有最低面值，又有最高面值，投资者可以根据自己的偏好进行选择；股票以“一手”为投资单位，有的“一手”为100股，有的为500股。实物资产一般不具可分性，如汽车、船舶、飞机、机械、房屋等，将其人为拆散后，就失去了它自身的使用价值。

3. 可逆性。可逆性是指金融工具具有重新转换成现金的性质。不论何种金融工具都具有较好的可逆性，可在短时间内变现而不易亏损本金或亏损轻微。如银行活期存款有很好的可逆性，它不需要任何额外费用就可以转换成现金。其他金融工具在转换成现金时，或多或少要支付一些交易费用。如定期存款在提前支取时利息收入会减少；转手国库券或其他债券时要付出买卖差价；买卖股票时要支付一定的佣金等。

4. 流动性。流动性是投资者十分关心的，它决定了投资者收回投资的方便程度。当一种资产的市场十分狭窄时，其流动性往往很差。例如，一些昂贵的艺术品流动性就很差，因为潜在的需求者非常少，出售这类商品，需要花费大量的时间和费用。金融工具的流动性相对较强，不同的金融工具的流动性也有所不同。如活期存款、现金支票具有完全的流动性；定期存款、承兑票据、债券等的流动性则取决于它的合约期限，但合约未到期前，仍可通过金融市场的买卖来提高其流动性。

5. 报酬与收益。实物资产在使用过程中会逐步地磨损，最终失去其使用价值；金融工具则会给所有者带来一定的报酬和收益，如股票带来红利，存款、债券带来利息等。当然，在通货膨胀的情况下，金融工具的自身价值可能会发生贬值，但这也给投资者带来了机会，投资者通过名义收益和实际收益的比较，可以寻求获得最大收益的机遇。

6. 可预测性。从风险角度看，不同金融工具的风险虽然不同，但是无论何种金融工具，其风险都是可预测的。如企业债券，通过对企业经营状况的分析和评估，可预测其实力，从而判断企业债券的风险程度。声誉卓著、实力雄厚的企业，其债券风险就很小；实力较弱、竞争力不强的企业，其债券的风险就较大。投资者完全可以通过对各种金融工具风险状况的预测来选择合理的投资。

7. 索偿保证。索偿保证是金融工具持有者具有的得到法律保证的权利，也是金融工具的一个重要特征。例如，本票是出票人允诺支付的票据，出票人的偿付责任是不可撤销的；汇票是由出票人命令第三者为付款人，如付款人拒付，则应由出票人承担其付款的责任；有价证券是一般由发行人承担偿还的绝对责任等。

（二）金融工具的种类

金融工具的种类繁多，根据不同的划分方式大致可以划分为以下几类。

1. 直接证券和间接证券。直接证券是指由公司企业、各级政府以及非金融机构发行的证券，如股票和债券。间接证券是指由金融机构发行的证券，其中最具代表性的是现钞、可转让存单、人寿保险单、金融债券、各种基金等。

2. 货币市场工具和资本市场工具。货币市场工具主要有商业票据、银行承兑汇票、大额可转让存单、短期债券、回购协议以及国际货币市场上所使用的联邦基金、欧洲美元、亚洲美元等。这些工具的共同特征是期限较短，一般在1年期以内，信用风险小，具有较好的流动性。资本市场工具主要包括中长期政府债券、地方政府债券和公司债券、股票、中长期的信用放贷、抵押放贷、银团贷款等，这些金融工具期限均为1年以上，在信用风险、市场风险、利率风险、可流动性及相关收益率等方面都有较大的差异。

3. 金融衍生工具。金融衍生工具是指从传统金融工具中衍生而来的新型的金融工具。它是通过预测股价、利率、汇率等金融工具在一定时期内的市场行情走势，以支付少量保证金的方式签订远期合约或互换不同金融商品的衍生交易合约。这种派生交易合约是通过对传统金融工具的组合，并嵌入到其他的金融工具之中而演化出的形形色色复杂的金融工具。常见的金融衍生工具有期货合约、期权合约、互换合约、远期利率协议等。

第三节
世界金融市场概况

一、世界主要货币市场

世界货币市场是国际金融市场的重要组成部分，是以调节短期资金余缺和供求为特征的金融市场。

(一) 纽约货币市场

纽约货币市场是世界上交易量最大的短期拆借市场，在全球范围有着广泛的影响，并直接影响国际利率水平、资金流向和美元汇率。纽约货币市场无固定的交易场所，所有短期资金交易大都是通过电话、电报和电传等通讯设备与世界各地金融市场紧密联系，具有很高的效率，任何巨额交易都能在迅速、可靠、方便的条件下进行。

纽约货币市场有以下特点：

1. 联邦储备银行在纽约货币市场上起着主导作用，它主要通过联邦基金的调节来对美国的商业银行和外国银行实行监督和管理。

2. 纽约货币市场上国内业务和国际金融业务交织在一起，居民和非居民均可买卖各国政府的公债、商业票据、银行承兑汇票和欧洲美元等。

3. 商业银行是纽约货币市场的经营主体，进出口贸易总额的1/3通过商业银行结算，并由他们融资，客户购买联邦政府的公债或其他公债也由这些银行代办。

4. 纽约联邦储备银行公布的贴现率是各会员银行对企业实行优惠利率的依据，而美国商业银行的优惠利率则是国际货币市场的基准利率之一。

5. 国库券市场是美国最主要的货币市场，包括政府发行市场、证券商市场、证券回购市场和国库券期货市场等。

（二）伦敦货币市场

伦敦货币市场具有200多年的历史，在传统上它是一个贴现市场，20世纪50年代中期，出现了平行的货币市场。伦敦货币市场也是欧洲美元的诞生地，是欧洲货币市场中的国际银行网络中心。目前，在伦敦的外国银行规模也排在世界前列。

伦敦货币市场由伦敦贴现市场和伦敦平行市场两大部分构成。伦敦贴现市场为贸易和政府开支提供短期资金，各国银行也利用伦敦贴现市场购买英国政府公债和承兑票据作为投资，同时又利用它来筹措短期资金。伦敦平行市场包括地方政府市场、伦敦银行同业拆借市场、欧洲商业票据市场等。

（三）东京货币市场

东京货币市场是在第二次世界大战后特别是在20世纪70年代以来，随日本经济实力的发展和银行业的扩张而迅速发展起来的，它比伦敦和纽约的货币市场历史短，国际化程度略低，这是长期以来国内市场与国外市场相隔离的结果。

东京货币市场的主要组成部分有：票据买卖市场、短期拆放市场、可转让定期存单市场和短期美元存放市场。政府发行的短期债券在市场上虽有交易，但尚未形成独立的市场。东京的短期拆放市场始于1954年，是日本历史上最长的货币市场。票据市场始于1971年，其贴现利率领先于其他银行间的利率，基本上反映了货币的松紧，是东京货币市场上的指示器。可转让定期存单市场创立于1979年，各类金融机构和非金融机构都可以参加。东京美元短期存放市场于1972年确立，随着20世纪80年代东京离岸金融市场的开放，其规模才逐步扩大。

（四）新加坡货币市场

20世纪60年代末期，独立后的新加坡随着经济基础的不断巩固和转口贸易的不断发展，金融业也日益兴旺。70年代后，新加坡一跃而成为亚洲主要的国际金融中心，其金融市场已发展成为一个极其发达的具有国际性的金融市场。

新加坡货币市场主要包括：同业拆借市场、私人借贷市场、政府短期债券市场。新加坡的同业拆借市场主要由经纪人进行活动，在银行间进行资金余缺的调剂。私人借贷市场主要由商业银行和金融公司向私人（特别是工商企业）进行短期贷款，市场活动十分活跃。政府短期债券市场主要是经营短期国库券，期限有91天、182天、364天三种。此外，离岸金融市场在新加坡整个金融市场中占有关键性的地位。

二、世界主要资本市场

世界资本市场是国际金融机构进行中长期金融活动的场所，主要包括银行中长期信贷市场和证券市场。自由、健全、富有活力的世界资本市场，表示着国际金融体系在结构上的完善，并可高效率地组织和运用中长期资金，实现中长期资金在全球范围的筹集和再分配。

（一）纽约资本市场

纽约资本市场是世界上最大的资本市场，其特点是美国联邦储备委员会进行严格监管，市场上的债券，特别是外国政府、公司发行的债券、股票，事先都向证券交易委员会申请注册，经审核批准同意后方可发行。

纽约资本市场主要包括：

1. 联邦政府债券市场。联邦政府债券市场是美国政府为弥补财政赤字或兴办公益事业和社会公共工程而向公司、社会其他部门、居民和外国投资者发行中长期债券的场所。

2. 纽约股票市场。纽约股票市场包括初级市场和次级市场。美国股票的经营主要集中在纽约证券交易所和美国证券公司两家。道·琼斯平均指数和标准普尔指数是反映该市场价格变化的综合指数，也是反映美国经济状况的晴雨表。

3. 公司债券市场。公司债券市场的容量比联邦政府债券市场稍大，利率也稍高。各种债券的利率均有所不同，主要依据标准普尔公司和穆迪公司的资信评级而定。在美国，外国人买卖公司债券所占比重很大。

4. 外国证券市场。纽约是传统上的国际资本市场，向全球开放，外国人不仅可以买卖美国联邦政府债券、公司债券和股票，而且可申请发行外国政府债券、外国公司债券和股票，还可以在纽约证券交易所买卖这些外国债券。

（二）伦敦资本市场

伦敦资本市场是为适应第二次世界大战后重建英国国内经济的需要而发展起来的，主要包括伦敦发行市场和伦敦证券交易所。伦敦发行市场是通过各种证券的发行，沟通新资本的需求和供给，为工业所需的资本和政府的中长期借贷筹资。投资者主要是个人、金融机构和一些国外的投资者，所筹措的资金主要用于政府的社会公共事业和外国公司的扩大经营。伦敦证券交易所的证券交易额一直排在世界前列，仅次于纽约证券交易中心。此外，伦敦资本市场还有长期抵押贷款市场和中长期资金借贷市场。目前，伦敦是辛迪加贷款市场交易安排的主要中心。

（三）法兰克福资本市场

法兰克福是欧洲第二大金融中心和世界主要的金融市场。其资本市场也由发行市场和交易市场两部分构成。发行市场主要经营欧洲马克债券、马克外国债券及少部分外币债券的发行。欧洲马克债券是欧洲债券的一种，由国际商业银行组成的银团承销，并在伦敦和卢森堡国际资本市场上发行，其中银团的牵头行必须是一家德国银行。马克外国债券是指国内借款人或国外借款人在德国发行的以马克为面值的债券，这种债券在德国证券市场上占了相当重要的地位。外币债券主要是指国内外借款人在德国发行的以外币计值的债券。从交易市场看，法兰克福证券交易所交易额很大，店头交易市场也十分活跃，交易双方一般通过电话询价竞价后，即可买卖上市和不上市的有价证券。

（四）东京资本市场

东京资本市场也是全球重要的资本市场之一。东京资本市场的特点，一是间接金融占主导地位；二是民间大银行经常发生“超贷”现象；三是金融机构间资金筹集和运用极不平衡。

东京资本市场包括股票市场和债券市场。股票市场由初级市场和次级市场组成，东京证券交易所的股票交易占日本全部股票交易的80%以上。在债券市场上，许多外国政府、跨国银行及国际经济组织在东京证券市场发行日元债券和欧洲债券。1986年底，东京离岸金融市场正式开放，欧洲债券的发行在国际债券市场上所占比重逐步上升。

（五）香港资本市场

香港资本市场起步较晚，但发展迅速，香港国际金融中心的地位为资本市场的发展提供了种种便利，使其在国际资本市场上占有重要地位。

香港股票市场是资本市场的主体，其特点一是在投入香港股票市场的资金中，外来资金比重大；二是受境外游资冲击的影响，股票的起伏波动幅度大；三是以房地产和银行股为主，股市机构畸形，增大了股市的投机性；四是香港所处地位微妙，受政治影响的因素极大。恒生指数是香港股市行情的综合反映。香港债券市场同股票市场相比则欠发达，源于香港财政一向盈余，无需发行政府债券，因而债券发行的数量极少。

三、世界主要外汇市场

世界外汇市场是世界货币市场和世界资本市场的派生形式，是国际金融市场的重要组成部分。由于电子技术的发展，世界各大金融中心的外汇市场已互相连接，形成了统一的横跨全球的整体。目前除欧洲大陆的某些国家

（如德国、法国）的外汇市场具有固定的交易场所外，其他国家的外汇市场无固定的交易场所，而是利用电话、电报、电传等方式进行交易。

（一）伦敦外汇市场

伦敦外汇市场是久负盛名的外汇市场，是全球最大的外汇市场。伦敦外汇市场是一个无形市场，所有外汇交易均通过电话、电报和电传进行，交易形式简单便捷，成交量成倍增长，其交易量约占全球日交易量的1/3。在时区上，伦敦市场是外汇交易者安排外汇交易的最佳市场，它地处世界时区的中心，在一天的营业时间里与世界其他重要外汇市场都能衔接：东京、香港、新加坡午后闭市时，伦敦市场开盘，并与欧洲各大外汇市场形成了同步的大市场；午后纽约市场开盘，与伦敦外汇市场同时交易半天。伦敦外汇市场上的交易货币几乎包括所有的可兑换货币，交易类别有即期外汇交易、远期外汇交易、调期外汇交易和期货、期权交易。

（二）纽约外汇市场

美国的外汇业务主要集中在纽约、芝加哥、旧金山、洛杉矶、波士顿、底特律和费城等，其中纽约外汇市场是美国最大的外汇市场，也是全球仅次于伦敦的外汇市场，每日的交易量居世界第二位。纽约外汇市场由三部分组成：一是银行与商业客户之间的外汇交易市场；二是纽约银行间的外汇交易市场；三是纽约各银行与国外银行间的外汇交易市场。其中纽约银行间的外汇交易市场是交易量最大的市场，占整个外汇市场交易量的90%。

（三）东京外汇市场

长期以来，日本一直实行严格的外汇管制，外汇交易不大。1980年2月日本新外汇法公布后，东京外汇市场才得以迅速发展。目前，东京外汇市场是亚洲最大的外汇市场，在世界上排名第三，仅次于伦敦和纽约。东京外汇市场交易的货币主要集中于美元，占其交易总额的80%以上。近年来，德国马克、英镑、瑞士法郎等其他货币的交易也有较快的增长。东京外汇市场的外汇交易类别包括即期交易、远期交易和掉期交易三种。

（四）苏黎世外汇市场

瑞士地处欧洲中心，周临德国、法国、意大利、奥地利，其金融市场主要集中的苏黎世，日内瓦和巴塞尔也是银行的聚集点。瑞士的银行业以机构众多、资金雄厚、制度健全、服务优良著称于世。由于瑞士法郎币值比较稳定和可自由兑换，以及瑞士传统上的中立国地位，使苏黎世成为著名的国际外汇交易中心和清算中心，其外汇市场是海外投资者的庇护地，又是许多跨国公司的财务经营地。苏黎世外汇市场的交易货币主要是美元，市场汇率以美元兑瑞士法郎为基准汇率，交易以现汇和期汇为主。

（五）新加坡外汇市场

新加坡由于优越的地理位置，外汇市场上午可与东京香港交易，下午可与伦敦交易，从而成为亚太地区一个重要的外汇市场。新加坡外汇市场也属于无形市场，各种主要外国货币都可以互相买卖，而新加坡元与其他货币间的交易比重极小。

（六）香港外汇市场

香港外汇市场在亚洲居第三位，仅次于东京和新加坡。香港具有独特的地理环境和历史背景，没有中央银行，也没有外汇管制，政府当局对外汇市场基本采取不干预政策，因此，香港外汇市场能基本真实反映外汇供求变化情况。香港外汇市场上的外币交易主要是美元、德国马克、日元、英镑、瑞士法郎、人民币、新加坡元等，其中美元的交易量最大，因为在香港外汇市场中，美元是所有货币兑换的交易媒介，港币与其他外币不能直接兑换，必须通过美元套购。

四、世界主要黄金市场

黄金市场是世界各地黄金买卖交易的中心。世界上有40多个黄金市场，其中最著名的黄金市场有伦敦黄金市场、苏黎世黄金市场、纽约黄金市场和香港黄金市场，统称世界四大黄金市场。

（一）伦敦黄金市场

伦敦黄金市场是具有悠久历史的黄金市场。第二次世界大战以前，伦敦黄金市场已是世界上最大的黄金市场，南非、加拿大、澳大利亚生产的大部分黄金，都是运到伦敦销售的。伦敦黄金市场交易重量为350盎司到450盎司，纯度为99.5%的黄金，所有交易的黄金必须有伦敦黄金市场认可的炼制商和检验机构的烙印。伦敦黄金市场采用“美元/盎司”的方式报价，现货黄金成交以后在两个营业日内交割，交割地点是伦敦黄金交易商的金库。伦敦黄金市场又是一个高度灵活的市场，如果客户需要，也可以交易1公斤、半公斤、100盎司、10盎司重的纯度为99.9%和99.99%的黄金。如果客户要求易地交割黄金，在顾客支付黄金运输费用和保险费用以后，也可以安排在别的地方交割。另外，伦敦黄金市场的黄金交易已不限于伦敦，在世界许多地方均出现了当地伦敦金市场，这些市场的黄金交易商与伦敦黄金市场的黄金交易商联系在一起，按照伦敦黄金市场的标准买卖在伦敦交割的黄金。

（二）苏黎世黄金市场

瑞士黄金市场在第二次世界大战后不久开放，由于瑞士利率低，持有的黄金可以列为现金项目，市场交易没有任何限制，促进了黄金市场的发展，使其迅速成为世界性黄金自由市场。苏黎世黄金市场通过南非储备银行提供优惠信贷，使南非新产黄金的80%在该市场销售，并从事黄金冶炼。苏黎世黄金市场又是世界著名的资金“庇护所”，每当世界政局不稳或货币金融市场发生波动，就会有大量资金逃往瑞士，购金保值或从事投机活动。苏黎世黄金市场以现货交易为主，并以金币交易为主，它是世界最大的黄金现货交易中心。

（三）纽约黄金市场

纽约黄金市场是世界上最大的黄金期货市场，它发展于20世纪70年代中期，历史虽然较短，但发展却相当迅速。美国黄金期货市场交易量巨大，但交易的水分也大，买空卖空的投机活动充斥整个市场，到期真正交割的交易量仅占市场总量的2%，其余都在到期之前“对冲”抛售掉了。在美国，除了纽约商品交易所从事黄金的期货交易外，芝加哥国际货币市场和芝加哥期货交易所也从事黄金期货交易，其市场占有率分别为40%和10%左右，发展速度也很快。

（四）香港黄金市场

香港的黄金市场自1910年设立金银业贸易场以来已有90多年的历史。1974年解除黄金进出口管制以后，交易量迅速增加，目前已成为世界四大金市之一。香港的黄金市场是黄金买卖种类最多元化的市场，它由三部分组成，即传统的金银业贸易场、香港本地伦敦金市场和香港期货交易所有限公司的黄金期货市场。前两者主要买卖现货黄金，后者则经营黄金期货。

香港金银业贸易场成立于1910年，是目前世界黄金现货市场中唯一设有交易场地的市场，交易的黄金以纯度99%为标准，港元报价，港元成交。香港本地伦敦金市场是1974年香港政府取消《禁止黄金进出口条例》后发展起来的，其交易制度完全依照伦敦现货黄金市场进行，任何有实力及历史悠久的金商、经纪行或金融机构均可参与买卖，是一个通过电讯进行交易的无形市场。香港期货交易所有限公司的黄金期货为该交易所现时提供的五项商品服务之一，这五项商品是黄金、大豆、原糖、恒生指数期货和利率期货，香港黄金期货市场按美国芝加哥方式进行交易，买卖以粤语报价，用美元结算，以盎司为计量单位，黄金含量为99.5%，最远的交易期限可长达25个月。但是，由于香港金银业贸易场及本地伦敦金市场兼具现货和期货交易的功能，所以香港期货交易所有限公司推出的黄金期货，成交并不活跃。

五、世界主要金融衍生市场

进入20世纪70年代，金融衍生交易异军突起，开创了金融衍生市场的新纪元。20多年来，金融衍生交易在国际金融市场上得到空前发展，一些金融业发达、基础金融工具齐全的国家或地区，金融衍生工具的交易十分活跃，市场规模迅速扩大。

美国金融衍生市场在当今国际衍生市场中占有举足轻重的地位。20世纪70年代，金融衍生市场的不少创新工具，如外汇期货、外汇期权、利率期货等合约都是率先在美国交易市场问世的。到了80年代，美国的衍生市场几乎垄断了大多数的金融衍生工具交易。目前，美国除芝加哥期货交易所和芝加哥商品交易所两大金融衍生交易所外，中美交易所、纽约交易所、纽约棉花交易所、堪萨斯市交易所均相继设立了金融衍生工具交易。

在欧洲，英国和法国的金融衍生市场较具代表性。英国是最早出现期货交易的国家，目前有11家期货交易所，但在这些交易所中只有伦敦国际金融期货交易所是唯一从事金融衍生工具交易的交易所，该交易所在国际金融衍生市场上越来越引人注目。法国有两家交易所从事金融衍生工具交易，即法国国际期货交易所和巴黎期权交易所，其中法国国际期货交易所是欧洲最大的金融衍生工具交易的场所。

在国际上尚有影响的还有日本和澳大利亚的金融衍生市场。日本是在20世纪80年代中期加入金融衍生行业的，发展迅速，现与芝加哥期货交易所和伦敦国际金融期货交易所并驾齐驱。日本有三家交易所从事金融衍生工具交易，即大阪证券交易所、东京股票交易所和东京国际金融期货交易所。澳大利亚衍生市场起步较晚，但发展迅速，其中悉尼期货交易所的金融衍生交易在国际上较有影响，该交易所在期权交易和套期保值交易方面都闯出了自身独特的新路。

此外，全球主要从事金融衍生工具交易的交易所还有：加拿大的多伦多股票交易所、多伦多期货交易所、蒙特利尔交易所；巴西的巴西商业期货交易所、巴西期货交易所、圣保罗商品交易所；德国的德国期货交易所；瑞士的期权与金融期货交易所；西班牙的素卡多期货交易所；爱尔兰的期货期权交易所；比利时的期货期权交易所；新加坡的新加坡国际金融交易所；香港的香港期货交易所；新西兰的新西兰期货交易所等等。

六、我国的金融市场

中华人民共和国成立后，为了与高度集中的计划经济体制相配合，我国建立了高度集中的金融体制，其特点是：人民银行一统天下，否定多种金融机构并存；集中信用于国家银行，禁止商业信用和其他信用形式；仅有银行为中介的间接融资，融资渠道单一。企业大部分资金主要由财政无偿供给，信用活动范围狭小，利率体制僵化，不能反映资金供求和引导资金流向。金融管理实行行政管理，否定经济杠杆的作用。所以，在高度集中的计划经济体制下，不可能有金融市场。

我国金融市场是在经济体制改革下不断深化，市场经济不断完善的背景下形成和发展的。1979年以后，随着金融组织体系的建构，以银行为中介的间接融资市场首先发展起来。同时，以货币市场和资本市场为主体的直接融资市场也开始出现，金融市场在我国逐渐产生。目前，我国金融市场已有了一定架构，货币市场、股票市场、债券市场、基金市场和外汇市场等已初具规模，黄金市场和金融衍生市场也在起步和发展。

（一）货币市场

在货币市场中，银行短期信贷市场历史比较悠久，是传统的资金融通场所，发挥着对工商企业融通短期流动资金的功能。

票据承兑贴现市场起步较早但发展比较缓慢。1979年我国就开始大力推行商业票据。1984年中国人民银行颁布了《商业汇票承兑、贴现暂行办法》，并从1985年4月开始，在全国范围内推行商业票据承兑贴现业务。1986年，中国人民银行对专业银行以贴现形式买进未到期票据，正式开办了商业票据再贴现业务，从而标志着票据承兑贴现市场的初步形成。1994年以后，商业汇票在全国大部分地区，特别是一些沿海经济发达省市被广泛使用，成为企业主要的结算方式和融资手段。再贴现手段也开始真正作为货币政策工具发挥作用，跨地区、跨系统贴现、再贴现和银行间转贴现业务大幅度增长。1996年起《中华人民共和国票据法》正式实施，对有效地规范票据行为、促进票据的正常使用和流通提供了可靠的法律保证。

同业拆借市场是我国货币市场中产生最早、发展最快、最具代表性的市场。1985 年开始允许并提倡金融机构之间以有偿方式相互融通资金。1986 年国务院颁布《中华人民共和国银行管理暂行条例》，明确规定“专业银行之间的资金可以互相拆借”，此后，拆借业务在全国迅猛发展，同业拆借中介机构在一些大中城市都先后成立，我国初步形成了一个以中心城市或经济发达城市为依托，跨地区、跨系统的资金融通网络，同业拆借市场也逐步发展成为我国货币市场中范围最广、规模最大的部分。1996 年 4 月 1 日，全国统一的银行间同业拆借市场交易网络系统在上海联网运行，实现了同业拆借的统一报价、统一交易、统一结算，全国统一的同业拆借市场利率（CHIBOR）开始形成，率先实现了利率市场化。

20 世纪 80 年代，国债回购业务和大额可转让定期存单也开始出现，壮大了发展中的货币市场。但是，国债回购市场开办以来，交易主体较杂，交易行为混乱，资金投向十分不合理。1995 年中国人民银行、财政部和国家证监会联合进行重点整治，有效控制了违规的回购交易，逐步化解了证券回购中积聚的金融风险。1997 年 6 月，银行间债券回购业务在中国外汇交易市场网络上正式展开，它为中央银行开展以债券买卖为主的公开市场业务，以及商业银行充分运用证券资产，灵活调节资金头寸，减少金融风险都创造了条件。

（二）资本市场

证券市场是我国发展最快的金融市场。1981 年我国政府开始发行国库券，以后又陆续发行了重点建设债券，债券市场逐步形成，同时我国股票市场、基金市场也从无到有、从小到大地发展起来。

1979 年以来，我国经济理论界和政府部门重新肯定了债务在国民经济发展和经济运行中的重要作用，从 1981 年开始恢复国债的发行，但在 20 世纪 80 年代，国债发行主要通过行政摊派手段进行，并没有形成国债市场。1991 年财政部同以中国工商银行信托投资公司为主干事的承购包销团签订了《1991 年国库券承销合同》，标志着我国国债发行走向市场，此后，国债发行逐步高涨。与此同时，企业制度改革催生了企业债券，金融体制的发展奠定了金融债券的诞生，债券品种逐渐丰富，但交易规模有限。

当代中国的股票发行是伴随着股份制企业的试点而产生的。1978 年十一届三中全会以后，联产承包责任制逐渐在中国农村普及，这是我国股份合作经济的萌芽时期。1984 年股份经济开始在城市试点，当年上海飞乐音响股份有限公司开创了我国股票发行的先河。1990 年 11 月 26 日上海证券交易所宣告成立，1991年7月3日深圳证券交易所成立，沪、深交易所以及1990年建设的STAQ系统（中国证券交易自动报价系统）成为解放后我国证券市场重新建立的标志。1992年我国第一支B股——真空B股在上交所发行上市。1993年我国顺利完成了第一批9家H股试点企业中6家企业在香港的发行上市。此后，股票发行走上良性发展的道路，证券交易所辐射面扩大，交易制度、交易设施、交易手段和结算技术日趋先进，股价指数逐步形成了系列。

1991年我国第一家投资基金诞生——珠信投资基金，此后，国内投资基金大发展。1997年《证券投资基金管理暂行办法》出台，对证券投资基金的设立和运作进行了全面规范；2003年《中华人民共和国证券投资基金法》出台，确立了中国证券投资基金业独立发展的专属地位，中国基金业进入了新的发展阶段。

（三）外汇市场

改革开放以前，我国基本上实行的是高度集中的、以行政管理手段为主的外汇管理体制，对外汇收支实行全面计划管理与控制。1979年以后，我国外汇管理体制逐渐由高度集中的计划管理向市场管理过渡，为了充分利用国内外汇资源，支持引进技术和设备，从1980年开始，开办了外汇有偿调剂业务，形成了计划管理和市场调剂并行的管理方式以及官方汇率和外汇调剂价格并存的双重汇率制度。1985年12月深圳特区成立外汇调剂中心，开始形成地方性的外汇调剂市场。

1994年我国进行了外汇管理体制改革，以便充分发挥市场机制的作用。1994年4月4日全国外汇交易中心在上海建立，此后，全国外汇交易中心同全国各主要城市实现了联网交易，形成了以上海为中心辐射全国的统一的外汇市场网络，中国外汇市场由带有计划经济色彩的外汇调剂市场发展成为符合市场经济要求的银行间外汇市场。银行间外汇市场运行10年后，在总结经验教训的基础上，2005年对外汇市场又进行了深化改革，进一步发挥了市场机制的作用，尤其是汇率形成机制进一步贴近市场供求关系并与国际市场价格挂钩。

（四）黄金市场

我国黄金市场是一个新生市场。在计划经济时代，政府对黄金实行了非常严格的“统购统配”制度，取缔了任何形式的市场交易。直到20世纪90年代，政府仍对黄金生产和流通等各个方面进行管制。我国黄金市场改革起始于1993年，这一年国务院63号函确立了黄金市场化方向。我国真正意义上的黄金市场是2002年以后才逐步发展起来的，2001年4月，中国人民银行行长戴相龙宣布取消黄金“统购统配”的计划管理体制，在上海组建黄金交易所，2002年10月上海黄金交易所开业，标志着中国的黄金业开始走向市场化。2008年1月9日，经中国证监会批准，黄金期货合约在上海期货交易所上市交易，形成了黄金现货市场、远期市场与期货市场互相促进，共同发展的局面。但是，由于我国黄金市场建立的时间较短，发育不够充分，目前缺少应有的深度和广度，一些重要的市场关系亟待理顺。

（五）金融衍生市场

目前，金融衍生工具业务在我国已初露端倪，货币期货、股票指数期货、认股权证、可转换债券、国债期货、外汇远期和货币互换都曾在我国存在过，但是除国债期货外，其他金融衍生工具的交易都未形成规模，而国债期货存在的时间也很短。国债期货是一种利率期货，也是我国目前为止发展规模最大的金融期货，从1993年10月公开上市到1995年5月因交易风波而宣布暂停，国债期货交易在我国经历了19个月时间，代表了我国发展衍生交易的全面实践。伴随着我国市场经济体制的建立与完善，以及我国金融业的对外开放，金融衍生工具交易也必将在我国稳步、规范地开展。

思考与练习

1. 什么是金融市场？金融市场与其他市场相比有何特点？
2. 金融、金融市场、金融资产、金融工具之间的关系如何？
3. 简述金融市场的功能以及金融市场的基本结构。
4. 金融投资与实物投资相比有何特点？其投资类型主要有哪几种？
5. 投资、投机与赌博有何区别？
6. 金融投资工具有何特征？
7. 简要了解世界各金融市场的概况及其特征。

第二章

货币市场

内容提示 货币市场是金融市场的重要组成部分。它是指投资或融资期限在一年以内的短期资金市场。货币市场主要由同业拆借市场、短期借贷市场、票据市场、短期证券市场及大额可转让定期存单等子市场构成。其投资的金融工具主要有商业票据、国库券和大额可转让定期存单等。本章将介绍几种主要的货币市场及其投资工具。

第一节 货币市场概述

一、货币市场及其特点

（一）货币市场的含义

货币市场是指期限在一年以内的短期金融工具的发行和交易市场。从投资的角度来讲，货币通常称为资金，所以货币市场也称为资金市场。货币市场既包括通过先进的电讯手段进行交易的无形市场，也包括通过交易所进行交易的有形市场。

（二）货币市场的特点

与资本市场相比较，货币市场一般具有以下几个特点：

1. 期限短。货币市场上资金融通的期限最长不超过一年，最短的期限只有半天，一般以3～6个月为多。在资本市场上，资金融通的期限最少在一年以上，有的长期信用工具的偿还期限则是无限期的，如股票或永久性债券。

2. 流动性强。货币市场上的信用工具迅速变为货币的能力很强。因为货币市场是个短期融资市场，其信用工具变现的期限短、且成本低。相比之下，资本市场上的金融工具由于其变现的限期较长，成本高，因此其流动性较差。当然，金融工具的流动性与发行者的信用程度有很大有关系。比如国家政府发行的债券、信誉卓著的公司签发的商业票据、银行发行的大额可转让定期存单等，流动性较强。对于持有人来说，流动性强的金融工具相当于货币。如用于日拆的支票，具有“准货币”的特征。

3. 风险小。货币市场上购买金融工具的本金遭受损失的可能性很小。因为货币市场上的金融工具融资期限短、流动性强、价格相对平稳，且各种金融工具之间的利率差距也小，因此货币市场的风险比较小。

二、货币市场的构成

货币市场由交易主体、交易客体和交易价格三个基本要素所构成。

（一）货币市场的交易主体——货币市场的参与者

货币市场的交易主体就是货币市场的参与者，即参与货币市场交易活动而形成供需双方的各经济单位和个人投资者。货币市场的参与者可大致分为五类，即金融机构、政府部门、企业、家庭或个人、中央银行。

1. 金融机构。金融机构是货币市场的主力军。商业银行一方面是货币市场上资金的主要供应者，即通过同业拆放、票据贴现、抵押放款、买进债券等，向市场上供应资金；另一方面它又是货币市场上的资金需求者，即通过吸收活期存款，出售保险单或金融债券、再贴现等，向市场筹措资金。与此同时，金融机构还为市场提供金融工具，如存款单、保险单、支票、承兑汇票等。商业银行、证券公司、投资银行、短期资金公司等都是货币市场的交易媒介，它们就像批发商，一边大量买进国库券、政府债券，一边又向企业和投资者个人推销这些有价证券。此时，金融机构买卖有价证券的目的是为了获取手续费或买卖差价。货币市场上的有价证券几乎全是由金融机构作为媒介推销出去的。

2. 政府部门。政府部门一般以资金需求者的角色出现在货币市场上。

当政府财政收支发生暂时性的不平衡或者出现财政赤字时，各国政府一般都会借助货币市场发行国库券，进行短期资金融通，用以扩大政府开支或者以此来弥补财政赤字。

3. 企业。企业在资金市场上既是资金的供应者，又是资金的需求者。在社会再生产过程中，由于产供销渠道与环节的差异、周期性、季节性等因素的影响，客观上会出现一些企业暂时性的资金盈余，另一些企业暂时性的资金短缺，这两类企业可以在货币市场上进行资金余缺的融通。资金盈余的企业既可以把资金存入银行，又可以把资金用来购买短期有价证券。暂时短缺资金的企业，为保证生产和经营的顺利进行，必须及时筹措资金，或向银行申请贷款，或到货币市场上开辟新财源。企业在货币市场上可以通过多种途径获得资金：一是办理贴现；二是开出融通票据；三是把企业的财产或有价证券抵押获得银行抵押贷款。

4. 家庭或个人。家庭或者个人是货币市场上的资金供应者。家庭或居民暂时闲置的货币资金，有一部分会存入银行以备后用，但也有些不少投资者偏好选择期限短、风险小、品质高的金融资产进行投资。有时家庭或个人也是货币市场上的资金需求者，当他们的收入或储蓄不足以供给消费时，也会从金融市场上融资以实现自己的消费欲望。

5. 中央银行。中央银行是货币市场上的管理者。为了加强对金融市场的管理并实现货币政策目标，中央银行会介入货币市场。中央银行通过再贴现或再贷款的方式，向商业银行提供短期贷款；通过实施存款准备金政策调控商业银行及其他金融机构的信用规模；通过公开市场业务在货币市场上出售和买进有价证券，适时调节社会资金的供求关系。

（二）货币市场的交易客体——信用工具

货币市场的交易客体是指货币市场上发行和流通的“金融商品”，从交易角度而言，也称“信用工具”或称“交易工具”。货币市场的交易工具主要有以下几种：

1. 票据。票据是具有一定格式、载有金额、到期必须无条件支付一定款项的书面债务凭证。在货币市场上生成的票据有汇票、本票和支票。汇票是由债权人发给债务人，命令他支付一定款项给第三者或持票人的支付命令书。因出票人不同，汇票又可分为商业汇票和银行汇票。商业汇票的出票人为商人，一般由售货人对购货人或其委托的银行开发，要求到期付款给持票人。银行汇票的出票人和付款人都是银行，一般在银行办理汇兑业务时签发，持票人凭以向付款地银行或出票行的分支机构兑付款项。本票是以发票人本人为付款人的票据，是一种付款承诺书，它由发票人签发、签名并承诺在一定日期及地点无条件支付一定金额给持票人或指定人。支票是存款户向银行签发的，要求从其存款账户上无条件支付一定金额给受款人的票据。支票有记名支票、不记名支票、划线支票、普通支票、保付支票、旅行支票等种类。

2. 大面额可转让定期存单。大面额可转让定期存单是银行发行的、记载一定存款金额、存款期限、存款利率、可以转让流通、不记名的存款凭证。

3. 国库券。国库券是国家财政为了弥补国库短期收支逆差而发行的一种短期政府债券。国库券的债务人是国家，其还款保证是国家财政收入，几乎不存在信用风险，是货币市场上风险最小的金融工具。

以上各类交易工具的共同特征是：①偿还性，各种金融工具一般都有明显的偿还期，债务人有义务按规定的期限还本付息；②流动性，金融商品的持有者在必要时，可以将金融商品迅速转变为现金；③安全性，持有金融工具的本金能避免风险，保持安全。金融工具的安全性与流动性成反比、与债务人的信誉及经济实力成正比；④盈利性，指金融工具能给投资者带来利息收入。

（三）货币市场的交易价格——市场利率

货币市场上交易的金融商品也有交易行情，其交易活动也受市场供求规律的支配，形成一定的交易价格。货币市场交易的价格是市场利率。货币市场利率主要包括：中央银行再贴现率、商业银行短期贷款利率、同业拆借利率以及国债利率等，各种利率之间存在着密切的联系。再贴现率在各种利率中占有特殊地位，是利率体系中的基准利率。商业银行的贷款利率则是反映企业资金供求关系的利率。在市场机制作用下，各种利率一般呈现同一方向的变化趋势。在交易中，货币市场会比较公正地反映出各种金融工具的价格，投资者凭以进行投资决策。

第二节
货币市场投资工具

一、商业票据

（一）商业票据的性质

票据有汇票、本票、支票之分，在货币市场上进行交易和投资的主要是未到期商业票据。商业票据是在商品买卖时一方签发给另一方以证明双方债权债务关系的书面凭证。商业票据起源于商业信用。商业信用是买卖双方的一种授信行为，由买方向卖方授信是预付货款，后取得货物；由卖方向买方授信是先赊销商品，后取得货款。不论是预付货款，还是赊销商品，总要有一方先垫出资金，必须出具凭证以资证明，该凭证即为商业票据。

传统的商业票据有期票和汇票两种。期票是由债务人向债权人发出的承诺在约定的期限内支付一定款项给债权人的债务凭证。期票是债务人的付款承诺书，其性质与本票相同。期票未到期前，经过债权人的背书后可以转让，也可以向银行申请贴现。汇票是债权人发出的命令书，命令债务人在约定的期限内支付一定款项给第三人或持票人。汇票必须经过债务人承认才有效。债务人承认付款的手续叫承兑。期票和汇票的期限都在1年之内。货币市场出现以后，未到期商业票据的持有者可以通过市场转让先期收回货款，但转让需履行背书手续以保证出票人履行还款义务。

随着商品经济和金融市场的发展，商业票据已不再局限于商业信用上使用，它逐渐演变为货币市场上筹措资金的一种信用工具。即商业票据的生成可以不以商品交易为基础，不反映真实的物质周转，只是专为融通资金而发行，此时的商业票据与商业行为没有直接关系，仅是一种单纯的融通资金行为。为融资而发行的票据都是单名票据，即票据上只列出票人的姓名，不列收款人的姓名，票面金额一般均为整数，以方便融资。

（二）商业票据的融资特征

商业票据是近年来货币市场上发展最快的一种证券，其融资特征主要有：

1. 融资成本低。商业票据一般采取直接发行的方式，这样可以节省间接发行费用，以降低成本。利用发行商业票据筹措资金的成本，通常低于同期贷款利率。

2. 对利率变动反应灵敏。市场经济条件下的利率表现为市场化。当社会资金供大于求时，市场利率下降，银行贷款利率也随之下降；当社会资金供不应求时，市场利率上升，银行贷款利率并不会立即作出反应，而有一定的时滞。而商业票据对利率的变动则会立即作出反应，随时调整其利率水平。

3. 提高发行人的信誉。能在货币市场上公开发行商业票据的企业，都是颇具影响的金融公司或企业，否则投资者不愿意购买。企业如能发行自己的商业票据，这本身就会产生一种广告效应，对树立企业形象及提高企业信誉十分有利。

二、国库券

（一）国库券的性质

国库券又称“库券”或短期政府债券，是政府为满足财政需要而发行的短期政府债券。国库券的期限通常在1年以内，主要用来满足短期急需的财政支出。我国自1981年开始发行国库券，其名称虽然与西方国家相同，但期限不等，不仅包括短期国库券，中长期国债券也称为国库券，可见，我国的国库券含义更广。

（二）国库券的特点

国库券作为国债的一种，与其他债券相比较，具有以下特点：①安全性好。国库券的直接债务人是国家财政，其信用基础是国家主权和全社会的资源与财富，一般来说，只要国家存在，国库券就无风险，因此，国库券素有“金边债券”之称。对投资者来说，国库券是一种安全性高、风险性小的优良投资品种。②净收益高。国库券的利率一般比其他短期债券的利率高。依照有关税法，国债收益只需交纳少额税款，可见，投资国库券的净收益比较高。③流动性强。国库券在二级市场上交易非常方便，其流动性仅次于现金。投资者可以根据自己的经营方式和投资理念，随时买进或卖出国库券。④交投方便。国库券的期限有长有短，面额有大有小，能满足不同投资者的需要，而完善的结算系统可为投资者提供快捷的服务。

三、大额可转让定期存单

（一）大额可转让定期存单的性质

大额可转让定期单是银行或经营存款业务的金融机构发给存款人的规定有一定金额、期限和约定利率，可以转让流通的存款凭证。

大额可转让定期存单最早于1961年出现在美国的货币市场上。20世纪50年代以后，美国货币市场利率不断上涨，商业银行活期存款不计利息，定期存款利率则远低于市场利率。在这种情况下，各大企业纷纷把闲散资金从银行活期存款账户中提出来，投资于国库券、商业票据等一些短期有价证券，以获取收益，从而使商业银行的活期存款大为减少。为了稳定银行存款，扩大银行负债规模，纽约花旗银行开始发行可转让定期存单，同时获得一些大的证券经纪人的支持，为转让大额存单提供二级市场。持有存单的投资者在需要资金时，可以随时到市场上转让存单。此后，一些发达国家的商业银行也仿效开发了这种存款业务，并得到迅速发展。大额可转让定期存单已成为货币市场上优良的信用工具。

（二）大额可转让定期存单的特点

可转让定期存单与普通定期存单相比，有如下几个特点：①普通定期存单是记名的，不能转让流通；大额可转让定期单是不记名的，可以转让流通。这是两者之间最主要的区别。②普通定期存单在特定条件下可以提前支取；大额可转让定期存单不能提前支取，存款人需要资金时，可以在二级市场上转让。③普通定期存款的期限较长，一般在1年以上；大额可转让定期存单主要是短期的，多在1年以内，最短的14天，一般是3个月和6个月的存期。

第三节
货币市场结构

一、银行同业拆借市场

银行同业拆借市场是指银行与银行之间、银行与其他金融机构之间进行短期临时性资金融通的市场。

（一）银行同业拆借市场的形成

银行同业拆借是商业银行为弥补交易头寸的不足或准备金的不足而在相互之间进行的借贷活动，它产生于存款准备金政策的实施。

早在 18 世纪，英国就开始实施存款准备金制度，要求商业银行必须缴存存款准备金于中央银行。以法律形式规定存款准备金制度则始于 1913 年的美国《联邦储备法》，该法规定，银行必须向联邦储备银行按存款金额的一定比例缴存存款准备金，若准备金不足，将实施一定的经济惩罚。此后，许多国家的银行法相继规定了存款准备金制度。而在每天的营业终了或在票据交换清算时，总会产生一部分银行准备金头寸不足，另一部分银行准备金头寸有余的情况，这样就产生了银行间的供求关系，银行同业之间的资金拆放业务便应运而生。

（二）银行同业拆借市场的交易及运作

1. 同业拆借市场的主要交易。银行同业拆借一般没有固定的交易场所，主要通过电讯手段成交。同业拆借市场的交易主要有两种：一种是头寸拆借，另一种是同业借贷。

（1）头寸拆借。头寸拆借是指金融同业之间为了轧平头寸，补足存款准备金或减少超额准备金而进行的短期融资活动。由于金融机构的存款业务量极大，资金收支相当频繁，资金的不足或多余情况变化很快，常常出现短暂的资金时间差或空间差，即有的银行收大于支，有的银行支大于收。这种资金头寸的不平衡需要互补，但时间极其短暂，最短的头寸拆借为一天，在西方称为“隔夜放款”。

（2）同业借贷。同业借贷是指金融同业之间为解决业务经营过程中临时性或季节性的资金余缺而进行的短期资金融通活动。借入银行通过同业拆借可以扩大其资金来源，增加贷款能力，以取得更多收益。贷出银行则通过同业拆借投放闲散资金，以增强其资产的流动性并获取收益。同业借贷市场的融资数额较大，属于金融机构之间的批发业务。

2. 银行同业拆借市场的运作。按照银行同业拆借交易方式和拆借双方所处的地理位置划分，可以把同业拆借的运作分为通过中介机构的拆借和不通过中介机构的拆借。

通过中介机构的同业拆借运作程序，如图 2－1 所示。

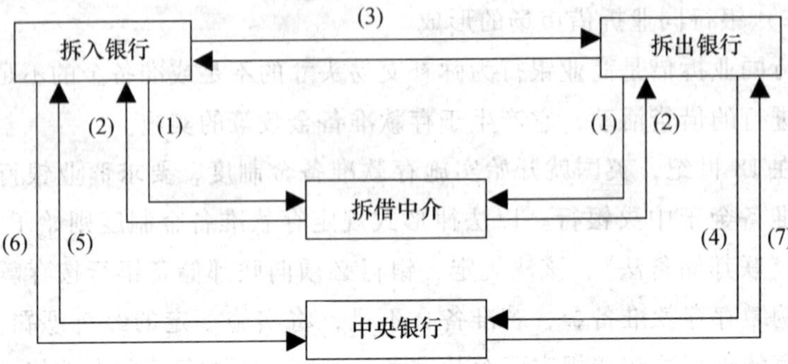

图 2－1

在图 2－1 中：

（1）拆出行通知拆借中介人，告诉可诉出资金的数量、利率、期限；拆入行通知拆借中介人需要拆入资金的数量、利率、期限。

（2）拆借中介人将适宜的情况通知拆借双方。

（3）拆借双方按中介人提供的情况直接协商。

（4）、（5）拆借双方协商一致同意拆借成交。拆出行用自己在中央银行存款账户上的可用资金划转给拆入行账户。

（6）、（7）拆借期限到，拆入行把自己在中央银行存款账户上的资金划转给拆出行账户。

不通过中介机构的同业拆借是拆借双方直接洽谈，成交后直接相互转账。其运作程序如图 2－2 所示。

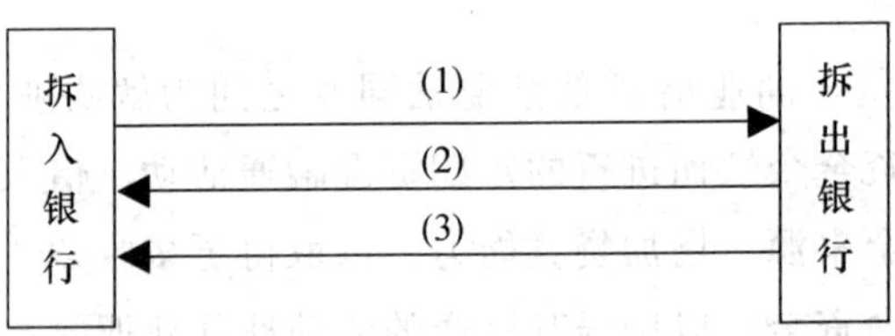

图 2－2

在图 2－2 中：

（1）拆出行与拆入行直接联系，互相洽谈资金融通的条件。

（2）成交后拆出行把资金划转给拆入行。

（3）到期按相反方向划账偿还。

（三）同业拆借市场的拆借期限和利率

1. 拆借期限。同业拆借市场的融资业务基本上是为了解决短期资金不足，因此其拆借期限比较短，一般在 1 年以内。头寸拆借主要为了补足存款准备金，通常都是以 1 ~ 10 天为期，以 1 天期限为多。同业借贷是金融机构之间平衡临时性、季节性资金余缺开展的借贷活动，其期限一般比较长，最长的可达 1 年。

2. 拆借利率。拆借市场上的利率是市场利率，即由交易双方根据货币市场供求状况协商自定。一般情况下，当货币市场资金供不应求时利率上升；当货币市场资金供过于求时利率下降。拆借利率通常低于中央银行的再贴现利率。拆借市场利率有时会低于市场利率，因为拆出行盈余的短期资金如不拆放出去，存在中央银行则无利息。

（四）同业拆借市场的操作

同业拆借市场的操作有通过中介机构的同城拆借、通过中介机构的异地拆借、不通过中介机构的同城拆借、不通过中介机构的异地拆借四种操作方式。

1. 通过中介的同城拆借。在同一个城市或地区，通过中介机构拆借的交易程序如图 2 – 3 所示。

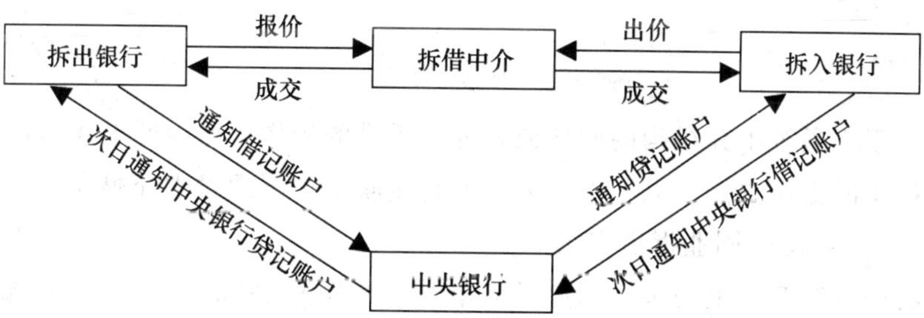

图 2 – 3

西方一些国家同业拆借交易是以支票为媒介的。当拆借双方成交后，拆入行签发自己付款的支票，支票面额为拆入金额加上利息。拆入行以此支票与拆出行签发的中央银行为付款人的支票交换。支票交换后，通知同城中央银行分支机构在内部转账，借记卖方账户，同时贷记买方账户。此时拆入行在中央银行的存款增加，拆出行在中央银行的存款减少。次日，拆入行签发以自己付款的支票，由拆出行提交票据交换所交换后，再与拆入行在中央银行清算，用反方向的借贷冲账。拆借利息的计算公式如下：

拆借利率 = 挂牌利率（年率）+ 固定上浮比率（年率）

拆入到期利率 = 本金 × 拆入利率 × 天数/365

例如：某日挂牌利率为9.9375%，拆出资金100万元，期限为1天，固定上浮比率为0.0625%，则：

拆入利率＝9.9375%＋0.0625%＝10%

到期利息＝100万元×10%×1/365≈274(元)

2. 通过中介机构的异地拆借。通过中介机构异地拆借的操作与通过中介机构的同城拆借的操作大体相同，不同的只是拆借双方不需要交换支票，仅用电话协商成交，然后通过所在地中央银行划拨转账。其具体操作规程，如图2－4所示。

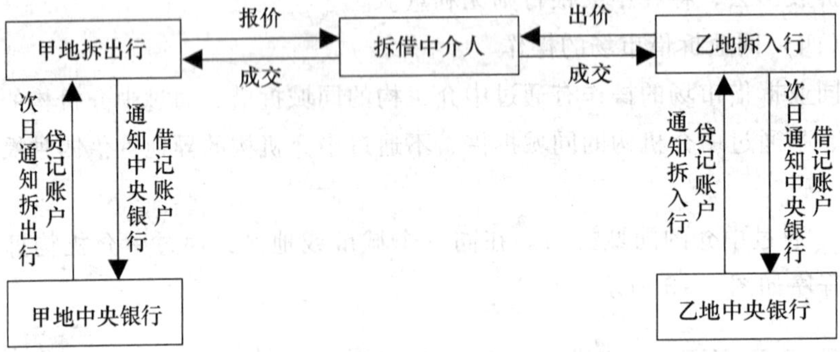

图2－4

至于不通过中介机构的同城或者异地拆借的操作，可参照上述通过中介机构拆借的操作方法，只不过拆借双方直接联系，不通过中介媒介。

（五）我国的同业拆借市场

我国真正意义上的银行同业拆借市场，产生于1986年。1986年国务院颁布《中华人民共和国银行管理暂行条例》，明确规定“专业银行之间的资金可以互相拆借”，推动了我国银行同业拆借业务的发展，解决了票据清算、联行汇差头寸和临时性周转资金的供求矛盾。1996年4月1日，全国统一的银行间同业拆借市场交易网络系统在上海联网运行，实现了同业拆借的统一报价、统一交易、统一结算。1998年起，政府从网络建设、扩大电子交易系统、扩大交易主体三方面对银行同业拆借市场进行了改进和完善。2002年6月1日国内外币同业拆借市场正式启动。

与此同时，全国统一的同业拆借市场利率（CHIBOR）开始形成，率先实现了利率市场化。1996年6月1日起，同业拆借市场的利率不再实行上限管理，而由拆借双方根据市场资金供求情况自行确定。2000年3月6日全国银行间同业拆借中心正式向市场推出现券买卖的双边报价功能。2006年9月中国人民银行开始每日发布“上海银行间同业拆借利率”，为新的金融产品提供基准利率。

目前，我国银行同业拆借市场的融资规模不断扩大，交易活动日益活跃，正健康、有序、快速地发展。

我国同业拆借实行自主报价、格式化询价、确认成交的交易方式。拆借交易有1天、7天、20天、30天、60天、90天、120天等7个品种。拆借的数额受资产负债比例的制约。按照我国《商业银行资产负债比例管理监控、监测指标》规定，各商业银行拆入资金金额与各项存款余额之比不得超过4%，拆出资金金额与各项存款余额之比不得超过8%。这些规定有利于防范同业拆借市场的风险。

我国同业拆借的基本原则是：协商自愿、平等互利、自主成交、恪守信用、短期融资。

我国银行同业拆借的交易程序，如图2－5所示。

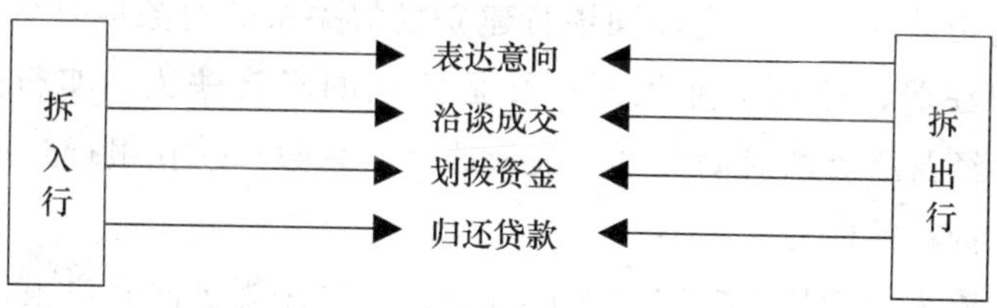

图2－5

二、短期借贷市场

（一）短期借贷的种类

短期借贷市场是以商业银行为主要资金提供者的市场。放贷的种类主要有：

1. 通知放款。通知放款没有固定的期限，是可由借贷一方随时通知清偿的贷款。通知放款经常贷放给证券交易所经纪人或证券购买人，以其持有的证券为抵押。通知放款一般按日计算利息，利率较低，流动性较大。

2. 抵押贷款。抵押贷款是银行要求借款人提供一定抵押品作为保证的放款。按照抵押品的不同，可分为票据抵押贷款、证券抵押贷款、商品抵押贷款、动产或不动产抵押贷款。在借款人不能按期还款时，银行有权处理抵押品作为抵偿。

3. 信用放款。信用放款是银行贷款时仅凭借款人的信誉而不需提供抵押品的放款方式。这种放款风险较大，利率较高，放款时一般要求借款人说明借款用途，提供经营的财务报表，有时需有担保人，以便对借款人进行监督，减少贷款风险。

4. 透支。透支指银行允许存款客户在契约规定的范围内，超过存款余额开发支票并予以兑付的一种放款。客户对透支放款要支付利息，并可随时偿还贷款。

（二）短期贷款的操作程序

1. 贷款关系建立与贷款申请。建立贷款关系是指借款人与银行之间建立书面的信贷关系。借款人向银行申请贷款，应具备一定的贷款条件，即要符合合法性、独立性、安全性和收益性的“四性”要求。合法性是指贷款对象的业务经营范围应符合各项法规政策的要求；独立性是指建立贷款关系的单位必须是独立的经济法人或经济实体；安全性是指借款人要达到最低的资本系数；收益性是指借款人应有预期的经济收入。

我国《贷款通则》规定能同银行建立贷款关系的对象应具备的条件是：①依法登记注册，持有营业执照；②是独立的经济法人，实行经济核算；③拥有正常经营所需的流动资本或最低的资本系数；④在银行开户，有经济收入和偿还贷款的能力。

贷款申请是指借款人要取得银行贷款，必须按规定向开户银行提出书面借款申请并提供有关文件和资料。

2. 贷前调查和资信分析。银行在受理借款人的申请书以后，应对借款人的资信状况和借款人合法性、安全性、盈利性等进行调查，核实抵押物及保证人的情况，以便决定是否贷款。

在短期信贷市场上，银行对借款人的资信状况审查的标准是“五C”原则：一是品德（Character）。指个人的作风、生活方式、诚实程度。对于企业则考虑负责人的品德、企业管理和资金运用状况、经营是否稳妥。二是能力（Capacity）。指个人或企业负责人的才干、经验、经营才能、受教育程度、应变能力、判断能力等。三是资本（Capital）。指资本额的大小。资本的状况可以看借款人财务报表上的总资产与总负债的情况、资本账户的结构、固定资产与流动资产的情况，净值等等。四是放款的担保（Collateral）。担保品应是易于确定价值、易于变现、不易损坏的财产。五是经营情况（Condition of business）。指申请借款人的行业在整个经济中的趋势。此外，政局的变动、经济状况、同业竞争、劳资关系等也在应考虑之列。

3. 贷款的审批和发放。在贷前调查和资信分析的基础上，银行按贷款管理制度进行审批。贷款批准后，借贷双方签订《借款合同》。借款合同一经签订，借贷双方都应共同执行。

4. 贷款检查和贷款收回。贷款发放后，贷款银行应对贷款人执行借款合同情况及资信情况进行追踪调查，发现问题，及时提出处理和改进意见，以防范贷款风险。

贷款到期，借款人应按借款合同的规定按时足额归还贷款本金并支付利息。借款人不按合同规定归还贷款应承担违约责任，并加付利息。贷款到期时，如果借款人无力偿还贷款，采取保证贷款方式的保证人必须立即履行偿还贷款本息的责任；采用抵押或质押贷款方式的，银行可根据法律规定的程序，变卖抵押物偿还贷款。

三、票据市场

票据市场是以商业票据为金融工具的货币市场。主要包括商业票据市场、票据承兑和贴现市场。

（一）商业票据市场

1. 商业票据的发行。商业票据是信誉优良的金融公司或工商企业为筹集资金而发行的短期期票，其面额一般比较大。

（1）商业票据的发行主体。商业票据的发行主体主要有三类：一是银行控股公司，专门发行商业票据为企业筹集资金；二是大企业的子公司，为节省发行费用一些大型企业自己组织一个专门发行商业票据的子公司直接向投资者发行票据，为本企业筹集资金；三是经纪人，对于没有专门发行机构的小企业、小银行，一般通过经纪人间接发行票据。商业票据一般凭发行人自身的信用发行，没有担保。实力不太雄厚的企业想要发行商业票据，往往需要大公司支持或用高质量的资产作抵押。

商业票据的投资者包括银行、非银行金融机构、投资公司、地方政府、私人养老金、各种基金会以及投资者个人，其中银行是最大的投资者。

（2）商业票据的发行步骤：①确定采取发行商业票据方式筹措资金。发行人应对数种借款方式进行成本比较，作出发行商业票据筹资的决策。②选定发行方案。主要包括发行票据的目的、发行数量、发行方式、发行时机、发行的承销机构、发行条件、到期偿付能力测算、发行具体程序等。

③选择代理机构对商业票据代销或包销。由于商业票据期限短，发行人通常是急需资金者，如不能及时筹足资金则影响企业正常的生产经营，因此不少商业票据采用包销形式发行。④办理商业票据评级。未经评级的商业票据难以在公开市场上发行，因此商业票据发行人都主动向评级机构要求取得对票据的评级。评级机构根据出票人的管理质量、经营能力和风险、资金周转速度、竞争能力、流动性评价、债务结构、经营前景等因素，把出票人分为三级。国际上具有广泛影响的评级机构是美国的标准普尔公司和穆迪投资服务公司。标准普尔公司把信用等级分为A1、A2、A3级；穆迪公司把信用等级分为P1、P2、P3级。根据信用级别的高低发行商业票据的利率也相应的不同。

（3）商业票据的发行方式。商业票据的发行有直接发行和间接发行两种方式。

直接发行是指发行者在市场上直接将票据销售给投资者，不需要证券包销商或证券公司作为中介。直接发行的程序是：商业票据评级；发行人公告发行商业票据的数量、价格、期限等；投资者与发行人洽谈买卖条件，包括数量、票据、期限等；投资者买入商业票据，发行商业票据者收进资金。

间接发行也称委托发行，指发行者委托商业票据交易商发行。通常又有三种形式：一是助销发行，即商业票据交易商与发行公司事先商妥发行事项，议定承销期限，然后由该交易商代办门市零售或通讯销售，承销期满未销部分，由交易商购买；二是代销发行，即商业票据交易商与发行公司议定承销期限，依照发行公司指定的价格，由交易商代办门市零售或通讯销售，承销期满未售完部分退回发行公司；三是招标发行，即交易商以受托办理招标方式推销，未能售出部分，由发行公司自行处理。上述三种发行方式，因承担风险、服务范围及发行成本各不相同，交易商收取的承销费用也不同，其中助销发行费用最高，招标发行其次，最低为代销发行。

间接发行的程序是：发行公司与交易商协议承销商业票据的有关事项，并签订委托发行协议；办理商业票据的评级事项；交易商依照委托发行协议的有关规定确定承销方式；投资者购买商业票据，资金存入交易商账户；发行公司支付手续费给交易商。

（4）商业票据的发行成本。商业票据的发行成本主要由以下几个方面构成：①贴现率。贴现率一般根据交易商协会提供的参考利率上下浮动一个百分点。②承销费。主要根据发行金额大小以及时间长短计付，通常为0.125%～0.25%。③签证费。为保证商业票据所记载事项正确，通常由有权威中介机构予以签证。一般按签证金额收费，规定最低起征点。④保证费。金融机构为发行商业票据者提供信用保证，要收保证费。收费标准通常按商业票据保证金的年利率10%计付，如发行量大、资信良好的公司可酌减。⑤评级费。在美国，一般为5 000美元至25 000美元不等。

例如：某公司发行100万元90天期的商业票据，贴现率为8.4%，签证费0.03%，保证费为1%，评级费为10 000元，承销费为0.3%，则发行成本如下：

利息	1 000 000×8.4%×90÷360=21 000（元）
承销费	1 000 000×0.3% =3 000（元）
签证费	1 000 000×0.03%=300（元）
保证费	1 000 000×1%×90÷360=2 500（元）
评级费	10 000（元）
合计	36 800（元）

2. 商业票据二级市场。发行商业票据的目的主要是筹集短期资金，未到期商业票据进入二级市场交易的比较少，因此，各国商业票据市场的二级市场一般均不太发达，其主要原因有：①商业票据的期限短，平均期限为30～45天，投资人买入票据很快就可以到期兑付；②商业票据的安全性好，发行商业票据的企业一般信誉均比较卓著；③投资者确实在票据未到期前急需资金，一般可以向发行公司提前兑付票据，但要扣除相应的利息。

（二）汇票承兑和贴现市场

1. 汇票。汇票有商业汇票和银行汇票之分，商业汇票又可分为商业承兑汇票和银行承兑汇票，由企业、私人承兑的为商业承兑汇票，由银行承兑为银行承兑汇票。

与商业承兑汇票相比，银行承兑汇票具有以下特点：①安全性好。银行承兑汇票的承兑人一般是信誉良好的银行，其兑付保证高，比商业承兑汇票更具安全性。②流动性大。银行承兑汇票以银行信用作为付款保证，经过银行承兑后的商业汇票更易于转让，人们更愿意接受这种票据。③可追索性强。银行承兑汇票有银行信用作担保，如果发生票据到期拒付情况，持票人可凭此承兑汇票向承兑银行追索。

2. 票据承兑市场。票据承兑是汇票的付款人接受出票人的要求，在票据上签名并写上“承兑”字样，表示承认到期兑付的行为。由于汇票的付款人是由出票人单方面在票据上指定，在未经付款人承认兑付之前，汇票不具有法律效力，不能确定收款人与付款人之间的权利和义务关系。

票据承兑市场是指接受承兑信用，创造承兑汇票的市场。汇票经过承兑后才能转让，但是由于商业承兑汇票的信用保证不够，在市场上转让的难度较大，因此，许多商业汇票就必须转化为银行承兑汇票，以提高汇票的流动性。银行应申请人的要求办理票据承兑的业务就构成了票据承兑市场。

银行在办理票据承兑业务时应遵循以下原则：①承兑的商业汇票必须以真实的商品交易或劳务为基础；②办理票据承兑业务时，应坚持合法的手续和完备的票据内容。承兑申请人应在银行承兑汇票到期之前，将票面金额足额交存开户银行，到期由银行凭票将款项付给收款人或被背书人。若承兑申请人于汇票到期日未能足额交存票款，承兑银行从维护信誉出发应无条件兑付票款，但垫付票款后银行应按承兑协议规定，向承兑申请人或担保人索取票款或处理抵押品，也可以转为银行对承兑申请人的贷款。

3. 票据贴现市场。票据贴现市场是指对未到期票据进行贴现，为客户提供短期资金融通的市场。可贴现的票据主要有商业本票、商业承兑汇票、银行承兑汇票、政府债券和金融债券等。商业银行、承兑公司和贴现公司主要对个人办理贴现；中央银行则对商业银行、承兑公司等办理再贴现。在我国票据贴现市场贴现的票据主要是商业承兑汇票和银行承兑汇票。

（1）贴现程序。办理票据贴现业务的程序是：①贴现申请。贴现申请人应在已承兑的商业汇票的“贴现背书”栏内注明申请贴现银行的名称、贴现金额、申请日期，经盖章后交送其开户银行，同时向银行提交贴现申请书。②贴现。银行收到贴现申请经审查同意后，在“贴现记录”栏目内逐项注明有关内容，包括贴现金额、贴现率、贴现日期，并在“贴现凭证”相关栏内加注有关事项，签盖印章，再将承兑票据妥善保管，然后将贴现凭证回单联退还给申请人，最后将实付贴现金额转入申请贴现人在银行的账户。③到期付款。付款人在票据到期之前，将款项备足交存其开户银行，由开户银行划转贴现银行。贴现银行在票据到期后，将贴现票据通过同城交换或异地联行转划到付款单位开户银行托收。

（2）实付贴现金额的计算。实付贴现金额是指在贴现汇票金额中，扣除从贴现日到汇票到期日为止的贴现利息，实际支付给贴现人的金额。其计算公式为：

实付贴现金额 = 汇票的票面金额 - 贴现利息

贴现利息 = 贴现票面金额 × 贴现天数 × 月贴现率/30

例如：某企业 2000 年 5 月 1 日向银行申请贴现，汇票金额为 500 万元，汇票于 2000 年 10 月 16 日到期，经银行审查同意贴现，月贴现率为 5‰。实付贴现金额的计算为：

贴现天数：从 5 月 1 日到 10 月 16 日，贴现天数为 5 个月零 15 天，即 165 天。

贴现利息 = 5 000 000 × 165 × 5‰/30 = 137 500（元）

实付贴现金额 = 5 000 000 - 137 500 = 4 862 500（元）

（3）转贴现。转贴现是指银行将已经办理了贴现尚未到期的汇票转让给其他银行。其操作方法与贴现相类似。

转贴现的业务处理程序如图 2 - 6 所示。

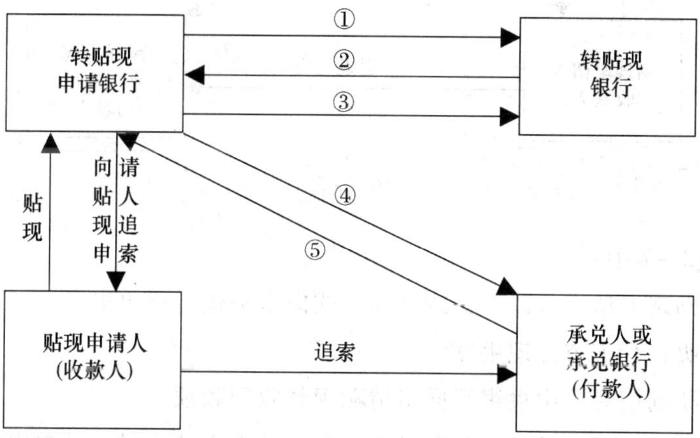

图 2 - 6

在图 2 - 6 中：

①申请转贴现。

②贴现银行审查同意。

③到期支付票款。

④转贴现申请银行到期向付款人收取票款。

⑤到期无资金支付，则向收款人进行追索，然后由申请人向付款人追索。

（4）再贴现。再贴现是指银行将已办理贴现的汇票在未到期之前向中央银行贴现。再贴现与转贴现的区别在于：一是贴现关系人不同。转贴现是贴现的商业银行与商业银行之间的票据转让行为；再贴现是商业银行与中央银行之间的票据转让行为。二是贴现是否为最终的转让。转贴现的票据只要未到期，还可以在银行之间办理转让；而再贴现则是最后的贴现，即办理再贴现的汇票就退出了流通领域。

再贴现业务处理程序如图 2－7 所示。

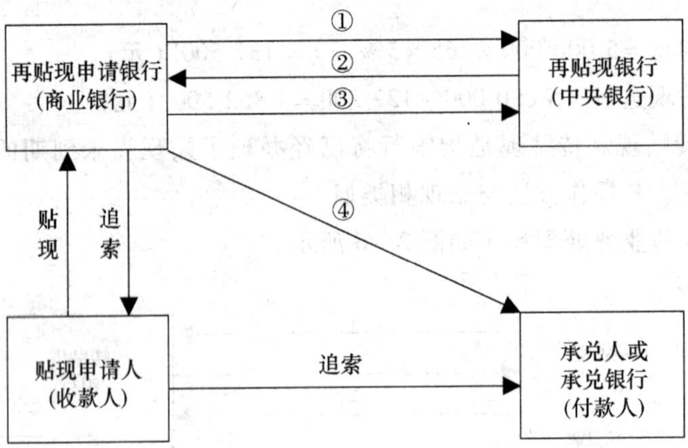

图 2－7

在图 2－7 中：

①再贴现申请银行以口头或书面形式向中央银行提出申请。

②中央银行审查办理手续。

③汇票到期后，中央银行向申请贴现行收回款项。

④申请行向汇票承兑人收取票款，若承兑人无款支付，可向申请贴现行（收款人）进行追索，然后由申请行再向付款人追索。

（三）我国的票据市场

我国曾长期明令禁止商业信用活动，因此不存在商业票据，未形成相应的票据承兑和贴现业务，自然不存在票据承兑贴现市场。改革开放后，商业信用活动逐渐得以恢复，票据市场逐步形成。

我国的商业票据发行始于 20 世纪 80 年代末，在当时紧缩银根的政策下，为了缓和短期资金的供求矛盾，中国人民银行会同有关国有商业银行在一些大城市选择了一些经济效益较好的大中型企业发行 3 个月、6 个月、9 个月和 12 个月的短期融资票据，票据的月息不超过 6‰，相当于当时流动资金贷款的利率水平。这种票据可以在企业之间转让，也可以在短期资金市场上买卖。国有商业银行、信托投资公司、保险公司、城乡信用社等金融机构可以买卖短期融资票据，也可以代理发行或承销。

1984年底，中国人民银行颁布了《商业银行承兑贴现暂行办法》，鼓励工商企业之间的商业信用实现票据化。1986年又颁布了《中国人民银行再贴现试行办法》。但在1994年以前票据贴现市场发展基本处于停滞状态。1994年底，中央银行会同有关部门提出在部分行业和品种的购销环节推广使用商业汇票，开办票据承兑授信和贴现、再贴现，至此票据市场才得以发展。以1995年《中华人民共和国票据法》的颁布为标志，我国初步建立并逐步完善了有关票据业务的法规和制度，对再贴现政策作了比较大的调整，此间，大幅下调了再贴现利率，改进与完善了贴现利率的生成机制。

1999年以后票据市场进入快速发展阶段，2002年末，中国工商银行率先完成全国性票据营业部战略部署，建行、中行、农行也纷纷跟进成立总行级票据中心或票据贴现窗口，四大国有商业银行全面进入票据贴现市场。招商银行、民生银行、广东发展银行等中小金融机构也开始把票据贴现业务作为提高竞争能力和盈利水平的重要工具，着手进入票据贴现市场，推动了票据业务的迅速发展，票据业务总量成倍增长。1994~2006年，我国年度票据签发量由640亿元增长到54 300亿元，平均年度增长55.33%，贴现由470亿元增长到84 900亿元，平均年度增长65.7%。

票据作为重要的非现金支付工具之一，不仅是经济行为人的安全、高效的转移资金的载体，也是货币市场中主要的金融产品之一，票据再贴现还是央行重要的货币政策工具。我国票据市场在资金配置、流动性管理、风险分散、货币政策传导以及缓解中小企业融资瓶颈等方面发挥着举足轻重的作用，作为货币市场的子市场，在规范和引导商业信用、拓宽企业融资渠道、改善银行资产结构、完善货币政策传导机制等方面发挥着十分重要的作用。

四、短期证券市场

短期证券市场是指期限在 年以内的证券发行和交易市场。按交易内容划分，短期证券市场可分为政府短期债券市场、回购协议市场。

（一）政府短期债券市场

政府短期债券市场是一国政府为解决短期资金需要而发行有价证券的市场。政府短期债券主要为国库券，国库券的融资期限在一年以内，以3~6个月居多。

1. 国库券的发行。国库券发行的主体一般由发行者、投资者、中介人所组成。各国国库券的发行者都是国家政府或者是国家财政部；投资者是债权人，主要有银行、保险机构、基金、公司、企业、个人等；中介人是负责国库券发行和承销工作的组织者，一般由大证券公司或有名望的银行担任。

（1）国库券的发行方式。国库券的发行方式主要有三种：招标方式、承购包销方式和摊派方式。

招标方式是指通过招标人的直接定价来确定价格水平，发行时将投标人按投标款价由高到低依序排列确定中标数，直到达到需要发行的数额为止。这种发行方式在西方各国比较通行。

承购包销方式一般由发行人和承销人签订承购包销合同，若在规定期限内承销人不能把国库券全部售出，其差额部分由承购人承购。这种发行方式手续简便、发行时间较短，有利于政府在短期内筹集资金。

摊派方式是指政府根据企业和个人的财产收入等情况分配认购数量，强制摊销国库券的方式。这种发行方式能够确保国库券的发行顺利完成，为政府迅速筹集资金，但强制性的摊派违背了市场经济运行规律和人们的意愿，容易引起认购者的不满，影响国库券的声誉。

（2）国库券的发行价格。国库券的发行价格有三种：

①平价发行。平价发行指国库券按面值发行，认购者按国库券面值支付购金，政府按面值取得收入，到期亦按票面值和预定的利率还本付息。

②折价发行。也称贴现发行，是指国库券以低于票面值的价格出售，到期按票面金额兑付，发行价格与票面金额之间的差额即为国库券的利息。这种发行方式较为普遍。折价发行的计算公式为：

发行价格＝面值×（1－贴现率×偿付期天数÷360）

例如：发行某面值为100元的国库券，偿付期为365天，贴现率为12%，则其发售价格为：

发售价格＝100×（1－12%×365÷360）＝87.83（元）

③溢价发行。溢价发行指国库券以超过票面值的价格出售，认购者以高于票面值的价格支付购买金，政府按这个价格取得收入，到期则按面值还本。这种发行方式较少采用。

国库券的投资风险小、期限短，既可以贴现，又可以在市场上流通，因而流动性很强。此外，国库券又是一种可以产生利润的资产，发行时打折买入，到期十足还本，两者之间的差额就是持有人的收益，因而有人称之为“有利息的钞票”。由于国库券本身的这些优点，使它成为各国货币市场上最重要的信用工具。

2. 国库券的流通。国库券流通市场又称国库券二级市场，是已发行国库券的交易市场。国库券的转让也按贴现方式进行。

例如：某人持有一张 100 元面值，100 天以后到期，贴现率为 10% 的国库券，则该国库券的转让价格为：

贴现利息 = 100 ×（10% × 100 ÷ 360）= 2. 78 （元）

贴现金额 = 100 − 2. 78 = 97. 22 （元）

在交易市场上，上述公式计算的价格仅是参考价格，实际价格由买卖双方依据供求关系确定。

3. 我国的国库券市场。我国于 1981 年第一次发行国库券，至今国库券发行大致经历过以下几个阶段：①1981 ~ 1984 年，每年计划发行 400 亿元，实际超额完成发行任务。采取摊派与自愿相结合的发行方式，发行后的第六年开始还本付息，分五年做五次偿还。②1985 年起多次改革了国库券的发行。首先，增加了国库券的发行额，由每年计划发行 400 亿元增加到 600 亿元以上；其次，缩短了还本期，即由过去 5 ~ 10 年还本付息缩至为 5 年；再次，提高了利率，由当时的 4% 提高到 5% 以上，个人购买的国库券利率由 8% 提高到 9% 以上；最后，国库券可以在银行贴现，也可以用作贷款质押。③1994 年以后，国库券的发行进入到一个新阶段。主要表现在发行数量大大增加，偿还期限进一步缩短、利率也进一步提高。

1981 年发行的是“中华人民共和国国库券”实物券，以后取消了实物券，代之以凭证式和记账式债券。值得说明的是，我国发行的国库券大多为中长期债券。而国际上的国库券多指期限在 1 年以下的国库券，有 3 个月、6 个月、1 年之分，目前我国还没有发行过 9 个月期限的短期国库券，但尚有 1 年期限兑付的国库券可以纳入短期国库券范畴。

我国国库券的上市流通晚于国库券的发行，1988 年 4 月经国务院批准，在沈阳、上海、哈尔滨、重庆、武汉、广州、深圳等七个城市试点进行国库券的交易，1990 年，国库券交易全面放开，初步形成了国库券交易市场。

（二）证券回购协议市场

1. 证券回购协议市场的含义及其特征。证券回购协议是指证券交易双方按照协议，由出售方在出售证券的同时，承诺在约定的时间按原定或约定的价格重新购回该证券的一种融资行为。证券回购协议从形式上看，是一种证券买卖行为，实际上是一种以证券为抵押的短期资金融资。与货币市场的其他交易工具相比，证券回购协议具有以下几方面的特征：

（1）证券交易的逆转性。在货币市场上，投资者卖出证券以后是否再买进或者什么时候买进一般是不确定的，而证券回购协议在卖出证券的同时就已商定好再次买进。

（2）证券回购交易是中央银行进行公开市场业务操作的主要方式。中央银行在公开市场上从事有价证券买卖一般是通过回购和逆回购交易方式进行的。当需要收紧银根，减少市场货币供应量时，中央银行通过回购交易卖出国债，回笼货币。反之，在需要扩张信贷，增加货币供应量时，中央银行通过逆回购交易买进国债，投放货币。

2. 证券回购协议的操作。证券回购协议交易一般通过电话进行，由交易双方直接洽谈，资金需要方主要是大银行和政府债券交易商，资金供应方主要是大型企业和地方政府，交易价格一般略低于市价。证券回购协议是"一笔交易、两次清算"，它不同于现货交易的"一次交易、一次清算"。两次清算的过程如下：

初始交易：融资方（卖方） —证券→ / ←资金— 融券方（买方）

反方交易：融资方（卖方） —资金→ / ←证券— 融券方（买方）

以上两次清算证券交易的数额、品种不变，但资金流向不同，在反方交易的资金里包含了融资方付给融券方的利息。

3. 我国的证券回购协议市场。我国回购协议市场上回购协议的标的物是经中国人民银行批准的，可用于在回购协议市场进行交易的政府债券、中央银行债券及金融债券，但以政府债券为主。上海证券交易所于1993年12月15日发布了《关于国债交易专场回购业务的通知》，正式开办了以国债为主要品种的回购交易业务，当日国债回购业务共成交9笔2 700手，成交金额280万元。1996年中央银行开始实行公开市场业务操作后，国债回购市场更加活跃。十几年来，国债回购已成为国债市场一种基本的融资手段，直接促进了债券市场的发展。

我国国债回购市场由三个市场组成：一是资本市场中的回购市场，即证券交易所的回购市场。其交易按交易所设计并经监管当局批准的标准化的证券回购协议进行。二是货币市场中的证券回购市场，即全国统一同业拆借市场中的证券回购市场。在这个市场上交易的证券有国债、政策性金融债券、中央银行融资券以及其他债券。回购期限为 7 天、14 天、21 天、1 个月、2 个月、3 个月、4 个月共计 7 个品种，最长不得超过 4 个月。回购利率由买卖双方自行确定。三是场外国债回购交易，即投资者之间通过证券中介机构的柜台交易。

我国的国债回购根据不同的标准可以进行不同分类。根据期限不同可以分为隔日回购和定期回购；按照交易场所不同可以分为银行间市场回购和交易所市场回购；按照国债转移行为法律性质的不同分为买断式回购和质押式回购。买断式回购（也称开放式回购）交易是指国债持有人在将一笔国债卖出的同时，与买方约定在未来某一日期，再由卖方以约定价格从买方购回该笔国债的交易行为。质押式回购是指资金融入方（正回购方）在将债券出质给资金融出方（逆回购方）融入资金的同时，双方约定在将来某一日期由正回购方向逆回购方返还本金和按约定回购利率计算的利息，逆回购方向正回购方返还原出质债券。换句话说，质押式回购即是卖方（国债持有人）以现券作质押向买方（证券公司等）融入资金，并在规定的期限内按照之前约定好的价格清偿债务，买回平仓，解押现券，其本质从某个角度来看就是一种质押借贷。

五、大额可转让定期存单市场

（一）大额可转让定期存单的发行

大额可转让定期存单的发行方式分为两类：一类是批发式发行，即发行银行把拟定发行存单的总额、利率、发行日期、到期日和每张存单的面额等事先公布于众，供投资者认购。另一类是零售式发行，即按投资者的需要，随时发行，利率也进行议价。

大额可转让定期存单的发行一般都由发行银行直接出售给大企业或自己的客户，而不需要借助证券交易商。其发行价格一般与面额相等。大额可转让定期存单利率的高低，取决于发行人的信用级别、存单面额、期限以及货币市场上其他信用工具的利率水平。

例如：发行100万元的定期存单，期限为180天，年利率为10%。则：

到期还本付息的金额 = 1 000 000 + 1 000 000 × 10% × 180/360

= 1 050 000（元）

（二）大额可转让定期存单的转让

在货币市场上，投资者根据其投资的需要，随时可以买进存单进行投资，需要用款时，也可以随时在市场上卖出存单，取得现款。大额可转让定期存单的转让方式由存单是否记名决定，不记名存单在转让时可以不背书，记名存单转让时需背书。

（三）我国的大额可转让定期存单

我国于1986年由中国银行和交通银行首次发行大额可转让定期存单。随着1989年5月22日《关于大额可转让定期存单管理办法》的颁发，一些大额存单在中国银行等国有商业银行相继出现，发行对象以企业、事业、团体、机关单位为主。

我国的大额可转让存单分为对个人发行和对单位发行两种。对个人发行的存单，面额为500元、1 000元、5 000元三种；对单位发行的存单，面额分别为1万元、5万元、10万元、50万元、100万元等几种。存单期限分别为1个月、3个月、6个月、9个月和12个月。存单利率由中国人民银行规定最高限度，各发行银行在这个限度内自行确定其发行的利率。现行的大额可转让定期存单对个人发行部分，其利率可以在同期存款利率基础上上浮10%；对单位发行部分，其利率与定期存款利率相同。

我国推出大额可转让定期存单的主要目的是“增加金融工具，活跃金融市场，聚集社会闲散资金，支持国家经济建设”。但是，由于制度不健全，管理不规范，导致大额可转让定期存单超计划、未经批准乱发、滥发等现象，一度沦为部分商业银行变相高息揽存的工具。1996年，中央银行重新修改了《大额可转让定期存单管理办法》，对大额可转让定期存单的审批、发行面额、发行期限、发行利率和发行方式进行了明确规定，有效规范了大额可转让定期存单的发展。但是，由于没有给大额可转让定期存单提供一个统一的交易市场，导致跟不可转让存单没有实质区别，所以大额可转让定期存单因为流动性不佳而淡出人们的视野。

思考与练习

1. 货币市场与资本市场相比有何特点？
2. 货币市场的构成要素是什么？
3. 货币市场上的投资工具主要有哪些？各有何特点？
4. 简述银行同业拆借的主要交易形式及其运作。
5. 银行短期借贷的操作程序如何？
6. 票据市场由哪几个子市场构成？各自的业务特点是什么？
7. 国库券的发行价格有哪几种？国库券流通与国库券回购区别何在？

第三章

股票市场

内容提示 股票市场的交易工具为股票，而股票又必须由股份公司发行；反过来，股票市场的发展必然要求大量高质量的股票，从而促进股份公司的健康发展。因此，股份公司、股票和股票市场是密切相连的。本章介绍股份公司及股票，以及股票发行市场及流通市场的基本属性、结构、运行机制、市场运作等，同时从投资者的角度对股票投资的相关问题作一些阐释。

第一节
股份公司及股票

股票，是与股份公司、股票市场并称为股份制度的三大要素。股份公司发行股票，是股票的源头；股票市场是股票的归属，是股票真正发挥融资作用的空间；而股票市场的充分发展，必然需要更多更好的股票，也就需要更多更好的股份公司。因此，股份公司、股票和股票市场三者之间存在着密不可分的关系。

一、股份公司

（一）股份公司的概念及其特征

1. 股份公司的概念。股份公司指全部注册资本分为等额股份，通过发行股票筹集资本，股东以其所持股份为限对公司承担责任，公司以其全部资产对公司债务承担责任的企业法人。股份公司是商品经济发展到一定历史阶段的产物，是社会化大生产的一种组织形式，是典型的现代企业制度形式。

2. 股份公司的特征。股份公司除了具有企业法人的共同特征以外，还具有以下特点：

（1）资本总额平均分割为相等的股份，这是股份公司的显著特征。对股份有限公司来说，资本总额没有最高额的限制。公司将其资本均等地分割成股份，作为股东权利与义务的表现；股票则是股份的证券表现形式。

（2）典型的资合性和只承担有限责任。股份有限公司对股东的人身性质没有特别限制，一般对股东个人没有强制持有股票的要求，即人合性不强。有限责任表现在两个方面：股东仅仅是股票的持有者，他们对公司的权利和义务随着股票的转移而转移，并且只以认缴的股份为限对公司承担有限责任；一旦公司进行清算时，公司债权人只能对公司提出要求，公司以注册资本对外承担有限责任，与股东个人其他财产没有关系。

（3）可以招募股本。经过批准，股份公司可以向社会公开发行股票招募股本。认购公司股票者，成为公司的股东，股东可以自由转让股份，但不能退股。

（4）对公司发起人有法律限制。发起人就是公司创立人，是依照有关法律法规订立发起协议，提出公司设立申请，并且必须认购一定数额的公司股份，对公司设立承担责任的法人或自然人。很显然，对发起人的要求，不但在人身方面，而且也在经济实力方面。否则，他们不能承担发起责任，可能造成危害社会危害他人的后果。

（5）股东人数没有上限。各国公司法都规定股份公司社会股东人数的低限，不能少于法律规定的最低限额。由于股份有限公司具有显著的法人属性，各国立法一般不允许一人股份公司，股份有限公司的股东人数最高额则没有限制。

（6）股东按其持股比例平等享受权利，承担义务。股份有限公司股本来源是论股计算的，其分配原则也是按股分利，实行等量股份获取等量利润的公平分配原则。在公司各类会议上行使表决权时，每股有一表决权，权利平等。

(7) 公司的财务及重大事项公开。股份公司必须定期在官方指定的新闻媒体上公布经注册会计师审查验证过的公司财务报告、资产负债表、损益表和现金流量表等，签订重要合同、公司合并分立、涉及诉讼等重大事项也必须如实公布，以供股东和债权人查询。

(8) 实行所有权与经营权两权分离。股东（所有权人）人数众多，并不直接介入公司经营，公司的经营管理权是由各类专家来实现的。董事会执行股东大会的决议，聘任经理机构负责公司的一切日常经营活动，这就有效地实现了所有权与经营权的分离，集中了巨额集资和专家管理两方面的优势。

3. 股份公司的设立条件。设立股份公司，是按照法定程序组建公司企业取得法人资格的过程。各国对设立股份公司都有严格的规定，我国有关法律对股份公司的设立条件有下列规定：

(1) 发起人的数量。我国《公司法》规定，设立股份有限公司，应当有5人以上为发起人，其中半数以上必须在中国境内有住所。由国有企业改组的，发起人可少于5人，但应采取募集设立方式。发起人除按规定认购股本外，还应承担公司筹办事务及发起责任。

(2) 股本金。我国《公司法》的规定，股份有限公司注册资本的最低限额为人民币1 000万元，上市股份有限公司为人民币5 000万元。无论是发起人认缴，还是社会公开募集，都必须满足这个标准。

(3) 制定并通过公司章程。公司章程是公司组织及活动的根本规则，也是指导公司运行的依据。也就是说，章程是公司的“宪法”。公司的章程由发起人拟制，并经公司创立大会通过方始生效。

(4) 设定公司名称、建立组织机构。股份公司的名称设定要符合企业注册登记管理的规定，应在设立公司的申请书及公司章程中载明。公司的组织机构应按规定建立。

(5) 经营条件方面的保证。设立股份公司，为社会提供商品或服务，必须有固定的生产经营场所，还必须有能保证正常生产经营的各方面条件。

（二）股份公司的组织结构

股份公司的组织由股东大会、董事会、经理和监事会组成，各机构之间的关系如图3－1所示。

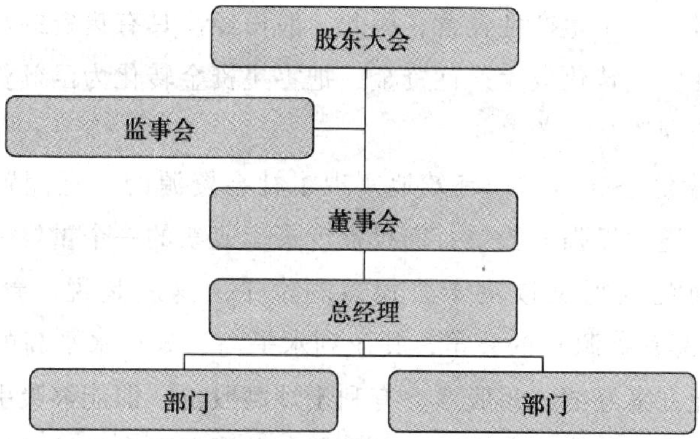

图 3－1

1. 股东大会。股东大会应当每年召开一次年会（有特殊情况可以召开临时股东大会）。股东出席股东大会时，所持有的每一股份都有一份表决权。根据《公司法》及公司章程规定，股东可以自己出席股东大会，也可以委托代理人出席。代理人受托出席股东大会时，须向大会组织者提交股东授权委托书，并只能在授权范围内行使表决权。

2. 董事会。从法律意义上讲，股东大会是股份公司的最高权力机关，但由于股东人数众多，股东大会不可能作为一个常设机构来实施对公司的管理和监督。董事会作为股东大会选出的常设执行机构，代表全体股东的利益，并根据法律、公司章程以及股东大会的授权，行使管理和监督经理活动的职能。董事会成员的人数由公司章程决定，董事长作为公司法定代表人，由董事会选举产生。

3. 经理。股份公司的经理由董事会任命，负责公司的日常经营管理工作。

4. 监事会。监事会由一定数目（一般不少于 3 人）的监事组成，监事人选除股东代表外还必须包括适当比例的公司职工代表。监事会最主要的职权为：检查公司财务；对董事及经理执行公司职务时违反有关法规及公司章程的行为进行监督等。

（三）股份公司对社会经济的作用

股份制度是适应商品经济和社会化大生产的需要而产生的，股份经济的发展又促进了商品经济和社会化大生产的发展。

1. 通过股份经济形式，可以广泛筹集资金。通常，股份公司的股票是要向社会公开募集的，投资者通过购买股票，将分散的资金集中到了股份公司的手中，可投资于生产性经营，因此，股份经济具有集资的功能。这种集资，把消费性资金转化成生产性资金，把零星资金转化为巨额资金，把短期资金转化为长期资金。

2. 通过股份经济形式，有效地实现了社会资源的合理配置。股份公司向社会发行流通性极强的股票，而投资者买卖股票的一个重要依据就是股息的高低，股息的高低又取决于公司盈利水平。这就是说，善于经营管理（即最科学的配置资源）的公司，其盈利水平高；盈利水平高的公司，分配方案好；分配方案好的公司股票，有利于炒高股价，即能够吸引投资者的投资选择。股票流通的背后，实际上发生着各种资源要素的转移和流动。

3. 通过股份经济形式，使资本连续、稳定地存在和发展有了载体。股份经济创造和实现了资本存在和运动的两重化形式，一是公司以固定资产这类实物资本形式存在和运动，二是以股票证券这种虚拟资本形式存在和运动。由于股票投资属于永久性投资，它可以永久地为股份公司掌握使用。

此外，股份经济科学的组织制度和管理制度，有利于管理规范化，有利于培养和造就企业管理人才。股份公司有效实现两权分离的组织制度和管理制度，使一大部分拥有资金而不具经营才能或没有机会直接经营的人获得收益，同时使一小部分资金短缺但有经营才能的人有机会施展才能，实现了优势互补。这种规范化的治理结构，充分体现了现代企业制度的优越性。

二、股票的本质及其特征

股份公司的资本有两种存在形式，一是实际存在的职能资本，在生产经营过程中发挥作用；二是在证券市场上以股票形式出现的虚拟资本。股票是股份公司发给投资人、证明其投入本公司资本并据此取得股息和红利的凭证，是设定股东权利和义务，并能够转让流通的有价证券。我国《公司法》的规定，股票是公司签发的证明股东所持股份的凭证。

（一）股票的本质属性

1. 股票是有价证券。从严格意义上说，股票不像债权那样具备准确的有价性，即有一个可以确认的价值金额。但是，股票包含着股东要求公司按规定分派股息、红利的权利，这就具有一定的经济价值。同时，股票持有的转移与股东权利的转移是同步进行的，两者不可分割，从法理意义上说，它符合有价证券的内涵。

2. 股票是要式证券。股票必须在公司注册登记之后才能发行，股票票面上应全面、真实地记载法律规定的内容。我国《公司法》对此有明确规定，如果缺少法定要件，股票也就失去法律效力。股票还需有董事长、常务董事等三人以上的签名，其制作和发行必须经证券主管部门的审核和批准。

3. 股票是一种证权证券。在法理分类上，证券可划分为证权证券和设权证券，前者是证明某种权利的，这个权利已先存在，证券的作用仅仅是证明一下而已；后者是设定某种权利的，这个权利原本不存在，是由这个证券新设置的。换句话说，对设权证券而言，权利的发生以证券的发行和存在为前提条件，大多数的票据均属此类；而股票，只是把在先已存在的股东权利以证券形式表现一下，只起证明作用。

4. 股票既非债权证券亦非物权证券。投资者投入资金购买股票，他就成为公司股东之一。股东的投资回报就是公司的红利分配，如果公司经营不善，股东只能承担亏损甚至血本无归的风险，不存在还本付息的问题。所以，股票不属于债权证券。同时，股票又不是物权证券，购买股票的股东，应该也算是公司的所有人之一，他们有着股东的多种权利，但就是没有对公司财产的直接经营支配权和处置权。

5. 股票是一种虚拟资本证券。虚拟性指证券所具有的独立于现实资产运动之外，却能给证券持有者带来一定收入的特性。有价证券属于虚拟资本。相对于虚拟资本而言，实际资本可以在生产总过程中发挥作用，其价格也接近真实。虚拟资本不仅不能在生产过程发挥作用，而且在价格量的方面总是大于实际资本额。股票按其发行价进入公司成为实际资本，以后在股票市场上的价格变化，只是它所代表的资本份额和股东权益进行的独立的价值运动，因此，股票是一种虚拟资本证券。

（二）股票的特征

1. 无期性。股票投资是一种永久性投资。在一般情况下，投资者一旦购买了某一公司的股票，不能向公司要求退股。因此，只要公司存在一天，股本金就不能退回，股票持有者只能通过在股票市场上转让股票来收回投资资金。

2. 权责性。股票作为权益证券，其持有人享有以下几种基本权利：（1）利益分配权。即股东可凭其持有的股份从公司取得股息和红利的分配。（2）经营管理参与权。股票持有人可通过股东大会，审议和批准公司提交的公司发展计划，利润分配方案，选举和任命负责公司经营的董事、监事、经理人等。（3）剩余财产分配权。若公司因各种原因进行清算时，在按法律规定顺序支付各类费用后，股东可按其股份额取得剩余财产的分配。(4) 新股优先认购权。即在公司增发新股时，原股东享有优先认购的权利。股东在享受权利的同时，也必须承担相应的义务。

3. 风险性。一般认为股票投资具有较高的投资收益率，但高收益与高风险之间存在着如影随形的关系。如前所述，股票一经购买，就不能退还本金，持股收益只能期待公司的经营成果或在股市炒作差价。这样，持股者至少有两个方面的风险：一是受制于公司经营效益，利大多分，利小少分，无利不分，甚至可能因公司破产而折本；二是受制于股价波动，若股市低迷，或该股票在股票市场上没有良好表现，通过转让取得的收益有限甚至亏损。

4. 流通性。尽管股票持有人不能退股，但随时可以脱手转让，或者作为抵押品融通资金。股票作为有价证券，是一种特殊商品，股东可以在市场上以现金购买股票，或以股票换回现金。可以说，在所有证券品种中，股票的流通性是比较强的。

三、股票的类型

（一）股票的一般分类

股票的种类很多，因划分的标准不同而不同。

1. 普通股与特殊股。按股东享有的权利划分，股票有普通股和特殊股之分。

(1) 普通股。普通股指公司必须发行的普通股份，是公司资本构成中最基本、最重要、数量最多的股份。普通股票在权利内容上不附加任何条件，也是风险最大的股票，人们把它作为衡量其他股票的基准。普通股东可以按所持股票在股票总数中的比例，得到相应的权利。证券市场上流通的股票，一般都是普通股票。

普通股的基本特点是：①普通股具有投票选举表决权。股东有权直接或间接参加股东大会，选举董事，并对公司的重大问题发表意见和投票表决。②普通股东享有收益分配权，收益的高低完全取决于公司经营业绩，收益的形式一般是红利。③普通股东享有优先认股权，可以优先认购公司所发行的新股票。④普通股东享有剩余资产分配权。亦即在公司破产或解散清算财产时，普通股在优先股之后取得剩余财产。另外，普通股股份转让自由，可在证券市场上随时变现。

普通股还可分为：①蓝筹股，指业绩优良，在同类行业中占有较为重要或支配地位的大公司发行的股票，其红利稳定而丰厚。②成长股，指在销售额和收益额上的增长速度快于整体经济和同行业的增长速度的公司发行的股票，这些公司一般将公司盈余的相当一部分作为发展基金，所分红利不多，但长期持有，股价会上升，持股人终将受益。③收入股，指能够获得较高的平均当期收益的股票。④投机股，指从事开发性或冒险性事业的公司的股票，其价格甚至在几天内就会急剧上涨，但投资风险很大。

（2）特殊股。特殊股是指权利内容上附加特别条件的股票。这些特别条件的形式，或是限制一些权利，或是给予一些新的权利。发行特殊股的目的主要是迎合投资者的不同需要和喜好，有利于公司筹集资本。

特殊股票的类型包括优先股票、后配股票、混合股票、偿还股票、转换股票等。其中优先股票的发行量最大，也最为重要。优先股具有三个基本特点：一是在发行时就规定固定股息，并且股息支付先于普通股；二是在公司破产或解散分配财产时，它在普通股之前分配；三是在表决权的行使上，优先股往往受到一定限制。

根据具体情况，优先股还可以分为以下几种：①累积分配的优先股。如果公司当年没有盈利，或者盈利水平不足以分配到预定的股息时，对于当年应分而未分配的股息或分配不足的股息差额，这种股票可以累积到以后年度补付，在积累的优先股息尚未补足前，不得对普通股分配红利。②非累积分配的优先股。指公司本年度盈利不足以支付优先股股息的差额部分，以后年度不再弥补。③全部参加分配的优先股。这种优先股除了按规定股息率优先分得股息外，还有权与普通股共同等额地分享剩余盈利。④可更换的优先股。这种优先股有可能在适当时机转换为普通股。此外，还有股息可调整的优先股、有可能被公司赎回的优先股，等等。

2. 记名股与无记名股。记名股票是在股票票面上记载股东姓名和名称，并在股东名册上记载股东姓名、住址的股票，这种股份的权利只能由记名的股东本人行使。没有上述要求的则是无记名股票。除了记载方式、权力行使方法和对股东的通知方法等有所不同外，记名股票和无记名股票在股东权利等内容上没有差异。

记名股票在转让时受到限制，受让者认购记名股票，必须向公司变更股东名册，才能享有相应的权利。对于无记名股票，因为股东的姓名没有在股票票面和股东名册上表示，股东在行使权力时，作为证明股东资格的唯一办法就是向公司出示股票。特别是在股东大会上行使表决权时，更有必要提前出示。

3. 面额股与无面额股。面额股也称面值股票，它是在股票票面上标有一定金额的股票。票面金额的数值由公司章程规定，其计算方法是以资本总额除以股份总数。股票标上面值，可以直观表明每一股所代表的股权比例，为股票的发行价格提供参考。但是，面额股票在发行时并不绝对受面值限制，可以平价发行、溢价发行，也可以折价发行。我国规定不允许折价发行。

无面额股票也称无面值股票或比例股票，是指在股票上不注明金额，只注明每一股在公司资本中所占的比例份额。发行无面额股票，主要是因为在股票市场上，股价实际上是随着市场变化、公司的经营和分配情况变动而不断变动，而股票面值固定，会造成股价和票面价值不符。无论面额股还是无面额股，只要公司收益提高，净资产增加，股份代表的实际价值都同样在扩大。

4. 有表决权股与无表决权股。所谓表决权，是指参加公司有关会议，发表意见并进行表决的权利，这是股东参与经营管理的权利。普通股都有表决权，而那些在其他方面享有特别权益（如优先股）的股份在表决权上受到限制。显然，无表决权的股东一般不参与讨论公司问题。

5. 新股与老股。新股是指公司为追加资本而增发的股票，而老股是指已经发行过的股票。两者的区别在于股息分配上的不同。老股能够取得整个结算期的股息，而新股所获股息从新股发行日起算。

此外，还有流通股和非流通股、可转换股与不可转换股等多种分类。

（二）我国股票的类型

我国是在传统经济结构基础上进行的经济体制改革，这就形成了我国特殊的股票结构。

1. 国家股。国家股是指国家授权的投资部门或机构以国家财政资金或国有资产向股份公司投资形成的股份。我国的一些全民所有制企业在进行股份制改组过程中，原来国家投资的资产属于国家所有，这些资产在产权界定上就折算成国家股。国家对新组建股份公司的投资也构成国家股。国家股由各级国有资产管理机构或各级财政部门行使其所有权。

2. 法人股。法人股有法人股和国有法人股之分。法人股是指企业法人或具有法人资格的事业单位和社会团体，以其依法可支配的资产向股份有限公司的非上市流通股权部分投资所形成的股份。法人股股票以法人单位记名。国有法人股，就是具有法人资格的国有企业、事业及其他单位，以其依法占用的法人资产向另外一家股份公司参股、或依法取得的股份。

按照我国法律规定，一个公司拥有另一个公司 10% 以上的股份，则后者不能购买前者的股份。同时，各类法人都不能将其所持有的公有股份、认股权证和优先认股权转让给本单位的职工，也不得将以集体福利基金、奖励基金、公益金购买的股份向职工派送。

3. 个人股。个人股是社会个人或公司内部职工以其财产认购股票形成的股份。分为社会公众股和公司职工股两种。

社会公众股是股份公司向社会公开招募股本而形成的股份。我国《公司法》规定，向社会募集股本的公司，发起人应先认购 35% 以上的股份。同时，向社会公开发行的股份，不得少于公司股份总数的 25%，股本总额超过人民币 4 亿元的，也必须在 15% 以上。

公司职工股是指股份公司的职工在本公司公开向社会发行股票时按发行价格认购的股份。在本公司股票经发行并上市 6 个月后，公司职工股可以安排上市。依照有关法规规定，公司职工股的股本数额不得超过拟向社会公众发行股本总额的 10%。

4. 外资股。外资股是指我国股份公司向外国和我国香港、澳门、台湾地区投资者发行的股票。按上市地域可将外资股分为境内上市外资股和境外上市外资股。境内上市外资股又称为"B 股"，是供外国和我国港澳台地区的投资者以外币购买，在境内上市的股票。（相对于"B 股"的"A 股"，是供境内投资者以人民币购买的股票。）境外上市外资股又称为"H 股、N 股等"，是指在中国境内注册的股份公司向境外投资者募集外币并在境外上市的股票，其中 H、N 是上市地英文名称的头一个字母的简称。

以上股票类型的划分与同股同权的基本原则不太吻合，不利于我国证券市场的国际接轨。1994 年 7 月 1 日生效的《公司法》，对股份公司已不再按持股者身份性质设置股权，即不再设置国家股、集体股和个人股等，而是按股东权益的不同设置普通股、优先股等。2005 年 4 月 29 日，中国证监会发布《关于上市公司股权分置改革试点有关问题的通知》，股权分置改革试点工作启动。截至 2007 年底，深沪两市除 52 家上市公司未完成股改外绝大多数上市公司都已完成，困扰中国证券市场发展多年的股权割裂问题随之解决。

相关资料：我国的股权分置改革

由于历史原因，我国证券市场存在股权分置现象。股权分置是指A股市场上的上市公司股份按是否在证券交易所上市交易，被区分为非流通股和流通股，这是我国经济体制转轨过程中形成的特殊问题。股权分置不能适应资本市场改革开放和稳定发展的要求，必须通过股权分置改革，消除非流通股和流通股制度差异。

《国务院关于推进资本市场改革开放和稳定发展的若干意见》明确指出，应"积极稳妥解决股权分置问题"，提出"在解决这一问题时要尊重市场规律，有利于市场稳定和发展，切实保护投资者特别是公众投资者合法权益"的总体要求。2005年4月29日，经国务院批准，中国证监会发布《关于上市公司股权分置改革试点有关问题的通知》，启动了股权分置改革的试点工作。经过两批试点，取得了一定经验，具备了转入积极稳妥推进的基础和条件。经国务院批准，2005年8月23日，中国证监会/国务院国有资产监督管理委员会、财政部、中国人民银行、商务部联合发布《关于上市公司股权分置改革的指导意见》；9月4日，中国证监会发表《上市公司股权分置改革管理办法》，我国的股权分置改革进入全面铺开阶段。

上市公司股权分置改革是通过非流通股股东和流通股股东之间的利益平衡协商机制消除A股市场股份转让制度性差异的过程，是为非流通股可以上市交易作出的制度性安排。上市公司股权分置改革遵循公开、公平、公正原则，由A股市场相关股东在平等协商、诚信互谅、自主决策的基础上进行。中国证监会依法对股权分置改革各方主体及其相关活动进行监督管理，组织、指导和协商推进股权分置改革工作。证券交易所根据中国证监会的授权和有关规定，对上市公司股权分置改革工作实施一线监督，协调指导上市公司股权分置改革业务，办理非流通股份可上市交易的相关手续。

股权分置改革的动议，原则上应当由全体非流通股股东一致同意提出。非流通股股东提出改革建议，应委托公司董事会召集A股市场相关股东进行会议，审议公司股权分置改革方案。股改方案应当兼顾全体股东的即期利益和长远利益，有利于公司发展和市场稳定，并可

（续）

根据公司实际情况，采用控股股东增持股份、上市公司回购股份、预设原非流通股股份实际出售的条件、预设回售价格、认沽权证等具有可行性的价格稳定措施。相关股东会议投票表决改革方案，须经参加表决的股东所持表决权的2/3以上通过，并经参加表决的流通股股东所持表决权的2/3以上通过。改革方案获得相关股东会议表决通过。改革后公司非流通股股份出售应当遵守以下规定：自改革方案实施之日起，在12个月内不得上市交易或转让；持有上市公司股份总数5%以上的非流通股股东在上述规定期满后，通过证券交易所挂牌交易出售原非流通股股份，出售数量占该公司股份总数的比例在12个月内不得超过5%，在24个月内不得超过10%。 　　证券监管机构将根据股权分置改革进程和市场总体情况择机实行“新老划断”，即对首次公开发行公司不再区分流通股和非流通股。股权分置改革基本完成和其他市场化改革措施的实施，解决了长期影响我国资本市场健康发展的重大历史遗留问题，理顺了市场机制，释放了市场潜能，使资本市场融资和资源配置的功能得以恢复，并引领资本市场活跃向上。更为重要的是，资本市场已经开始对中国经济社会产生重要影响，给中国经济发展带来活力。

第二节 股票发行市场

一、股票发行市场概述

股票市场是股票发行和交易的场所，它包括股票发行市场和股票交易市场。

（一）股票发行市场与发行机制

1. 股票发行市场的含义。股票发行，即股票销售，就是按一定的价格、标准，依照有关法律法规，把股票在证券市场上进行销售。股票发行市场，也叫一级市场，是指发行公司以筹集股本金为目的，依法向投资者售出股票的市场。

股票发行市场的参与者包括股票发行人、股票投资人和中介机构。股票发行人就是股份有限公司，它们为满足生产经营活动中的资金需求，面向社会公众通过发行股票的方式筹集资金。投资人就是以取得股息或资本收益为目的而买卖股票的人，它包括个人投资者和团体投资者（如证券公司、信托投资公司、保险公司、共同基金等金融机构和企业、事业单位、社会团体等）。中介机构是为股票发行人与股票投资人提供相关服务的机构，主要包括证券承销商、会计审计机构、律师事务所、土地评估机构等。

2. 股票发行机制及其功能。股票发行机制是以股票为对象，由发行主体、中介机构、投资主体三者通过市场而形成的有机关系。它以股票的销售为目标，以创造市场为实现方式。发行主体即发行人是为了筹集资金；中介机构为股票发行提供专业服务，其中最重要的是主承销商，它们是承担股票发行业务的非银行金融机构，也是其他中介机构的牵头人和组织者；投资主体的目的就是实现自己的投资需求。发行机制就是这三种主体为实现股票创造与流转而形成的全部关系的总和。

可以从几个方面来分析股票发行机制的功能：

（1）从社会功能来看，股票发行机制集中和积聚了社会闲置资本，把货币现金转化为货币资本，把社会消费剩余资金转化为再生产资源，为社会经济增长提供了增量投入。

（2）从发行主体来看，股票发行机制创造了一种特殊的融资技术、载体和市场，使他们能根据自己的经营目的，适时地筹集到足够的资金。

（3）从中介机构来看，股票发行机制创造了特定产业功能（发行中介服务），降低了资源的社会化配置成本，有效提高了资本配置效率。

（4）从投资主体来看，无论是法人机构投资者还是个人投资者，其共同目的不外乎让自己的闲置资金获得增值。正是在这个意义上，股票发行机制把社会公众转化为投资者，使他们通过股票买卖达到分享经济利润的目的，同时也为资产的营运创造了一种社会化约束机制。

（二）股票发行目的

企业之所以要发行股票，当然是为了筹措资本。但进一步探讨筹措资本的目的，则存在着各种各样的情况。

1. 新设公司为招募股本而发行新股。这是发行股票的最为常见的目的。对于新设立的公司，需要自己的创业资本，它可以通过发行新股迅速筹集所需资金。

2. 为改善企业资本结构而发行新股。在企业的资产负债表中，资产与负债是有合理比例的，它从一个侧面反映了企业的财务状况。如果企业负债过大，则可采取发行新股的方式增加公司资本，以新股资金降低负债比例，改变财务报表上资产负债不合理的比例结构。

3. 为使原有股东获益而送配新股。如果公司留存大量公积金，该股票在市场上又有着良好表现，公司或者按低于市价向老股东配售新股，或者将公积金并入资本金，无偿向股东配送新股，这实际上是向原有股东分发好处。

4. 为解决资金不足而发行新股。公司在经营过程中出现资金短缺时，通过发行股票方式筹集资金可以补足资金。

5. 为增加公司社会信用而发行新股。公司资本规模越大，社会公众对其实力越认同，该企业信用度也越高，有利于加强企业的社会竞争力。有鉴于此，公司可能会在并无资金急需的情况下发行新股，以扩大股本规模，提高社会信用。

除了上述目的外，还可以通过发行股票来实现可转换债券的转换，以股票来吸收被兼并企业的资产等多种。总之，发行股票是企业融资的最佳选择之一。

二、股票发行的形式与渠道

（一）股票发行形式

结合我国建立现代企业制度的改革实践，发行股票的形式多种多样。

1. 通过发起设立形式发行股票。要创立一个新的股份公司，首先应有一定数量的发起人。由发起人认购全部股本的，称为发起设立方式。这种设立方式的法定程序比较简单：当发起人全部认购股份、交足股额和换取股票后，即可召开股东大会。在股东大会上通过公司章程，产生公司组织机构，然后向工商行政管理部门申请注册，公司即取得法人资格正式成立。

2. 通过募集设立形式发行股票。募集设立，就是发起人先认购计划发行股份的一部分，其余部分采取公开发行方式在社会上招募。为此，发起人应先公开招股说明书，其内容包括公司的主要情况，例如：名称、经营范围、股份总额、每股金额、董事会情况、发起人认购情况等，再根据认购人填写的认股书催收股款，同时换发股票。股票发行结束后，发起人应在规定时间内召开公司成立大会，然后登记注册、开始营业。

我国法律对公司初次发行股票的条件有下列规定：①公司的生产经营符合国家产业政策；②公司发行的普通股限于一种，同股同权；③发起人认购的股本数额不少于公司拟发行股本总额的35%；④发行前一年末，净资产在总资产中所占比例不低于30%，无形资产（不包含土地使用权）占其所折股本数的比例不得低于20%；⑤公司股本总额不少于人民币5 000万元（对于筹办中的创业板市场，这一条件有所降低）；⑥向社会公众发行的部分不少于公司拟发行股本总额的25%，拟发行股本总额超过4亿元的，可酌情降低向社会公众发行的比例，但最低不得少于公司拟发行股本总额的15%；⑦发起人在近3年内没有重大违法行为；⑧近3年连续盈利，等等。

3. 通过改制设立形式发行股票。原来的纯国有企业改制为股份公司，其股票发行大致有两种情况：①原有企业资本存量化。即对企业原有资产进行产权评估、产权界定、产权登记，将资产总额折成股份，一部分自己掌握，一部分向社会出售。②原有企业资本增量股份化。即除了按上述方式对企业原有资产折股外，还向社会公开发行部分股票。

国有独资企业不论采取哪种方式改制为股份公司，都必须清产核资，合理评估其实际价值。改制以后的企业，其性质已经改变，必须重新登记注册，并按股份制企业的要求建立内部组织机构，转机建制，以现代企业制度来规范企业管理。

4. 老股份公司的新股发行形式。这种形式是指老股份企业为扩大股份而发行新股。有以下几种方式：

（1）在注册资本不变情况下的分次发行。公司股份总数已记入章程，但不一定一次全额发行，而是分次发行，因这种发行保持资本总额不变，不必再经股东大会同意，也不必再经审批和登记，由董事会决定即可发行。

（2）增加资本的发行。企业为增加资本而发行新股，需要由股东大会作出决议和修改公司章程，还要向有关部门进行注册资本变更登记。如果新股公开向社会招募，还须经国家金融机构批准。新股发行后，应召开股东会，由董事会和监事会分别作工作报告和监察报告，有可能还要增选董事会和监事会成员。

我国法律对股份公司申请增发新股的条件限制是：①前一次发行的股份已经募足，并且募集资金的使用与其招股说明书所述用途相符，资金使用效益良好；②距前一次公开发行股票的时间间隔在1年以上；③公司在最近3年内连续盈利，并可向股东支付股利；④公司在最近3年内财务会计文件无虚假记载；⑤公司预期利润率可达同期银行存款利率水平，等等。

（3）配股、转配股形式的发行。配股发行也是增资发行的一种，只不过增资的对象只限于老股东，而不必再次面向社会公众。这种增资方式操作简单、成本低廉，同时还可改善公司资本结构。配股时股东应交纳一定的股金。转配股是指上述有资格配股的成员中有人自愿放弃权利，将其配股权利转让给其他老股东。

5. 公积金转增股的发行。发行这种股票不是筹措资本，而是把公积金转为股本，即股票市场上所谓的“送股”。需要注意的是，这种公积金不是当年可分配盈利，而是公司历年提取公积金的累积。很多国家的公司法都规定法定公积金可以转化为股本或用于弥补亏损，但不得作现金红利分派。转增股的发行，并不向社会公开招股，只需按照股东大会的决议把公积金按原有股份的比例分发给原股东，股东也不必交纳股金。

6. 现金红利转为股本的发行。为了增加公司股本，有时公司不把盈利以现金的形式直接发给股东，而是根据股东大会的决议，以股票的形式代替现金分送给股东。与公积金转增股的区别是，这是当年利润分派的一种形式，而不是由公积金转化而来。这种红利股票的取得当然也不用交纳股金。

7. 补充资产增值的新股发行。这一作法采用于股票总额与公司实际资产总值严重不符的情况，即将重估资产总值与原有资产总值之差的增值部分转为资本，按原有股份比例增发给股东新股票。股东也不需要另交股金。

（二）股票发行方式

1. 直接发行。直接发行，即发行人不通过证券公司等股票发行中介机构，自行发行股票，并自己承担发行风险。使用这种方式，发行公司能够直接控制发行过程，实现发行意图，发行成本相对较低。但能够直接发行的发行公司要有较高的知名度和信誉，其筹集资金时间可能相对较长。直接发行结束时，若筹集资金达不到预定金额，剩余部分由发行公司的主要发起人或董事承购。通常不公开发行的股票，如向本企业职工发行股票，转增股份，送配股份，以及补充资产增值和因公司债券转换而发行的股票等，因发行程序比较简单，对社会直接影响较小，往往采用直接发行方式。

2. 间接发行。间接发行，即委托给一家或几家股票发行中介机构发行。按照发行风险责任的划分，间接发行又可分为包销和代销两种。

（1）代销发行。即发行公司委托金融中介机构办理与股票筹集有关的事务，如在销售期结束时所募金额达不到预定发行额时，中介机构不承担承购剩余股票的责任，未售出的股票退还给发行公司，发行风险仍由发行人自己承担。

（2）包销发行。即证券公司将发行公司的股票全部购买，或承诺在承销结束时将剩余股票全数收购的发行方式。包销可分为全额包销和余额包销，全额包销是承销机构将此次发行的股票先行全部购买，然后由承销商向社会投资者发售，这种方式可保证发行公司及时得到所需资金而不承担风险；余额包销又称助销，指承销机构在销售期末股票若未能全数售出，应认购剩余股票，并按约定期限向发行人支付全部股款。

三、股票发行的市场运作

股票发行，从提出申请到批准发行，直到最后进入二级市场，是一个环环相扣的过程。其中，发行市场分析、发行定价、发行方式等步骤较为关键。

（一）发行市场分析

股票发行市场分析，就是对市场供求状况进行分析，并根据相应的资料、信息作出发行决策。

发行人分析市场供需状况，一要考虑经济景气及投资周期，在投资高涨时期市场对股票的需求旺盛，股票成功发行的可能性较大；在相反的情况下，发行成功的可能性较小。二要考虑市场供求结构关系，处于朝阳产业的股票，其成长前景看好，股票发行的成功率自然较高；反之则发行的难度大。三要考虑自身特性，发行人的股票自身具有极好的潜质，或发行人善于展示自己的特点和优势，其发行的成功率就高。四要考虑市场的需求偏好，成千上万的各类投资者偏好不同，有的偏重投资，有的偏重投机；有的偏重蓝筹绩优，有的偏重股本扩张；有的偏重大盘指标股，有的偏重袖珍小盘股；还有行业偏好的，地区偏好的，股性偏好的，题材偏好的等等，发行人必须对拟发行股票有合理的市场定位，作出正确的发行决策。

对股票发行市场的分析，还应全面考虑其他因素，比如对交易市场的分析，因为投资者在一级市场上购买，正是为着在二级市场上卖出获利，二级市场的行情影响着一级市场。

（二）发行价格的确定

发行价格的高低，是股票是否成功发行的一个重要标志。它不仅决定着发行人的发行成本和投资计划的完成，决定着发行中介人的承销成本核算以至佣金收益，同时也决定着投资人的未来获利空间。发行价格的决定，必须考虑发行市场三类主体的利益均衡。

1. 发行价格的种类。发行价格有面值发行、溢价发行和折价发行三种。面值发行就是股票发行价格等于股票面值，溢价发行即发行价超过面值，折价发行即发行价低于面值。按照我国目前有关法律法规规定，股票不得以低于股票票面金额的价格发行；采取溢价发行的，其发行价由发行人与承销的证券公司协商确定，报国务院证券监督管理机构核准。

2. 影响发行价格的因素。决定股票发行价格的因素，在发行市场分析中已涉及该股票的潜质、行业成长性以及发行时的经济周期背景等。就个别股票而言，其净资产、市盈率、经营业绩及发行数量，也是投资者十分关注的内容。①净资产是资产总额与负债的差额，即所有者权益。每股净资产就是每一普通股所代表的股东权益额，反映了发行公司的资产实力。②市盈率是每股在证券市场上的价格与每股盈利的比值，反映投资者对每元利润所愿支付的金额。市盈率越高，说明公众对该股票的评价越高，意味着公司未来成长潜力越大。③公司的经营业绩，这一类指标很多，最具代表意义的当数每股税后利润。④发行数量的大小，直接影响到资金供给量的大小。若股票发行数量较大，发行价格应适当定得低一点，以保证能够如期顺利地全部售出，取得预定金额的资金；若股票发行数量较小，则发行价格可适当提高。

3. 发行价格的确定。发行价格的确定有着多种多样的方法。目前常用的方法有市盈率法、净资产倍率法、现金流量折现法和竞价法等。

（1）市盈率定价法。市盈率也称本益比或本利比，它与股票价格成正比，与每股净利润成反比。在按市盈率确定发行价格时，其计算公式为：

发行价 = 每股收益 × 发行市盈率

每股收益 = 税后利润 ÷ 发行前总股本数

（2）净资产倍率法。净资产倍率法就是通过资产评估和相关会计手段来确定募股资产的每股净资产值，而后根据股票行市状况将其倍乘一定的比例，以此作为股票发行的价格。其计算公式是：

发行价格 = 每股净资产值 × 溢价倍率

采用净资产倍率法确定发行价格，不仅要考虑一个合适的水平，还需考虑行市所能接受的溢价倍数。这种发行方法适用于房地产类或资产现值重于商业利益的股票，我国一直未曾采用。

（3）现金流量折现法。现金流量折现法是通过对发行公司未来盈利能力的预测来计算公司净现值，再打上一定的折扣率，从而确定股票发行价格。折扣率通常在20%～30%之间。现金流量折现法适用于公路、桥梁、码头、电厂等基础设施类股票发行价格的确定。这类公司投资回报期较长，如用市盈率定价法定价则有欠公允。

（4）市场竞价法。市场竞价法就是完全由市场供需关系来决定发行价格的方法，是当前我国股市最常采用的方法。在一个真正信息市场化、市场信息化的市场里，竞价得出的结果能反映市场供需的平衡状态，因而应该是一个合理的价格水平。

（三）发行成本

发行成本是发行人为股票发行所支付的各项费用，包括：发行及回收手续费、股票及权证的印制费、宣传广告费、担保费及其他相关费用。①中介机构费。股票发行中支付给中介机构的费用包括承销费用、注册会计师费用、资产评估费用、律师费用等。其中最主要的是承销费用，一般来说，发行规模越大，承销费用越高。②发行手续费（上网费）。指股票发行人给付发行、过户、抽签摇号、回收相关票据等方面的费用。发行手续费的高低取决于中介机构的责任和风险，责任越大，风险越高，付给的费用也就越高。采用网上发行的，发行人须向证券交易所给付上网发行手续费。③相关票据印制费。这是印制招股说明书、认股权证等文书资料的设计、制版、纸张、印刷、保管等费用。④广告宣传费。是让社会公众最大限度了解本次发行、扩大影响、树立形象，保证成功发行所支付的费用。⑤担保费用。发行人如若采取由其他经济实体担保信用的方式，应支付一定的担保费用。我国股票发行现采取保荐人制度，保荐人将承担一定的担保责任。

（四）我国的股票发行

从我国股票市场发展和股票发行的实践来看，我国的股票发行经历过以下几个阶段。

1. 认购证抽签配售方式。认购证抽签配售方式的步骤是：承销商先向公众投资人公开发售编有号码的股票认购证，每证代表一定数量的认股权；投资者申购认购证后，承销商在公证机关监督下，按规定程序抽签；确认并公告中签号码，投资者凭中签的认购证缴纳股款。这种发行方式成本费用太高。

2. 全额存款、摇号中签配售方式。全额存款、摇号中签配售的步骤是：

在公开募集期限内，承销商通过指定银行机构向公众投资者无限量发售专项定期定额存单；根据存单发售数量、发行股票数量及每单可认购股份数确定中签比率；通过由公证机关监督的公开摇号抽签方式决定中签者；中签者或未中签者按规定办理交、退款手续。显然，这种方式因中签率低，而实际占用百倍以上的现金，操作上有一定难度。

3. 全额存款、比例配售方式。全额存款、比例配售的步骤是：交款程序与上一步骤相同，不同处在于对到账资金进行验收和确定有效申购后，根据股票发行量和申购总量计算配售比例，每一申报人都可以按比例购入一定数量的股票。具体操作上还分“全额预缴、比例配售、余款即退”和“全额预缴、比例配售、余款转存”两种方式。

4. 定价上网发行。定价上网发行的步骤是：主承销商在证券交易所设立股票发行专户和资金专户；投资者先把申购款全额存入与办理此次发行的证券交易所联网的证券营业部指定的交易保证金账户；投资者于上网申购当日（T+0）以发行定价委托申购；申购后第一天（T+1），申购资金被冻结在申购专户中，第二天（T+2）经有关机构验资后，以实际到位资金作为有效申购进行连续配号并予以公布，主承销商于第三天（T+2）负责组织摇号抽签，并于当日公布中签结果，同时证券交易所根据抽签结果进行清算交割和股东登记；申购后第四个工作日，证券交易所将认购款项划入发行公司指定账户，主承销商于次日将款项划入发行公司指定账户，对未中签的申购款予以解冻。

5. 上网竞价发行。上网竞价发行的步骤是：投资者在新股发行期间以不低于发行底价的价格竞价购买，再由交易系统主机按投资的不同报价，根据价格优先、同价位时间优先的顺序从高价到低价依次派对，直到实际认购总额等于拟发行总量时，最后成交的价格即为发行价格。显然，这个价格是投资者竞价的结果。凡是高于或等于该价格的有效申报均按发行价自动成交。最后，承销商将发行价及竞价发行结果按规定程序公告。可能有这样的情况，在发行底价以上的有效认购数量低于发行数量，则以发行底价为发行价，认购不足的部分按承销协议处理。

2000 年，我国对股票发行市场进行了大刀阔斧的改革：2 月份，中国证监会发布通知允许二级市场投资者参与一级市场的新股配售；3 月份，发布了《中国证监会股票发行核准程序》，股票发行由过去的审批制转向核准制，同时逐步建立保荐人制度；4 月份，取消了股票发行的配售股本限额和法人配售比例限制；5月份，再次修改投资基金配售新股办法；6月份以后，围绕发行定价、法人持股时间、战略投资者资格确认等，作出一系列新的规定。

第三节 股票交易市场

一、股票交易市场概述

股票交易市场也称二级市场、流通市场，是对已经发行的股票进行转让流通的市场。股票交易是投资者在发行市场上购买股票后再次乃至多次转手买卖。股票发行市场是股票交易市场的基础和前提，股票交易市场则是股票发行市场的延伸和发展条件。

（一）股票交易市场运作的特征

1. 有广泛的参与者。股票交易市场的参与者，包括发行人，投资人和中介人。这三类主体涵盖了各类股份有限公司、投资银行、证券公司、投资公司、信托投资公司、财务公司、会计师事务所、审计师事务所、律师事务所、信用评级机构、咨询服务机构等等法人和成千上万的自然人（包括经纪人和股民）。

2. 采用经纪人制度。在股票交易所，只有具备交易所会员资格的证券经纪商才能直接进行交易，一般的投资者则只能委托那些证券经纪商去完成自己的股票买卖。证券经纪商作为中间人，通过在交易所内的席位，为委托人办理股票交易。

3. 是层次丰富的交易市场。股票交易市场既有固定的场内交易市场，也有无定所的场外交易市场，甚至第三、第四市场；有区域性的交易市场，有全国性的、全球性的交易市场；有“主板”市场，有创业板市场等，是一个层次丰富的市场，以适应不同类型的股票交易活动。

4. 建立规范化的交易方式和严格的规章制度。为保护投资者利益，世界各国的股票交易市场都制定严格规范的交易方式。各国证券交易所对于入场交易人员、上市证券资格、交易单位、交易时间、成交规则、交易过户和结算等，都有严格的条件限制。同时，证券交易所对内部人员利用工作之便进行违规操作也有制裁规定。

5. 采用现代化的交易手段。现代科技，尤其是网络和通讯技术的高度发展，股票市场纷纷采用计算机网络系统辅助交易，这使得股票交易信息和股市行情能及时传遍全球，极大地促进了股票交易迅速、准确、高效地在全球范围进行。

（二）股票交易市场的功能

作为金融市场的一个重要组成部分，股票交易市场与其他市场相比，有其独特功能。

1. 赋予股票的流动性以保证股票的发行。股票市场属于典型的资本市场，股东投资持有的股份是不能退股的，但股票交易市场则为股票转手提供了方便，投资者可以很方便地用现金购买股票，或者将其手中持有的股票卖出以收回现金，使不能退股的股票得以流通，为股票的发行提供了保障。

2. 发现和维护股票合理的价格水平。由于股票交易市场为买卖股票提供了一个公开、公平、公正的竞价场所和条件，广大投资者从各种渠道获取信息，应用各种手段进行分析，用买进卖出来体现其分析决策。这种成千上万竞买竞卖的结果基本上能反映股票的合理价位。

3. 股票交易市场的动态是社会经济的风向标。股票价格的变动趋势，尤其是股票价格指数的中、长期走势基本反映了宏观经济的发展趋势。从不同角度进行合理抽样，设立专项股价指数，还可以对产业结构、产品结构、企业结构的平衡和调整提供预测和决策依据。

二、股票交易市场结构

股票交易可划分为场内交易市场、场外交易市场、第三市场、第四市场四部分，也有的只划分场内交易市场和场外交易市场，把第三、第四市场归并入场外交易市场。

（一）场内交易市场——证券交易所

场内交易市场是一种有组织、有固定场所、有一套严密管理制度的股票交易市场，其典型形式就是证券交易所。

1. 证券交易所的组织形式。证券交易所是依据法律、经政府主管部门批准设立的证券集中竞价交易的有形场所。证券交易所为股票交易提供一个稳定、公开、高效率的市场，它只是提供服务，自身并不参与买卖，也不决定价格。在组织形式上，证券交易所大致可分为公司制和会员制两种。公司制的证券交易所是以盈利为目的的股份有限公司形式的法人团体；会员制证券交易所是一个由会员自愿组成的、不以盈利为目的的法人团体。

当前我国的证券交易所有上海证券交易所、深圳证券交易所和香港联合交易所。上海证券交易所于1990年11月26日宣告成立，并于同年12月19日开始营业。深圳证券交易所于1989年11月15日开始筹建，1991年7月正式营业。上海证券交易所和深圳证券交易所均属会员制非盈利性事业法人，设立会员、会员大会、理事会、总经理等组织机构，理事会为日常事务决策机构，向会员大会负责。香港股票交易历史比较悠久，1866年起就有了股票交易，先后成立了香港证券交易所（1914年）、香港证券经纪协会（1921年）、远东证券交易所（1969年）、金银证券交易所（1971年）、九龙证券交易所（1972年），1981年将上述交易所正式合并为香港联合交易所。香港联合交易所属于股份制形式，交易所的会借以股份转化形式办理。其组织机构由会员选举产生21人委员会，行使最高决策权，在香港证券及期货事务监察委员会的监督下，实行自我管理。

2. 证券交易所的职能。各国对证券交易所职能都有相似的规定。我国《证券交易所管理办法》规定证券交易所的职能是：①提供证券交易的场所和设施；②制定证券交易所业务规则；③接受上市申请，安排证券上市；④组织、监督证券交易；⑤对会员进行监管；⑥对上市公司进行监管；⑦设立证券结算登记机构；⑧管理和公布市场信息；⑨国家证券委许可的其他职能。

（二）场外交易市场

相对于证券交易所而言，场外交易市场（简称OTC市场）一般是指经纪人在证券交易所以外从事不上市的证券交易的场所。场外交易市场也称柜台交易市场、店头市场、电话交易市场，它是进行分散、个别交易的市场，活动着为数众多的经纪商和自营商。当今世界，场外交易市场的证券交易量大大超过了证券交易所的交易量，如美国的柜台市场成交量占证券成交总量的95%，它对证券业的贡献越来越突出。

我国当前已建立一系列全国性和地方性场外交易市场，其中两个可以进行股票交易的全国性场外交易市场是STAQ系统和NET系统。STAQ系统是一个依托计算机网络进行有价证券交易的综合性自动报价系统，于1990年正式开通运行，以北京为中心，连接国内证券交易比较活跃的大中城市，为会员公司提供证券价格信息以及结算等方面的服务。在STAQ系统上市的股票仅限于法人股，凡是具备法人资格且能出示有效证明的境内企业、事业单位和社会团体都能通过 STAQ 系统会员代理，以其依法可支配的资金进行上市股票的买卖。NET 系统的全称是中国证券交易有限公司，于 1993 年 2 月 20 日正式成立，1993 年 4 月 28 日开始试运行。NET 系统以北京为中心，以通讯卫星连接全国各地的计算机网络，为证券交易提供报价、交易、清算、交割和托管服务，提供证券市场的投资、咨询、信息服务等。交易客体为国内股份公司法人股。参与 NET 系统运作的只是系统证券商，投资者只有在系统证券商处开户，才能委托交易。

（三）第三市场和第四市场

第三市场又称“店外市场”，是已上市股票在证券交易所之外进行交易的市场，即“已上市证券的场外交易市场”。在第三市场从事交易的双方，大多是证券商和机构投资者，其运作特点是：交易佣金低、交易手续简便、交易价格面议等。

第四市场是机构投资者和大户投资者绕开证券经纪人而通过现代电讯工具直接进行大宗股票交易的场外交易市场。第四市场的参与者主要是投资公司、保险公司、大型企业等机构投资者及少数资金雄厚的股民。他们之所以看好第四市场，是希望避开证券交易所直接进行大宗买卖，可节省交易费用，又能以满意的价格迅速成交，还不易暴露目标。

三、股票交易程序

股票交易的一般程序是：开户——委托——竞价成交——清算交割——过户。

（一）开设股票账户和资金账户

投资者想要参加股票市场投资，首先得在证券公司开立委托买卖账户，包括股票账户和资金账户。股票账户有个人账户和法人账户两种，必须持有有效的资格证明（如个人身份证、法人营业执照）申请办理。股票账户开设后，应选择一家证券商，凭股票账户向其申请开设资金账户，存入一定的资金作为保证金。从 1992 年起，上海证券交易所和深圳证券交易所已先后推广磁卡账户，它将两种账户的功能集于一身。1998 年 4 月 1 日，上海证券交易所在试行基础上，全面实行指定交易制度，即投资者必须明确指定一家证券营业部作为其委托、交易清算的代理机构，并将本人所属的证券账户指定于该机构所属席位号后方能进行交易。

（二）委托买卖

投资者开设账户后，可委托证券商进行股票买卖。传统的操作方式是填写股票买卖委托单，注明：①买卖交易的种类（当日交易、特约日交易）；②需要买卖的股票代码和名称；③买进还是卖出；④买卖数量；⑤委托成交价格（市价、限价）；⑥委托有效期限等。委托方式有：当面委托、电话委托、电报委托、传真委托、自助委托（磁卡委托、电脑自助、远程终端委托）、互联网委托等。证券经营机构对委托人身份、委托内容、委托买卖的证券数量及实有资金等查验无误后受理委托。

（三）竞价成交

证券交易所的交易价格是成千上万的投资者竞价形成的。

1. 竞价原理。证券经营机构在受理客户委托后，即按委托指令入市竞价交易。在证券交易所内的股票买卖，是一种特殊的“双边拍卖”，即众多的竞买方和众多的竞卖方进行激烈竞争，其结果是买方最高价与卖方最低价首先派对，“撮合”成交，并按照这样的派对顺序撮合下去，直到双方报价不能成交为止。世界各地的证券交易所，无不按照这种“双边多个拍卖”的原理来运作。

2. 竞价方式。股票竞价方式有口头加手势竞价、牌板竞价、书面竞价、电脑竞价等多种形式。随着计算机应用和网络化的普及，口头和牌板式竞价在股票交易中几乎已成历史，书面竞价和电脑竞价，尤其是电脑竞价被越来越广泛地加以采用。

3. 竞价成交的原则。

（1）价格优先原则。就是买进申报价较高的比申报价较低的优先成交；卖出申报价较低的比申报价较高的优先成交。在计算机终端处理上，买卖价位相同的，则按报价成交；买价高于卖价，则“撮合”为对手价成交；双方以市价申报的，则采用最近成交价或当时牌价显示的价位成交。

（2）时间优先原则。在交易中，当交易者之间出现相同的报买价或相同的报卖价时，以中介人接单时间或电脑主机接受的时间为顺序，先申报者先进入交易。

（3）市价优先原则。即在专柜书面申报和计算机终端申报竞价时，申报市价者比申报限价者优先交易。

此外，还有客户优先、数量优先原则。有的证券交易所规定，替客户申报比自营买卖申报优先，体现了为客户服务的宗旨，我国两大证券交易所都规定了这一原则。有的证券交易所规定交易申报数量大的优先于申报数量小的。

（四）清算交割

清算交割是对投资者已经成交的股票交易及时进行价款结清和股票交收的工作。按照交割时限的不同，有当日交割、例行日交割、特约日交割三种方式。当日交割，就是股票买卖成交后，当事人在当天就完成股票和价款的收付，即所谓“T+0”。例行日交割，就是买卖成交后按该证券交易所规定的若干个营业日内完成股票和价款收付的方式，例如东京证券交易所规定在成交后的第四个营业日（含成交日当天）交割。特约日交割，就是由交易双方协商，在从成交日起算的15天内的某一天办理股票和价款的收付。我国目前对内地市场上的A股、基金、债券、回购交易等采取“T+0”规则，对B股实行“T+3”规则。

（五）过户

过户是买入股票的投资者到股票发行公司或其指定的代理机构办理变更股东名簿记载的手续。上海证券交易所、深圳证券交易所目前都实行电脑自动过户办法，投资者买进了某种股票，交易所于当天闭市后由电脑完成登记事项，投资者无须另外办理。股票过户后，股票交易过程结束。

四、股票价格指数

（一）股票价格指数的含义

股票价格指数是用来衡量股票市场总体价格水平及其变动趋势的尺度，也是反映一个国家或者地区政治、经济发展状态的灵敏信号。

按照股市涵盖股票数量和类别的不同，可以把股票价格指数分为综合指数、成分指数和分类指数。综合指数是指在计算股价指数时将某个交易所的所有股票市价升跌都计算在内的指数。如纽约证交所综合指数，我国的上证综合指数等。成分指数是指在计算股价指数时仅仅选择部分具有代表性的股票市值作为标的指数。目前世界大多数的股票价格指数都是成分指数，如道琼斯指数、标准普尔500指数、伦敦金融时报100指数、上证180指数、深证成分指数等。成分指数选择的股票一般具有市值大、交易量大、业绩好的特点。分类指数是指选择具有某些相同特征的股票作为目标股计算出来的指数，如房地产指数、金融股指数、工业股指数等。

（二）股价指数的编制步骤

股价指数的编制分为四步：

第一步，选择样本股。选择一定数量有代表性的上市公司股票作为编制股价指数的样本股。样本股可以是全部股票，也可以是其中具有代表性的一部分。样本股的选择主要考虑两条标准：一是样本股的市价总值要占在交易所上市的全部股票市值总值的大部分；二是样本股票价格变动趋势必须能反映股票市场价格变动的总趋势。

第二步，选定基期，并以一定方法计算基期平均股价或者市值。通常选择某一具有代表性或股价相对稳定的日期为基期，并按选定的某一种方法计算这一天的样本股平均价格或总市值。

第三步，计算计算期平均股价或市值，并作必要的修正。收集样本股在计算期的价格，并按选定的方法计算平均价格或市值。有代表性的价格是样本股收盘平均价。

第四步，指数化。如果计算股价指数，就需要将计算期的平均股价或市值转化为指数值，即将基期平均股价或市值定为某一常数（通常为10、100或1000），并据此计算计算期股价的指数值。

（三）我国主要的股票价格指数

1. 深证综合指数。深证综合指数是深圳证券交易所从1991年4月3日开始编制并公开发表的一种股价指数，该指数规定1991年4月3日为基期，基期指数为100点。深证综合指数是以在深圳证交所上市的所有股票为计算范围，以发行量为权数的加权综合股价指数，其基本计算公式为：

即日综合指数 =（即日指数股总市值/基日指数股总市值 × 基日指数）

每当发行新股上市时，从第二天纳入成分股计算，这时上式中的分母进行如下调整：

新股票上市后“基日指数股总市值” = 原来的基日指数股总市值 + 新股发行数量 × 上市第一天收盘价

当某一成分股暂停买卖时，将其暂时剔除于指数计算外，若有股票在交易其间突然停牌，将取其最近成交价计算即时指数，直到收市后再作必要的调整。对于除权除息，由于保持总市值不变，因而指数保持不变。深证综合指数编制采用的是比较先进的加权指数法，且抽样广泛，代表性强，不仅具有长期可比性，而且能正确反映股价运动的总趋向。

2. 上证综合指数。上证综合指数是上海证券交易所编制的，以上海证券交易所挂牌的全部股票为计算范围，以发行量为权数的加权综合股价指数。该指数以 1990 年 12 月 19 日为基准日，基日指数定为 100 点，自 1991 年 7 月 15 日开始发布。该指数反映上海证券交易所上市的全部 A 股和全部 B 股的股份走势。其计算方法与深圳综合指数大体相同，不同之处在于对新股的处理，即当有新股上市时，一个月以后方列入计算范围。

3. 深证成分指数。深证成分指数是深圳证券交易所编制的一种成分指数，是从深圳证券交易所的所有股票中抽取具有代表性的 40 家上市公司作为计算对象，并以流通股为权数计算得出的加权股份指数，综合反映深圳证券交易所上市 A、B 股的股价走势。深证成分指数取 1994 年 7 月 20 日为基准日，基日指数定为 1000 点。1995 年 1 月 23 日试发布，1995 年 5 月 5 日正式启用。

样本股的选取考虑：上市交易时间的长短；上市规模，按每家公司一段时期内的平均总市值和平均可流通市值计；交易活跃程度，按每家公司一段时间总成交金额计。在确定初步名单后，再结合以下因素选出：股票在一段时期内的平均市盈率；公司的行业代表性及所属行业的发展前景；公司近年的财务状况、盈利记录、发展前景及管理素质等；公司的地区、板块代表性等。2007 年 5 月 23 日，深圳证券交易所对成份股样本进行了调整。现有的 10 只样本股为：S 深发展 A、万科 A、南玻 A、长城开发、招商地产、深能源 A、中集集团、中金岭南、中兴通讯、华侨城 A。

4. 上证 180 指数。上证成分指数（SSE CONSTITUENT INDEX，简称上证 180 指数）是对原上证 30 指数进行调整和更名后产生的指数。上证成分指数的编制方案，是结合中国证券市场的发展现状，借鉴国际经验，在原上证 30 指数编制方案的基础上作进一步完善后形成的，目的在于通过科学客观的方法挑选出最具代表性的样本股票，建立一个反映上海证券市场的概貌和运行状况、能够作为投资评价尺度及金融衍生产品基础的基准指数。

5. 沪深 300 指数。沪深 300 指数是由上海和深圳证券交易所中选取 300 只 A 股作为样本编制而成的成分股指数。沪深 300 指数样本覆盖了沪深市场六成左右的市值，具有良好的市场代表性。沪深 300 指数是沪深证券交易所第一次联合发布的反映 A 股市场整体走势的指数，它的推出，丰富了市场现有的指数体系，增加了一项用于观察市场走势的指标，有利于投资者全面把握市场运行状况。

6. 中证 100 指数。中证 100 指数是从沪深 300 指数样本股中挑选规模最大的 100 只股票组成的样本股，以综合反映沪深证券市场中最具市场影响力的一批大市值公司的整体状况。

7. 中证200指数。中证200指数成分股包括沪深300成分股中非中证100指数的200家成分股公司，中证200指数综合反映沪深证券市场内中市值公司的整体状况。

8. 沪深300全收益指数。沪深300全收益指数是沪深300指数的衍生指数，与沪深300指数的区别在于指数的计算中将样本股分红计入指数收益，供投资者从不同角度考量指数走势。

第四节
股票投资

一、股票的价值与价格

（一）股票交易价格的价值基础

从本质上讲，股票作为一种有价证券，它不是生产过程中发挥职能作用的现实资本，因而本身是没有价值的。股票之所以有价格，是因为股票证明的权利具有取得某种收益的经济意义，从而体现了价值，并以一定的价格在市场上买卖。股票买卖实际上是对收益权利的让渡或转移，是一种资本所有权和收益权的买卖，股票价格正是对未来收益的评定。

（二）股票价值的种类

作为虚拟资本的股票，其价值有票面价值、账面价值和清算价值。

1. 股票的票面价值。这是股份公司在其发行的股票上标明的票面金额。票面金额的意义有三：一是投资者认购时的货币价值，二是表明所占公司总资本的比例，三是确认股东权利的大小。例如，某公司发行股票的总面值为20万元，每股的票面价值为20元，则每股股票代表万分之一的股权。也有一种无面值股票，仅仅表明股份比例，但其股票面值大都在公司章程中已明确规定。

2. 股票的账面价值。又称股票净值或股东权益，它是反映在资产负债表上的价值，其意义是普通股股票所包含的实际资产价值或净资产。其计算公式为：

$$账面价值 = \frac{公司净资产值 - 优先股的总面值}{普通股股票的总股数}$$

例：某股份公司资本净值由优先股100万元、普通股50万元、利润留成100万元构成，优先股面值50元，普通股面值25元，则每股普通股的账面价值为：

资本净值 = 1 000 000 + 500 000 + 1 000 000 = 2 500 000（元）

$$普通股每股账面价值 = \frac{2\ 500\ 000 - 1\ 000\ 000}{500\ 000 \div 25} = \frac{1\ 500\ 000}{20\ 000} = 75（元）$$

3. 股票的清算价值。指股份公司在进行清算时，每一股份股票所代表的实际价值。表面上看清算价值应当等于账面价值，而事实上，公司在清算时，资产价值很可能要被低估。

（三）股票的价格

股票作为一种能流通的有价证券，它可以抵押和买卖。股票价格就是股票在交易市场上成交的价格，又称为股票市价或股票行市。既然购买股票是购买未来收益的预期，那么股票市值就是该股票未来收益的当前评价。一般情况下，股票价格的高低取决于预期股息和银行利息率的高低，其计算公式为：

$$股票价格 = \frac{预期股息}{银行利息率}$$

例如：面值为100元的股票，每年预期可得到10元的股息，当时银行年利息率为5%，此时，股票的价格为：

股票价格 = 10 ÷ 5% = 200（元）

这样得到的股票价格，又叫理论价格。它是股票投资价值的基础。从上例中可以看出，股票价格与预期股息成正比变化，与利息率成反比变化。这也解释了当国家调整利息率时，为什么会引起股票价格明显的波动。

（四）影响股票价格的因素

股票市场价格形成依据是理论价格，但因为受到诸多因素的影响，股票行市经常产生波动。影响股票行市的因素很多，从性质上讲，可归结为两大类：一是基本因素；二是技术因素。所谓基本因素是指市场以外的各种因素，而技术因素是指股票市场内可影响股价的各种操作。股市的主要运动是由基本因素决定的，而技术因素会引起股价的短期波动。此外，信用交易因素、证券管理部门的限制规定等也会影响股价波动。

1. 影响股票价格的基本因素。

（1）经济因素。经济因素是影响股价的最基本的因素，它包括宏观经济因素、中观经济因素和微观经济因素。

宏观经济因素是指宏观经济环境的优劣对股价的影响，既包括商业周期波动这种单纯的经济因素，也包括政府经济政策及特定的财政金融行为等混合因素，如经济周期、财政收支状况、利率水平高低、货币政策、税收政策、物价水平等都会影响股价的变动。再如主要社会指标的变动，如国民生产总值、经济增长率、工农业生产指数等指标是对国民经济总体状况的反映，也会影响股票的行市。

中观经济因素是指某一行业的经济状况对股票价格的影响，又称行业因素，主要包括行业生命周期、行业经济波动等因素。

微观经济因素对股票价格的影响主要包括：股票发行公司的盈利水平、公司的股利派发政策、股份分割和无偿增发新股、公司资产质量等。

（2）政治因素。政治因素是指能够影响股票价格的政治事件以及政府的政策措施，如政局稳定对股市有良好的影响，相反，政局不稳是导致股市下跌的重要因素。此外，战争、劳资纠纷等都会对股价产生影响。

（3）其他因素。如自然灾害一旦发生，生产设备受到破坏，生产处于停顿，就会使股价下降；反之，当进入恢复阶段时，由于大量投资需求增加，会影响股价上升。

2. 影响股票价格的技术因素。技术因素是指市场的操作因素，它们的产生主要是投机活动的结果。由于投机活动的主要目的是获取短期收益，因此，技术因素一般只能影响股市的短期波动，很少能对市场的长期走势产生影响。

（1）人为的投资操作。一些投资者为牟取暴利，采取不正当手段来左右股票价格，其主要表现有：转账、轮作、哄抬、轧空、公司操纵、串谋等。

（2）卖空、买空及大户购买。

3. 信用交易因素。信用交易使投机者可以通过大规模借入资金来购买股票或者借入股票做大宗卖出，这种交易通过保证金比例的杠杆作用可以放大交易金额，使股价的长期波动又多了一个影响因素。因为信用交易除了受利率因素影响外还受交易保证金比例的影响，因此，利率和保证金的综合效应对股价产生了影响。

4. 证券管理部门的限制规定。证券管理部门如果发现某些股价波动是过度投机因素造成的，为了保证证券交易的秩序和交易公平，可以采取一些措施，如提高保证金比例或降低抵押证券的抵押率，规定信用交易贷款余额等来稳定股价。

二、股票投资收益及其测算

（一）股票投资收益

股票投资收益是股票投资者投资股票所获得的报酬，它包括三项基本收益：一是股息或红利，这是作为股东依据股东权益获得的报酬。股息是股份有限公司按照股票份额的一定比例向优先股股东支付的金额。红利是股份有限公司在分配股息之后，将剩余利润按比例分配给普通股股东的金额。股息和红利来源于公司的税后利润，其具体形式可以是现金、股票、债券或财产等：现金股利是以货币来支付的股息或红利；股票股利是以增发股票或者库藏股票的形式支付给股东的收益；财产股利是公司以现金以外的其他资产，如公司持有的有价证券或实物等向股东分配的股利；负债股利是公司以债券或应付票据分配给股东的方式。二是买卖价差，这是投资者低价买进股票而高价卖出时获得的收益，也称资本利得。三是因公司资产增值而获得的股票增值。

因此，股票投资者的收益多少取决于三个因素，即公司的经营业绩、公司的股利分配政策、股市行情变化。

（二）衡量股票投资收益的指标

衡量股票投资收益的高低，可以通过股票投资的收益与成本相比较来反映，主要有以下几项指标。

1. 本期股利收益率。这是以现价买进股票的预期收益率。预期收益率是指股份公司将派发的现金股利与投入成本即买进价格的比率。其计算公式是：

$$本期股利收益率=\frac{年现金股利}{本期股票买进价格}\times 100\%$$

2. 持有期收益率。在股票持有期内，投资者所得为现金股利和股票差价，投入为股票买进价格。收益率是指股票投资所得与投入的比率，其计算公式是：

$$持有期收益率=\frac{年现金股利+（股票卖出价-股票买进价）}{股票买进价}\times 100\%$$

三、股票投资风险与投资决策

（一）股票投资风险

关于股票投资的风险，可以将一级市场和二级市场上的风险分开讨论。

1. 投资者在股票发行市场上的风险。在发行市场上，投资者的风险可从短期资本损失和长期收益损失两方面进行分析。短期资本损失指股票发行上市后，其上市市价低于发行时购买价的价差损失，还包括手续费用、股票持有期间的资金占用所带来的其他损失，如储蓄的利息收入等。长期收益损失是指投资者从发行市场上按发行价购买股票后，其收益水平一直低于正常的收益率水平。

投资者在发行市场上的风险防范有多种途径和方法，其基本出发点是：尽可能作到损失最小，收益尽可能多。投资者在发行市场上操作时，第一要了解股票质量，一个质量良好的股票或迟或早都会有表现机会；第二要了解该股票发行保荐人和承销人的资信状况，资信良好的保荐人、承销人有较高的社会信誉和资金支持，能保证股票成功发行和上市；第三要把握发行时机的市场背景，在正常市场机制条件下，如果二级市场不景气，股票的市场价格很低，投资者则有可能以较低发行价买进股票，将来的获利空间相对较大。

2. 投资者在交易市场上的风险。在交易市场上，投资者的目的无非是博取股票的市场差价，但在持有股票的一段时间里，许多不确定因素可能致使股票的期望收益降低甚至遭受损失。交易市场上的风险可分为系统性风险和非系统性风险，前者是指某种宏观背景性因素引起投资收益率的变动，例如经济周期、利率和社会购买力等方面变化，后者是指与个别行业、个别股份公司有密切关系的风险，如公司经营、财务风险、信用风险、道德风险等。

（二）股票投资决策

股票投资决策，就是在投资总额确定的条件下，投资者对持股对象、持股数量、持股期限、持股收益和止损位等所作出的综合选择。一般而言，人们总是希望投资的期限较短、收益率高、安全性好、变现性强。但是如此完美的股票投资条件事实上并不存在，投资者只能根据具体情况，尽可能作出切实可行的选择。

就个人投资者而言，必须考虑到的因素是：处理好股票投资与日常生活消费的关系，即在保证日常消费的前提下，其余闲置资金才可用于股票投资；合理组织资金来源，切不可寅吃卯粮，以借贷的方式炒买股票；合理谋划，从持股品种、持股期限等方面设立一个组合投资方案；树立"为卖而买"的理念，即在买进股票时，对它的价格上涨空间要心中有数，达到收益目标即果断卖出；要设立止损位，万一操作失误，在止损位卖出以避免更大损失。

就企业投资者而言，因其资金数量较大，资本形式较多，在作出投资决策时应当有更多的考虑：首先必须分析投资的机会成本。企业既可以进行证券投资，也可以进行生产性投资，选择了其中之一，必然放弃了其他投资获利机会，这就是机会成本。企业在进行投资决策时，应对不同投资收益绝对值的大小、投资收益率的高低、投资的可行性、投资的负面影响及其弥补等方面，采用科学方法加以分析比较。其次是培养、组织专业人才进行股票投资的分析，从国内外经济形势到交易操作，包括个股、发行市场、交易市场、交易规则等多方面均应全面研究，在此基础上作出科学的组合投资方案。

思考与练习

1. 股份有限公司的概念和特征是什么？其社会作用表现在哪些方面？
2. 股票发行机制的含义和功能是什么？
3. 结合我国股份制改革现状，股票发行有哪些形式？
4. 影响股票发行价格的因素有哪些？发行价格的确定有哪些方法？
5. 股票交易市场的基本特征有哪些？
6. 股票交易市场结构如何？证券交易所的功能是什么？
7. 股票交易的基本程序如何？
8. 影响股票市价的因素有哪些？
9. 如何分析、计算股票投资收益？
10. 股票投资有哪些风险？如何防范？

第四章

债券市场

内容提示 债券市场是政府、金融机构和企业筹集长期资金的主要场所。在现代经济生活中，债券市场是资本市场的一个重要组成部分。债券作为一种有价证券具有流动性强、风险小、收益稳定等特点，利用债券筹资与投资已成为当今国内外金融市场最普遍的方式。本章主要介绍债券的概念、种类，债券的发行、流通，债券的收益、风险等问题。

第一节 债券概述

一、债券及其特征

与股票一样，债券也是一种有价证券，是社会中各类经济主体为筹集资金而向投资者出具的，并承诺按一定利率定期支付利息和到期偿还本金的债权债务凭证。债券通常有固定的票面要素，如票面价值、债券利率、偿还期限、发行人等。

（一）债券的性质

1. 债券是有价证券。债券有一定的票面面值，反映和代表一定的价值，债券持有人凭以按期取得利息，持有债券也就拥有了债券所代表的权利，而转让债券就是转让了债券代表的权利。

2. 债券是虚拟资本。债券的本质是证明债权债务关系的凭证，在债权债务关系建立时所投入的资金已被债务人占用，当债券在二级市场流动时，它已独立于实际资本以外。因此尽管债券有面值，代表一定的财产，但只是实际运用的真实资本的证书，是一种虚拟资本。

3. 债券是债权。债券的持有者是债权人，他不直接支配财产，不以资产所有权表现。债权人对公司活动无权干预，仅仅有权按期取得本息。

（二）债券的特征

1. 流动性。债券在未到期之前，投资者可以根据自己的需求在证券市场买卖债券，可以随时变现。各种债券的流动性高低，取决于债务人的信誉、债券的期限、利率的形式、债券交易的便利等因素。

2. 偿还性。债券到了规定的偿还期限，债务人必须归还本金。国家、企业、银行、地方政府等发行了债券就要承担相应的义务，按事先规定的条件支付利息，到期向债权人偿还本金。历史上某些国家如英国、法国等，曾发行无期公债或永久性公债，这只是特例。

3. 安全性。债券发行时有一套严格的资信审查制度，国债、地方政府债券等有国家和地方政府的担保，债券本身又必须按期还本付息，不随发行者的经营效益而发生相应变化。因此债券持有者的收益是稳定的，相比较而言，债券是风险较小、较安全的投资工具。

4. 收益性。债券可给投资者带来一定收益。债券的收益来自两个方面：一是投资者在持有债券期间可获得的固定利息收入；二是投资者买卖债券的差价收益。

（三）债券与股票的区别

债券与股票都是有价证券，在性质上都是虚拟资本，都是资本市场的筹资手段和投资工具，但二者之间也存在区别，详见表4－1。

二、债券的分类

债券可以按不同标准从不同角度进行分类。

（一）按发行主体分类

1. 政府债券。政府债券是政府为弥补预算赤字、筹集建设基金及归还旧债本息等，面向社会公众发行的债券，也称为公债。政府债券包括国家债券、地方政府债券、政府机构债券。国家债券是中央政府财政部门发行的债

表4－1 债券与股票的主要区别

	债　券	股　票
本质	债券是债权证书，债券本质上是借贷关系	股票是所有权证书，本质上是所有权关系，除分红外，还有其他权利
期限	债券有一定期限，到期偿还本金，或在未到期前，部分地偿还本金	股票没有期限，也没有还本之日
收益	债券有固定的收益，在整个有效期间保持不变	除优先股外，没有固定的收益，随经营状况而变化
公司清算时	债券优先股票偿还	股票在债券之后

券，俗称“金边债券”，具有极高的信誉，并能享受免税待遇，具有流动性强、安全性高、收益稳定的特点。地方债券是由省市或州区等地方政府所发行的债券，我国目前不允许地方政府发行债券。政府机构债券是由政府所属机构发行的债券，它一般由中央政府担保，但不享受中央和地方政府债券的利息免税。

2. 金融债券。金融债券是商业银行或其他金融机构为筹集资金发行的债务凭证。与其他债券相比，金融债券信用较高，发行量大，持券者可在需要资金时随时转让，是证券市场上较受投资者欢迎的投资工具。金融债券包括浮动利率金融债券、贴现金融债券、普通金融债券。

3. 企业债券。企业债券也称公司债券，是指企业按照法定程序发行，约定在一定期限内还本付息的债权凭证。

（二）按债券的信用保证分类

1. 政府担保债券。政府担保债券是指政府为附属的公共事业机构、公共团体或者国有公司等担保发行的债券。

2. 抵押债券。抵押债券是指债券发行人以动产或不动产作为抵押或担保而发行的债券，又称有担保债券。

3. 信用债券。信用债券是指债券发行人没有任何财产抵押或任何担保，仅凭公司信用发行的债券，又称无抵押债券。

4. 保证公司债券。保证公司债券是指除了债券发行人的信用以外，还得到其他公司信用担保的企业债券。比如，附属公司发行债券筹资时，公司为其附属公司担保。

（三）按债券利息支付方式分类

1. 附息债券。附息债券是指券面附有息票，在规定时间内以息票兑现形式支付利息的中长期债券，也称为定息债券或剪息债券，其特点是在还本之前逐年分次支付利息。这种债券也有的不附息票，只是按规定的利率定期支付利息。

2. 贴现债券。贴现债券是以低于票面面值发行，到期仍按面值兑付的债券。又称贴水债券或贴息债券。贴现债券的利息是预付的，债券的发行价格与其面额的差价即为利息。

（四）按债券期限长短分类

1. 短期债券。短期债券是指期限在1年以内的债券。它属于货币市场工具。

2. 中期债券。中期债券是指期限在1～5年的债券。

3. 长期债券。长期债券是期限在5年以上的债券。

（五）按债券发行的区域分类

1. 国内债券。国内债券是指由本国政府或法人在本国境内发行，以本国货币标明票面金额，并以本国货币还本付息的债券。

2. 国际债券。国际债券是指由国际机构、外国政府或外国法人发行的债券。包括外国债券和欧洲债券。外国债券是以发行地所在国货币计价的债券，如在美国市场上发行的美元债券，在日本市场上发行的日元债券。欧洲债券是不以发行地所在国货币计价的债券，如在英国市场上发行的美元债券。欧洲债券可用美元、英镑、德国马克、法国法郎、瑞士法郎、日元、加拿大元等货币发行，也可以用特别提款权等一揽子货币发行。

（六）按债券是否记名分类

1. 记名债券。记名债券是指债券券面上注明债券人的姓名，同时在发行者或登记公司的债权名簿上做相应的登记的债券。记名债券较安全，可避免被窃、损坏和遗失给投资者造成损失，但必须经过户登记才可转让，流动性较差。

2. 无记名债券。无记名债券的券面上不注明债权人姓名，也无需在发行者或登记公司进行登记。无记名债券如遗失、损坏不能够保全债权人利益，但转让流通极为便利。

（七）按债权人享受的权益分类

1. 可转换公司债券。可转换公司债券是指投资者可以根据自己的选择，在规定的时期内按一定调换比例将债券转换成公司股票的债券。可转换债券的风险较一般债券风险要大，还债的次序排在股票之前，债券的最后，被认为是投机债券。

2. 认股公司债券。认股公司债券是指投资者拥有按持股比例、按一定价格认购该公司股票的权力的债券。

3. 参加公司债券。参加公司债券是指投资者除了在偿还期限满了以后可以得到利息收入和收回本金以外，还可以在一定程度上参与公司剩余分配的债券。

4. 收入公司债券。收入公司债券是指债券的利息收入，由公司的收入水平决定的债券。

三、我国债券的种类

根据不同的标准，可以将债券分为不同的类别：按发债主体分类，有国债、金融债券、企业债券；按付息方式分类，有贴现债券、零息债券、附息债券；按利率浮动与否分类，有固定利率债券、浮动利率债券；按偿还期限分类，有长期债券、中期债券、短期债券；按募集方式分类，有公募债券、私募债券；按有无担保分类，有无担保债券、有担保债券，等等。

依照发债主体标准划分，我国发行的债券主要有：

（一）国债

政府发行的债券称为国债，又称金边债券。我国有计划地发行适度规模的普通型国债，不定期地发行一定数量的特殊型国债。

1. 凭证式国债。凭证式国债是一种国家储蓄债券，以“凭证式国债收款凭证”记录债权，可记名、挂失，可提前兑付，不能上市流通，从购买之日起计息。

2. 记账式国债。记账式国债是以电脑记账形式记录债权，通过无纸化方式发行和交易，可记名、挂失。

3. 无记名国债。无记名国债是一种实物债券，以实物券的形式记录债权，不记名、不挂失，可上市流通。

4. 定向债券。定向债券是由财政部向养老基金、待业保险基金及其他社会保险基金定向募集的债券，全称为特种定向债券。

5. 特别国债。特别国债是指1998年8月财政部向四大国有独资商业银行募集了2 700亿元长期特别国债，将所筹集资金全部用于补充国有独资商业银行资本金。根据外汇储备增长趋势和货币政策操作需要，财政部于2007年又发行15 500亿元人民币特别国债：8月在全国银行间债券市场向境内商业银行发行6 000亿元、10年期、票面利率为4.3%的第一期特别国债；9~12月通过银行间债券市场和试点商业银行柜台向社会各类投资者发行第二、三、四、五、六、八期特别国债，期限为10年或15年，共2 102.28亿元；12月通过全国银行间债券市场向境内商业银行发行7 500亿元、15年期的第七期特别国债。财政部将发行的特别国债筹集的约15 500亿元人民币资金，用于购买2 000亿美元外汇，作为组建国家外汇投资公司的资本金来源。

6. 专项国债。专项国债是由财政部于1998年9月向中国工商银行、中国银行、中国建设银行等四家国有商业银行募集的1 000亿10年期附息国债，专项用于国民经济和社会发展急需的基础设施投入。

上述6种国债，前3种为普通型国债，后3种为特殊型国债。

（二）政策性金融债券

政策性金融债券，即政策性银行（国家开发银行、中国进出口银行、中国农业发展银行）发行的债券。应债对象为中资商业银行、商业保险公司、城市商业银行、农村信用社联社以及邮政储汇局等金融机构。近年来，该类型债券品种趋于丰富，体现在期限、利率确定、计息方式等趋于多样化，已成为金融机构重要的投资工具和中央银行重要的宏观调控工具。

（三）特种金融债券

经中国人民银行批准，1995年以后，由部分金融机构发行的，所筹集的资金专门用于偿还不规范证券回购债务的有价证券，应债对象为机构。

（四）企业债券

我国企业债券发行始于1983年，主要种类有：

1. 利随本清存单式企业债券。它一般是平价发行，期限为1~5年，到期一次还本付息。我国企业发行的大多为这种债券。

2. 重点企业债券。它是由电力、冶金、有色金属、石油、化工等部门，国家重点企业向企业、事业单位发行的债券。

3. 附息票企业债券。它是期限为5年左右的中期债券，附有息票。

4. 产品配额企业债券。它是由发行企业以本企业产品等价支付利息，到期偿还本金的债券。

5. 企业短期融资券。它是以缓和由于银根抽紧而造成的企业流动资金短缺而发行的，期限为3~9个月，面向社会发行，债券发行后可以转让。

6. 地方企业债券。它是由我国全民所有制工商企业发行的债券。

7. 可转换债券。它是特殊的企业债券，即在一定条件下可以转换为企业股票的债券，它具有债券、股票、期权等诸多特征。目前我国发行的可转换债券由：丝绸转债、南化转债、机场转债、鞍钢转债、茂炼转债等。

第二节 债券的发行与流通

一、债券的发行

债券发行是债券成为金融融资和投资工具的第一个步骤。债券发行市场又称为债券的“一级市场”，是发行新债券的市场。通常债券的发行没有固定场所，没有统一的时间，因此债券发行市场是一个无形的市场。

（一）债券发行的目的

债券发行的主体有政府、企业和金融机构，发行主体不同，其目的也不相同。

1. 政府债券发行的目的。

（1）弥补财政赤字。发行债券是政府弥补财政赤字的主要方法，与增加税收、增发货币相比，政府发行债券是一种有偿、自愿的再分配方式，投资者经过一定时间可以收回本金，获得较高利息。

（2）归还债务本息。政府为了偿还过去的债务，发行债券，以新债还旧债。

（3）扩大政府公共投资。政府为了修建公共设施，如铁路、机场、公路、水电站等，需要大量资金，可以通过发行债券解决资金需要。上述项目建成后一般能获得稳定的经营收入，对本金的偿还有一定保障，但由于盈利不大，可能仍需财政予以一定的利息补贴。

（4）解决临时资金需要。由于有许多财政开支在于财政收入之前，当出现临时的短期资金需求时，发行短期债券可解决临时性的资金需要。

2. 企业发行债券的目的。

（1）筹集生产经营资金。这是企业发行债券的主要目的，当企业在生产经营中需要资金，而向银行等金融机构借款或发行股票受限制时，往往通过向社会发行债券来筹资。这种方式较灵活、主动，贷款要受制于银行或金融公司，发行股票则更为复杂。

（2）降低资金成本，减少企业税收。一般而言，债券筹资所付利息要低于股息、红利，其成本较低。许多国家在计算企业收入时，还规定债券利息可以扣除，而股票的股息、红利则不能扣除。因此，企业发行债券可以降低融资成本、减少税收等支出。

（3）不影响企业的控制权。债券持有人与企业之间仅有债权债务关系，不能参与企业经营管理，也不能参加企业利润分配。因此，企业发行债券，不会改变原有股东结构和投票权的分配，不会影响现有股东对企业的控制权。

3. 金融机构发行债券的目的。

（1）增加负债来源。金融机构负债来源以存款为主，一旦经济金融形势不稳定，可能造成存款挤兑，会使金融机构面临巨大风险。发行金融债券可使负债来源多样化，无挤兑可能，可降低风险。

（2）弥补长期资金不足。通过发行金融债券，可以弥补长期资金来源的不足，防止存款频繁存取造成资金的不稳定。

（3）扩大资产业务。金融机构发行金融债券，扩大了资金来源，可为金融机构扩大资产业务、开拓创新业务，克服单调的资金管理，提供有利条件。

（二）债券发行的前提

债券正式向社会发行之前，先要确定发行额（量）、票面金额、票面利率、偿还期限及偿还方式、发行价格等。对于发行者来讲，如何确定债券的以上内容，直接关系其筹资的成本以及发行的成功率。

1. 发行额。债券发行额指发行者要发行的债券总量。发行额多少取决于资金筹集者所需资金数量、市场承受力、发行者的信用、偿债能力、知名度及债券的品种等因素。具体应由承销商依据专业水准，向发行者提供合理建议。发行额如果定得过高，不仅影响其发行条件（如利率、面额等），还会造成销售困难，且对债券的流通转让产生不良影响。

2. 票面金额。票面金额即债券票面注明的金额，它是投资者购买债券的一个基本单位。确定票面金额时应考虑两个因素：一是认购者的购买能力，票面金额定得过高，可能增加债券发行与承销的难度。二是发行成本，票面金额过小，在发行总额既定的情况下，债券数量会增加，其印制成本及流通、结算的工作量都会增加。

3. 票面利率。票面利率又称名义利率，是债券票面上所载明的利率，它反映发行者付给投资者的报酬与其投资额的比率。票面利率在债券发行时确定，一般不再更改。票面利率是由债券的期限、债券的信用级别、利息支付方式及投资者的接受程度等因素决定的。通常票面利率与期限长短成正比，与信用级别成反比。单利计算的债券票面利率高于复利计算的债券，期满一次付息的债券票面利率高于分期付息的债券。

4. 债券期限。债券期限是指债券从发行到偿还本金的时间跨度。确定债券的偿还期限主要考虑发行人使用资金的周转期、市场利率的变化、物价趋势、流通市场的发达程度、投资者的投资偏好及债券市场上其他债券的期限构成情况、股票及储蓄消费的倾向等因素。例如，流通市场不发达，投资者有后顾之忧，长期债券发行就较为困难；预期市场利率会下降，发行短期债券就比较有利等。

5. 付息方式、付息频率。付息方式是发行者在债券有效期限内，一次或分次向债券持有人支付利息的方式。通常分为一次性付息和分期付息两种。一次性付息包括利随本清方式和利息预扣方式。分期付息可按年、半年或季付息。对投资者来说，分期付息可获得复利收益；对发行人来讲，分期付息则可减轻集中支付的压力。付息频率有单利计息和复利计息两种方式。

6. 发行价格。发行价格是债券投资者认购新发行债券时实际支付的价格。在发行债券时，由于金融市场的利率是不断变化的，市场收益率也随之变化。市场收益率是金融市场上多数投资者对证券投资所要求的最低收益水平，它受银行基础利率的影响，一般应略高于银行基础利率。当债券的票面利率和期限已经确定，市场收益率随银行利率水平变化而变化时，如果市场收益率提高，按票面额出售则不利于投资者，债券难以销售；若市场收益率降低，按票面额出售会使发行者增加不必要的成本。债券发行时，一般采用调整发行价格的方式来调节债券的实际收益水平，使之适应市场变化情况。因此，债券发行价格通常未必与债券的票面额一致。债券发行价格的计算公式为：

$$V=\frac{I_1}{(1+i)^1}+\frac{I_2}{(1+i)^2}+\cdots+\frac{I_n}{(1+i)^n}+\frac{M}{(1+i)^n}$$

式中：V——债券价格；I——每年的利息；M——债券面额；i——市场收益率；n——债券年限。

根据发行价格与票面额的关系，债券的发行情况大致有三种。

（1）平价发行。即发行价格等于票面金额，一般在市场收益率与票面利率非常接近时采用。

（2）溢价发行。即发行价格高于票面金额，一般在市场收益率低于票面利率时采用，以降低发行者的筹资成本。

例如，某债券面额 100 元，票面年利率为 10%，发行时市场收益率为 8%，期限为 5 年。该债券的发行价格为：

$$发行价格=\frac{10}{(1.08)^1}+\frac{10}{(1.08)^2}+\frac{10}{(1.08)^3}+\frac{10}{(1.08)^4}+\frac{10+110}{(1.08)^5}$$
$$=107.98（元）$$

（3）折价发行。即发行价格低于票面金额，一般在市场收益率高于票面利率时采用，以保证债券成功售出。

若上例的市场收益率提高到 12%，而其他条件不变，则该债券的发行价格为：

$$发行价格=\frac{10}{(1.12)^1}+\frac{10}{(1.12)^2}+\frac{10}{(1.12)^3}+\frac{10}{(1.12)^4}+\frac{10+110}{(1.12)^5}$$
$$=92.79（元）$$

（三）债券的信用评级

债券的信用评级是指由债券评级机构按一定的指标体系对准备发行债券的还本付息能力的可靠程度所做的公正客观评定。

1. 债券评级的内容。债券信用评级机构主要通过债券发行人的申报材料以及本身的独立调查对债券信用进行评级，其考查的内容主要有：债券发行人的经营状况、财务状况，债券所筹资金的用途、期限、使用方法、偿还方式、偿还能力以及以往的清偿记录等。

信用评级机构对债券的筹集人和投资人只负道义上的义务，对评定结果不负法律责任。但评级机构本身的公正性和客观性就是评级机构的信用。国际上著名的债券评级机构有：美国的穆迪公司、标准普尔公司、英国的国际银行业和信贷分析公司、日本的日本公司债券研究所等。

2. 债券评级的作用。债券评级的作用主要有以下几个方面：①为管理部门提供可靠的依据。各国发行债券时，都将债券评级作为重要前提条件，目的是为了保证金融市场交易有序进行，防止隐瞒欺诈等不法行为的发生。管理部门可利用评级结果作为制定合格投资证券的标准。②证券承销商可利用评级结果提高发行的知名度，减少宣传广告费支出。③投资者可依据评级结果，对债券作出合理的投资选择，以保证债券的安全性、收益性。④债券发行人如果取得较高的债券等级，可降低筹资成本，延长发行期限或增加发行规模。⑤通常评级所传递的信息，能够消除情报的不对称性，实现资源的优化配置，使资本市场得到健康发展。

3. 债券评级的程序。债券评级的程序主要有：①提出申请与受理。债券发行者要向评级机构提出申请，并根据评级机构的要求提供详细的书面材料，评级机构受理后由双方签订协议，按协议进行评级。②提出询问。证券评级机构就书面材料中的问题进行询问。③研究分析资料。信用评级机构组织专题评估组开展工作，对申请评级单位各方面情况进行分析。④评定等级。经大量调查分析测算后，评估小组根据一定标准进行评级，并与发行者联系，征求对评定的意见。如发行者不服评级机构评定的等级，可提交理由书，申请变更，并由发行者追加资料，再行讨论。但这种变更申请只能一次。⑤公布评定结果。等级评定后，评级机构一方面通知评级申请人，另一方面向社会公告。公告后评级机构还应对发行人进行跟踪监督，定期调整债券级别，并通知发行人公开发布最新的评级结果。

4. 债券信用评级的级别。世界主要的信用评级机构对债券的等级一般分为三等九级或四等十级，主要标准基本相似。下面以三等九级为例介绍信用等级。详见表4－2。

表4－2　　债券信用等级标准

<table>
<tr><th>投资类型</th><th>评级类别</th><th>信用等级</th><th>等级含义</th></tr>
<tr><td rowspan="4">投资类</td><td rowspan="3">一等</td><td>AAA</td><td>安全性最高，具有最大保障还本付息，投资者无风险</td></tr>
<tr><td>AA</td><td>安全性高，有很高的还本付息能力，投资者基本无风险</td></tr>
<tr><td>A</td><td>安全性较好，有一定的还本付息能力，投资者风险较低</td></tr>
<tr><td rowspan="3">二等</td><td>BBB</td><td>安全性一般，还本付息资金来源不足，有一定投资风险，发债企业对经济形势变化的应变能力差，将来不景气时有可能会影响本息安全</td></tr>
<tr><td rowspan="5">投机类</td><td>BB</td><td>有一定的投机性，还本付息能力较弱，投资风险较大</td></tr>
<tr><td>B</td><td>半投机性，还本付息保证程度很低，投资风险大</td></tr>
<tr><td rowspan="3">三等</td><td>CCC</td><td>一般投机性，还本付息能力很低，投资风险极大</td></tr>
<tr><td>CC</td><td>充分投机性，还本付息能力极柢，投资风险最大</td></tr>
<tr><td>C</td><td>极端投机性，信誉极差，前途无望，绝对有风险</td></tr>
</table>

（四）债券的发行方式

债券的上市发行，可根据不同情况采取不同的发行方式。通常分为：

1. 公募发行与私募发行。公募发行是指公开向社会非特定投资者发行的方式，其投资者较多，是债券发行的主要方法。私募发行是指面向少数特定投资者发行的方式，特定的投资者主要有两类：一是个人投资者，即与证券发行者有某种关系的投资人。如发行单位内部职工或有业务联系的人等。二是机构投资者，如投资公司或与发行单位有密切业务往来的企业或公司。公募发行与私募发行的对比，详见表 4－3。

表 4－3　　债券公募发行与私募发行的比较

公募发行	私募发行
（1）工作量大，需中介机构参与	（1）不必向证券机构办理发行注册手续，节省时间和注册费
（2）按法定程序如实披露有关详细情况并办理发行注册手续	（2）一般采用直接销售方式，可节省承销费
（3）发行后一般都可流通转让	（3）一般不允许转让
（4）投资对象众多，筹资潜力大	（4）发行者要向定向投资者保证较高的优惠条件
（5）筹资数额大，债务分散，但成本高	（5）债券的金额和期限可根据需要而特殊设定
（6）一般采用间接发行方式	（6）一般采取直接发行方式

2. 直接发行与间接发行。直接发行是指债券发行人不委托中介机构承销，由发行企业直接向投资者推销债券的发行方式，一般私募发行多采用直接发行方式。间接发行是指债券发行人委托中介机构进行承购推销的发行方式，它是公开发行中普遍采用的形式。直接发行不如间接发行筹集资金量大、成功率高，但发行费用较低。

3. 信用发行和担保发行。信用发行指债券发行人不提供任何担保品，凭其信用发行债券，一般政府公债、地方债券、金融债券以及经济实力较强、效益好、社会影响较大的企业都采用这种发行方式。担保发行指债券发行人在发行债券时附加还本付息保证物以确保债券到期还本付息的发行方式，保证物可以是各种动产或有价证券等。

（五）债券的承销方式

债券在发行中采用间接销售方式时，发行人要通过发行市场的中介人，即承销商办理债券的发行与销售。充当债券承销商的债券机构主要有：投资银行、证券公司、商业银行及其他金融机构，承销商承销债券的方式有三种：代销方式、余额包销方式和全额包销方式。

1. 代销方式。代销方式是由债券发行者委托承销商代向社会推销债券，也称为推销方式。承销商按承销协议规定的发行条件，在约定的期限内尽力推销债券，到销售截止日期，未售出的债券仍退给发行者，承销商不承担发行风险。这种方式发行人要按协议规定支付承销商的承销费用，承担发行风险，通常是信誉高，发行适销对路的债券采用。

2. 余额包销。债券余额包销也称为助销方式，是由承销商按已定的发行条件，在约定期限内向社会公众推销债券，到销售截止日期，未售出的余额由承销商负责认购，承销商要在约定时间向发行者支付全部款项。这种方式承销商承担部分发行风险，发行人可以按筹资计划筹到资金，是市场中常用的方法。

3. 全额包销。全额包销是由承销商首先将发行人发行的债券全部认购下来，并立即向发行人支付全部债券款项，然后再向投资人发售的承销方式，也称为包销方式。这种方式发行者能迅速及时得到资金，且将风险转嫁给承销商，承销商承担了全部风险。全额包销的承销商为了分散所承担的风险常牵头组成承销团以降低成本和风险。承销商的收益来自于包销价与向投资者出售价的差价，这种方式通常在规模较大的发行中使用。

（六）债券发行程序

债券的发行程序大致可分为两大阶段：第一是准备阶段，第二是发行的实施阶段。下面以公司债券为例说明发行程序。

1. 准备阶段。发行公司债券，企业首先要进行筹资项目的可行性分析，提出可行性报告，对投资的经济效益进行预测，还本资金的来源进行分析，同时还要制定发行方案。发行方案的内容包括发行资金的用途、期限、利率、发行范围、发行方式、收益分配等。债券发行前还要形成董事会决议，应由2/3以上的董事出席及超过半数的出席董事通过决议方才生效。

2. 实施阶段。实施阶段首先要与承销商谈判，谈判的主要内容包括：债券发行的总额、发行方式、发行的条件、承销方式等。协商完后发行债券的企业要向主管部门提出申请，未经批准不得发行债券。申请时要附送相关文件，如营业执照、财务报表、可行性报告、董事会决议、证券评级情况、发行债券的企业年报等，经主管部门批准后发行人与承销商签订承销合同，由承销商组织发行。

二、债券的流通

债券的流通市场也称二级市场，是已发行的债券买卖交易实现流通转让的场所。债券流通市场也分为证券交易所、场外交易等几个层次，与股票市场类似，这里就不再赘述，仅介绍债券的交易方式与转让价格。

（一）债券的交易方式

1. 现货交易。现货交易是指债券的买卖双方成交后马上办理交割清算，即一手交钱一手交货的交易。它是证券交易最古老的形式。在现货交易过程中，由于交易数额的增加等多种原因，使当场交割清算相当困难，因此，允许有一个较短的交割期限。根据交割期限不同，现货交易又分为三种：一是即时交割，即成交时立即办理交割；二是次日交割，即成交后的第二天办理交割；三是例行交割，即成交后的例行日办理交割。

现货交易的基本特点是：①成交和交割基本上同步；②是实物性交易，即卖方必须向买方真正转让债券，购买者必须支付现款；③交易的目的是为了投资。我国目前各证券市场上进行的债券交易大都采用现货交易。

2. 期货交易。期货交易是指债券买卖双方达成成交协议后、在将来的一定日期进行交割清算的交易。期货交易的基本特点是：①成交与交割不同步，成交后一定时期再进行交割清算；②交割时不一定用实物性交割，可采用反向交易方法相互轧抵；③交易的目的有投资也有投机。我国曾在1993～1995年5月试行过国债期货交易。

3. 回购协议交易。回购协议交易是指卖出（或买入） 种债券时，事先确定在一定期限后按规定的价格再从对方买回（或卖出）债券的交易。回购交易分为两种：卖出回购交易和买入回购交易，二者又分别被称为回购交易和反回购交易。我国的债券市场上开展了以国债为主的回购交易。

（二）债券的交易价格

1. 影响债券交易价格的因素。债券的交易价格主要由三方面因素决定：一是债券的期值，可根据票面金额、票面利率和期限决定；二是债券的待偿期，是从债券发行日或交易日至债券到期日止；三是市场利率，即与该种债券风险相同的其他金融资产的市场利率。在三个影响因素中，期值是已知的，债券的待偿期和市场利率均与交易价格成反比关系。

2. 债券交易价格的计算。债券交易价格根据债券种类不同有不同的计算方法：

（1）附息票债券价格的计算：

①单利付息债券交易价格的计算公式：

$P=R(1+r\cdot n)/(1+i\cdot n)$

式中：P——债券的交易价格；R——债券的面额；r——债券的票面利率；n——债券距到期的年限；i——债券的到期收益率。

例如：某人持有某公司1999年1月10日发行的面额为100元的付息债券，期限5年，票面利率5%，每年付息一次，持有一年后欲将债券卖出，若要向购券人提供6%单利的到期收益率，其交易价应为多少？

$$P=\frac{100\times(1+5\%\times3)}{1+6\%\times3}=97.46\text{（元）}$$

②复利付息债券交易价格的计算：

$$P=\frac{r\times R}{i}\left[\frac{(1+i)^n-1}{(1+i)^n}\right]+\frac{R}{(1+i)^n}$$

例如：上例条件中若改为向购票人提供6%的复利到期收益率，其交易价格应为多少？

$$P=\frac{5\%\times100}{6\%}\left[\frac{(1+6\%)^3-1}{(1+6\%)^3}\right]+\frac{100}{(1+6\%)^3}=97.33\text{（元）}$$

（2）贴现转让价格的计算：

$$P=R\times\left[1-\frac{A}{360}\times B\right]$$

式中：P——债券的交易价格；R——债券的面额；A——距到期的天数；B——债券的年贴现率。

例如：面额为1 000元的短期债券，期限为180天，其年贴现率6%，持有60天后将其卖出，该债券的市场交易价格应为多少？

$$P=1\,000\left(1-\frac{180-60}{360}\times6\%\right)=980\text{（元）}$$

三、中国债券市场的发展历程

新中国成立初期，为解决财政困难和筹措国家建设资金，我国曾发行过债券，如“人民胜利折实公债”、国家经济建设债券等。到1955年后，我国在高度集中的计划经济体制下，国家通过税收和利润上缴，同时银行信用集中社会财力，全面停止发行发各种债券，一直到1981年财政部才恢复发行国债。因此，现代意义上的中国债券市场应从1981年算起，历经了20多年的发展，中国债券的发行种类不断增加，发行规模和交易规模不断扩大，债券的发行和交易的市场化程度不断提高，市场交易制度不断完善。2007年，我国发行国债约2.35万亿元，中央银行票据40 390亿元，企业债5 059亿元，应该说中国债券市场已经取得了相当大的成绩。对中国债券市场的发展进程，大致可分为以下四个阶段。

第一阶段（萌芽阶段），1981～1985年。这一阶段国债独霸市场，债券市场发行的目的主要是弥补国库的亏空。这一阶段发行规模小，5年共发行了237亿元，当时人们购买意愿很低，为保证任务完成，发行的方式采取政府摊派方式。

第二阶段（起步阶段），1986～1992年。这时债券品种逐步增加，发行规模逐渐扩大，债券市场结构趋于完善，已发行了国债、金融债券、企业债券、国家投资债券、国家投资公司债券等五大类、16种债券。其中国债有：国库券、财政债券、国家建设债券、国家定向债券、国家重点建设债券、特种国债、保值公债；企业债券有：中央企业债券、地方企业债券、短期融资券、内部债券、住宅建设债券、地方投资公司债券等6种；金融债券由经营性金融机构发行。债券市场也开始起步，1988年财政部在全国61个城市开始进行国债流通转让的试点，1990年12月上海证券交易所成立，开始接受实物债券的托管，并在交易所开户后进行记账式债券交易，形成了场内场外交易并存的市场格局，当时是不记名的实物券，没有统一的托管机构，而是发行后再分散托管在代保管机构，交易只能在代保管机构所在地进行，不能跨地区。

第三阶段，1993～1996年。1993年我国的债券市场发行经历了一个低谷期，不但发行数量少，发行种类也大大减少，到1994年发行量开始增加，财政部国债比1993年增加两倍，从而促进了交易所债券交易活跃，交易所上市了国债交易品种，在其配合下，债券现货交易也放大，到1995年5月，国债期货市场不规范导致市场关闭，国债交易大幅萎缩。直到1996年记账式国债开始在上海深圳证券交易所大量发行，使二级市场成交量也迅速放大，随着债券回购交易开始，这时已初步形成了交易所债券市场体系。

第四阶段，1997年至今。1997年我国场外债券市场以银行间债券市场的形式出现，并很快迅速发展，随着银行间债券市场规模的不断扩大，场外债券市场已演变成当前中国债券市场的主要力量。

总体上，我国债券市场经历了一个从债券品种单一到多元化，从不成熟的场外债券市场到场内债券市场再到银行间债券市场为代表的成熟场外债券市场这样一个发展过程。总的看债券市场发展迅速，但是市场的规模和品种与发达国家比仍有差距，尤其是企业债券市场存在较大差距。

第三节
债券的收益和风险

一、债券收益

（一）债券收益的组成

投资者购买债券时期望获得一定收益，债券的收益主要来源于以下几个方面：一是年息收入，这是债券发行时就决定的，通常债券的年息收入是固定不变的。二是利息再投资收益，即投资者将利息收入再投资产生的收益，这对长期债券的持有者来说，可扩大债券的实际收益。三是买卖价差，即资本收益，是投资者的债券卖出价高于买入价产生的收益，反之则产生资本损失。

（二）债券收益率的计算

债券收益率是指在一定时期内债券投资获得的收益与投资总金额的比率。通常债券投资收益率可通过以下指标反映。

1. 名义收益率。名义收益率是债券票面上的固定利率，即票面收益率，其计算公式为：

$$i=\frac{C}{P}\times 100\%$$

式中：i——名义收益率或票面收益率；C——债券年利息；P——债券面值（购买价格）。

名义收益率反映了债权人按票面金额购入债券至到期日的固定利息收益率，但是没有考虑市场价格变化对收益率的影响，也没有考虑投资者中途卖出债券的可能性。

2. 本期收益率。本期收益率是指债券的年利息收入与购入债券的实际价格的比率，又称直接收益率或当前收益率，债券的买入价格可以是发行价也可以是市场的交易价格。其计算公式为：

$$r_d = \frac{V \times i}{P_0} \times 100\%$$

式中：r_d——本期收益率；V——债券面值；i——债券票面利率；P_0——债券购入价格。

例如：一张面额 1 000 元的债券，票面固定利率为 6%，发行价格是 980 元，期限 5 年，则本期收益率：

$$r_d = \frac{1\ 000 \times 6\%}{980} \times 100\% = 6.12\%$$

本期收益率可反映投资者的投资成本带来的收益，有利于投资者比较同期不同证券的收益水平，选择投资对象。但它未反映不同期限的债券在收益上的差异及溢价、折价而产生的损益。

3. 到期收益率。到期收益率是债券的利息收入和资本损益与购入债券价格之比率，我国发行的债券多为到期一次还本付息债券，其持有到期收益率的计算公式为：

$$r_n = \frac{C + (V - P_0) / n}{P_0} \times 100\%$$

式中：r_n——到期收益率；C——债券年利息；V——债券面值；P_0——债券买入价。

例如：上例债券中投资者认购后，持有到期满收回本金，则到期收益率为：

$$r_n = \frac{1\ 000 \times 6\% + (1\ 000 - 980) / 5}{980} \times 100\% = 6.53\%$$

到期收益率全面考虑了债券的面额、利率、偿还期限、价格变动因素，是反映投资收益水平的一个广泛应用的指标，但是投资者购入债券后，不一定会持有到期日，因此，还要考虑持有期收益问题。

4. 持有期收益率。持有期收益率是指投资者购入债券至债券出售期间所得到的收益率，包括利息收入和资本损益，其计算公式为：

$$r_n = \frac{(P_1 - P_0) / n}{P_0} \times 100\%$$

式中，r_n——持有期收益率；P_1——债券卖出价；P_0——债券买入价；n——持有年限。

例如：如前例债券，投资者在持有 2 年后将其以 1 100 元的市场价出售，则持有期收益率为：

$$r_n=\frac{(1\ 100-980)\ /2}{980}\times100\%=6.12\%$$

5. 贴现债券收益率。贴现债券收益是贴现额，即债券面额与发行价格之差。贴现债券发行时公布面额和贴现率，并不公布价格。计算贴现债券收益率须先计算其发行价格，才能计算出到期收益率。

（1）贴现债券发行价格的计算公式为：

$$P_0=V\ (1-d\times n)$$

式中：P_0——发行价格；V——债券面额；d——债券年贴现率（按360天计算）；n——债券有效期限。

例如：某贴现债券，面值100元，期限180天，以8.6%的贴现率公开发行，则发行价格为：

$$P_0=100\left(1-8.6\%\times\frac{180}{360}\right)=95.7\ (元)$$

（2）贴现债券到期收益率的计算公式为：

$$r_n=\frac{V-P_0}{P_0}\times\frac{365}{n}\times100\%$$

式中：r_n——到期收益率；P_0——发行价格；V——债券面额；n——债券期限。

例如：上例中到期收益率为：

$$r_n=\frac{100-95.7}{95.7}\times\frac{365}{180}\times100\%=9.1\%$$

二、债券的风险

与股票相比，债券是风险较小的投资工具，但是仍有许多潜在因素会影响债券的收益，给投资者带来一定风险，主要表现在：

（一）利率风险

利率风险指由于市场利率水平的变动而引起债券投资收益率变动的可能性，这是固定收益债券最主要的风险。一般情况下，债券的价格与利率成反比，当市场利率上升超过债券票面利率，市场对债券的需求就会相应减少，债券持有人只能以较低的价格出售债券，并将资金转向其他利率较高的投资工具；反之，当市场利率下降时，债券相对利率就提高，市场对债券的需求增加，投资者纷纷转向债券市场，于是债券价格上升。为了避免利率变动风险，投资者可以选择短期债券回避风险。

（二）信用风险

信用风险指企业由于经营状况不佳或破产而不能按期支付利息，甚至不能偿还本金，给投资者带来的损失。投资者最要避免的就是信用风险，投资时必须关注发债企业的资信状况，而债券评级机构对所发行债券评定的级别是投资者的重要参考。

（三）市场风险

市场风险直接来自供求关系。当债券市场新债券的发行量增速过快，超过一定界限时，就会破坏债券市场供求关系的平衡，给债券市场带来不利影响，可能会促使债券价格下降；当债券发行数量适当，容易被市场接受，就不会给市场造成压力。投资者为避免市场风险，应多关心市场的扩容。

（四）政策风险

财政政策、货币政策对债券价格也有重大影响。当财政宽松有剩余资金，会增加银行存款或购买债券，造成债券需求增加，价格上升；当财政严重赤字，财政在银行的存款减少且会发行巨额的政府债券，弥补财政赤字，使债券供给增加，从而影响债券价格下跌。同样，中央银行实行紧缩的货币政策，就会在市场上抛售债券，引起债券价格下跌；当实行放松银根的货币政策，就会从市场上大量买入债券，引起债券价格上升。

思考与练习

1. 什么是债券？债券与股票有何异同？
2. 债券的种类有哪些？
3. 政府、金融机构、企业为什么要发行债券？
4. 债券发行应做好哪些准备工作？
5. 为什么要进行债券信用评级？债券信用等级是怎样划分的？
6. 债券的发行方式有几种？
7. 不同种类债券的交易价格是怎样计算的？
8. 债券的收益由哪几部分构成？
9. 怎样计算债券的收益率？

第五章

投资基金市场

内容提示 投资基金市场是在证券发展的基础上，为分散和回避股市的巨大风险而逐步形成和发展起来的。投资基金以其方便投资、专业管理、分散风险、利益共享的独特魅力，成为个人投资者分散风险的最佳投资工具，对促进股票市场稳定健康发展有着不可低估的作用。本章介绍投资基金的产生和发展，阐述投资基金的概念、特点及其种类，并对投资基金的具体运作进行分析。

第一节 投资基金概述

一、投资基金的产生与发展

（一）全球投资基金的产生与发展

投资基金产生于19世纪60年代的英国。当时英国的经济、贸易均居世界前列，社会财富和国民财富迅速增加，大量资金需要寻找投资出路，在国内资金过剩的情况下，投资者开始到国外特别是殖民地进行投资。但是，任何投资总是有风险的，尤其在海外投资风险更大，因此，英国投资者意识到将中小投资资金聚集成大的投资资本，通过专家进行管理，分别投资多个品种可以分散风险。1868 年 11 月在英国苏格兰地区组建了“海外殖民地政府信托投资”，从此诞生了世界上第一家投资基金，它专以投资国外殖民地的公司债券为主，投资地区远及西班牙、意大利、东南亚、中亚等国，基金券面值 100 英镑，以 85 英镑出售，信托期限 24 年，投资收益率 6%，比政府债券 3.3% 高出一倍多，极受投资者欢迎。此后，一大批投资基金相继成立，受到越来越多投资者的青睐。

投资基金产生于英国，其长足发展却是在 20 世纪的美国。20 世纪初，美国经济的繁荣为投资基金的发展创造了良好的经济环境。1921 年 4 月，美国组建了国内第一个共同基金“美国国际证券信托基金”。1924 年由 200 名哈佛大学教授出资在波士顿成立了“马萨诸塞投资信托基金”，该基金会初设仅有 5 万美元，一年后资产就增加到 39.4 万美元。此后，美国的投资基金发展极为迅速。

世界经济的发展以及金融市场全球化趋势，促使了投资基金在全球的发展。当代投资基金已不仅在欧美国家盛行，在一些新兴国家也迅速发展，如亚洲的韩国、香港、台湾、新加坡、日本等地区和国家，尤其是日本最为发达，其投资基金总额已超过美国。投资基金已成为投资市场中引人关注的焦点。

（二）中国投资基金的产生和发展

我国投资基金萌芽于 20 世纪 80 年代中期，经过十几年的发展，已取得了长足的进展。我国投资基金发展历程大致可分为三个阶段：

1. 萌芽与初期发展阶段（1985～1993 年 4 月）。我国投资基金同多数发展中国家一样，也是从海外国家基金起步的。1985 年 12 月，由中国东方投资公司在香港、伦敦推出“中国东方基金”，资产净值 1 700 万美元，开创了中国基金投资业务之先河。1989 年 5 月，香港新鸿基金信托基金管理有限公司推出“新鸿中华基金”。1990 年 11 月，法国东方汇理亚洲投资公司创立了“上海基金”。

在海外中国投资基金的示范效应下，一些省市在人民银行和地方政府的支持下，也开始尝试发行投资基金。1991 年 7 月，珠海设立了全国第一家国内投资基金——珠信基金。1992 年初武汉、深圳、天津、沈阳等地分别发起设立了南山风险基金、创亚基金、通发、兴沈、万利、农信等各种基金。1992 年 11 月，在深圳成立了国内当时最大的天骥基金，规模达到 5.8 亿元，同月全国第一家公司型封闭基金淄博乡镇企业投资基金成立，规模为

3亿元。到1993年5月，全国投资基金数量达52只，全国掀起了投资基金热潮。

2. 调整阶段（1993~1997年）。1993年5月19日，中国人民银行发出紧急通知，要求省级分行立即制止不规范发行投资基金和信托受益债券的做法，各地人行即把主要精力放在已设立基金的规范化和已批准基金的发行工作上。从1993年开始对已发行基金逐步安排上市。1994年沈阳证券交易中心和南方证券交易中心与上海证券交易所联网，基金在证券交易所挂牌上市。此后，上市规模保持稳定上升趋势，到1997年11月，我国共建立了75只基金，募集资金75亿元，基金全部为封闭式，除淄博、天骥和蓝天基金为公司型基金外，其余均为契约型基金。

这一时期的调整，使我国投资基金稳步发展，但此时的基金品种单一、规模小、基金法规不健全、运作仍不规范。

3. 规范发展阶段（1997年至今）。1997年11月14日出台了《证券投资基金管理暂行条例》，标志着投资基金步入规范化的发展阶段。在这之前，有关基金法规非常不完善，只存在一些地方政府制定的基金规章，《证券投资基金管理暂行条例》的推出，对促进我国基金业的发展起到了非常重要的作用。1998年3月23日，开元、金泰两只封闭式基金的发行上市，标志着我国基金发展进入了一个新的里程碑，2001年9月，经管理层批准，由华安基金管理公司成立了我国第一家开放式基金——华安创新，基金出现了超速发展。2004年6月1日，《证券投资基金法》正式实施，这是我国基金业和资本市场发展史上又一个重要的里程碑，标志着我国基金业又进入一个崭新的阶段。

截至2007年底，我国共有证券投资基金345只，净值总额合计约为3 028亿元，占我国股票流通市值的35%左右。在345只基金中，有35只封闭式基金，基金净值总额约0.23万亿元；有310只开放式基金，净值总额合计约3.04万亿元，占全部基金净值总额的92%。

二、投资基金的特点与功能

（一）投资基金的特点

1. 投资基金的概念。投资基金是通过发行基金股份（或收益凭证），将投资者分散的资金集中起来，由专业管理人员分散投资于股票、债券或其他资产，并将投资收益分配给基金持有者的一种利益共享、风险共担的集合投资方式。

投资基金的基本运作如图 5－1 所示。

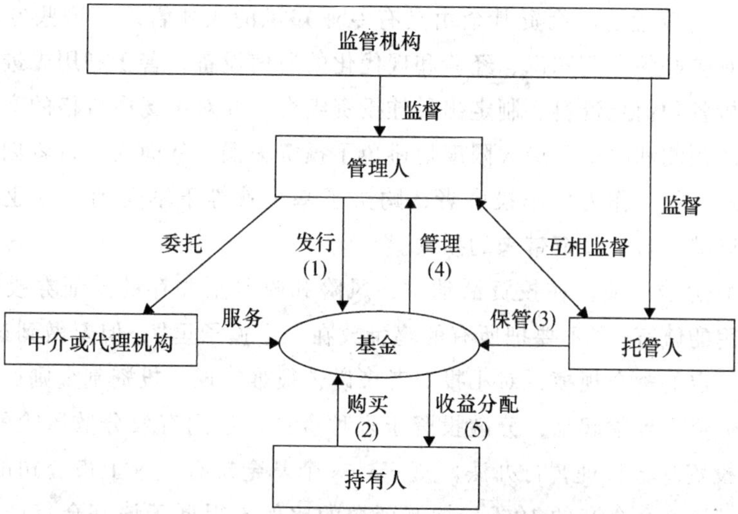

图 5－1

在图 5－1 中：

(1) 基金管理公司向社会发行基金份额。

(2) 中小投资者购买基金份额，基金管理公司汇集资金形成投资基金。

(3) 基金管理公司将所汇集资金交由保管公司专户管理。

(4) 基金管理公司通过研究团队分析，作出在股市、汇市、期市以及其他市场的组合投资选择。

(5) 基金管理公司按照基金章程和收益情况进行收益分配。

投资基金在美国称为"共同基金"或"互助基金"，在英国和我国香港称为"单位信托基金"，在日本、韩国和我国台湾称为"证券投资信托基金"。

2. 投资基金的特点。

(1) 集合投资。投资基金是一种积少成多的集合性投资方式，是专门为中小投资者设计的投资工具。基金对投资的最低限额要求不高，投资者可以根据自己的经济能力决定购买数量，有些基金甚至不限制投资额的大小。众所周知，个人的资金毕竟有限，无法进行稍具规模的投资，然而基金可以最广泛地吸收各方面的闲散资金，集腋成裘，汇成规模巨大的投资资金，取得规模效益，享有大额投资者降低成本的相对优势，解决了资本小投资不便的尴尬，为中小投资者提供了以财生财的机会。

（2）专家理财。投资基金由具有专业知识的人才管理，这些专业管理人员拥有较好的专业知识、经验和现代化的通信设备，善于利用先进的技术手段分析各种信息资料，制定出最佳投资组合，并对市场中价格的变化作出较正确的预测和决策，最大限度地避免了投资失误，从而为投资者创造出较好的投资回报。作为中小投资者，购买了基金就等于享受到了专业理财服务，可以减少盲目投资带来的损失。

（3）分散风险。在投资活动中，风险和收益是并存的。证券投资中有一句常用的箴言，“不要把所有的鸡蛋放在一个篮子里”，但要做到这一点，必须有一定的资金规模，对小投资者来说，很难实现。投资基金则可将投资者的小额资金聚集起来，分散投资于多种资产，达到有效分散风险的效果。我国《投资基金管理暂行办法》规定，一个基金持有一家上市公司的股票，不得超过该基金资产的10%，持有证券的比例不得低于该基金资产净值的20%，要求通过多元化投资组合，使风险降到最低程度，同时又利用投资对象的互补，使在相同收益时风险最小或相同风险时收益最大，寻找风险收益的均衡关系。

（4）流动性强。一种好的投资工具不仅要求收益好，安全性高，同时还要求流动性强。投资基金是一种变现性能良好、流动性强的投资工具。投资者可根据个人需要，随时买卖资金受益凭证，手续简便。封闭型基金的转让一般在证券交易所进行，投资者通过证券商进行竞价买卖，其程序与买卖股票相似；开放型基金投资者可随时向基金公司认购或赎回受益凭证。投资基金与银行定期存款、与购买黄金或房地产甚至债券股票相比变现都较容易。

（5）共同收益。投资基金盈利共享，投资者按基金单位份额分享基金收益，基金的收益来自于基金投资所得红利、股息、债券利息、买卖证券差价、存款利息等。投资策略不同，各种不同基金收益有所差异，但均是在扣除费用后，以投资者出资比例分配给投资者。通常基金的收益大于债券，尤其是长期收益较好。

（二）证券投资基金与其他基金、股票、债券的区别

1. 投资基金与其他基金的区别。投资基金与通常说的基金在内含和外

延上都有很大区别，一般基金是指通过国民收入分配与再分配所形成的具有专门用途的基金，如财政后备基金、社会保障基金、储备基金等，上述基金专款专用，不追求投资利润；投资基金则是通过投资赚取利润，其目的就是投资增值获取较高收益。

2. 投资基金与股票、债券的区别。投资基金与股票、债券都属金融投资工具，但它们之间又有着许多差异。一是筹资的投向不同。基金主要投向有价证券，股票与债券筹资投向实体行业。二是反映的关系不同。基金契约反映的是信托关系，股票反映的是产权关系，债券反映的是债权债务关系。三是风险不同。股票是有较大风险，它的收益最不确定；债券风险较小，收益取决于债券利率；基金收益依投资组合不同而变化，有可能高于债券，但投资风险小于股票。

（三）投资基金的功能

1. 为中小投资者拓宽了投资渠道。社会上许多小额闲散资金，用来存款或购买债券收益较低，投资股票受制于金额起点，且风险较大。投资基金汇集众多投资者的小额资金，其专家管理、规模经营、信息披露到位、运作规范、收益稳定的特点深受中小投资者欢迎。美国目前有37%的家庭投资于基金，基金占所有家庭资产的36%。我国首次发行较规范的金泰、开元基金时，全国新增开户14万，吸引了新资金约40亿元，据统计每只基金平均认购人数超过88万，其中认购资金在5万元以下的中小投资者占80%以上。

2. 有利于实现资源的优化配置。基金作为机构投资者，具有较高的投资素质和经验，能以发展的眼光分析事物，结合国家的方针政策，投资于优先发展、重点扶持、行业前景好的朝阳行业，有利于实现资源的优化配置，促进产业发展和经济增长。如从我国1999年公布的基金组合可看出，基金持有的股票多是富有成长性的高科技股或绩优大盘股，为这些企业筹资、融资创造了良好的环境。

3. 有利于证券市场的稳定发展。基金的出现和发展能有效地改善证券市场投资者结构。证券市场中的散户往往急功近利，投资带有随意性和盲从性。投资基金属于机构投资者，由专家操作，投资行为理性、规范，作为股市中的中长期投资者，客观上起到了稳定市场的作用。如1999年5月初我国股市低迷之际，当时的十只基金则逐渐加大股票投资比重，在10个交易日投入基金约12亿元，推动了5月19号行情大涨，对股市的稳定起到应有的作用。

4. 有利于证券市场的国际化。证券市场国际化是国际金融市场发展的必然趋势，但对证券市场的国际化进程许多发展中国家持谨慎态度。利用投资基金逐步有序地引进外资投资本国证券市场，不失为一个明智的选择，这种方式有利于监管当局控制利用外资的规模，并能逐步推进市场的开放程度。

三、投资基金的当事人

（一）受益人

基金受益人是指基金券的持有人，即基金投资者。基金受益人是基金资产的最终拥有者，享受基金资产带来的一切权益，同时也承担投资费用和风险。基金投资人在基金运作中的权利是通过基金持有人大会的表决权来行使的，基金持有人大会是基金的最高权力机构，一般每年举行一次，可由基金经理人提出召开，也可由1/3以上的持有人要求而召开。大会决议应有实际出席大会的受益人所持有总票数的2/3以上票赞成才能通过，决议的内容包括：基金投资计划、收益分配、基金章程修改以及是否延长或缩短基金经营期限等。

（二）基金管理人

基金管理人是凭借专门的知识和丰富的投资经验具体运营基金，谋求基金资产的保值增值的机构，又称基金管理公司或基金经理人。基金管理人作为投资者的理财人，应具有一定资格，并经政府指定的主管当局审核批准。我国《证券投资基金法》规定基金管理人应当履行下列职责：①依法募集基金，办理或者委托经国务院证券监督管理机构认定的其他机构代为办理基金份额的发售、申购、赎回和登记事宜；②办理基金备案手续；③对所管理的不同基金财产分别管理、分别记账，进行证券投资；④按照基金合同的约定确定基金收益分配方案，及时向基金份额持有人分配收益；⑤进行基金会计核算并编制基金财务会计报告；⑥编制中期和年度基金报告；⑦计算并公告基金资产净值，确定基金份额申购、赎回价格；⑧办理与基金财产管理业务活动有关的信息披露事项；⑨召集基金份额持有人大会；⑩保存基金财产管理业务活动的记录、账册、报表和其他相关资料；⑪以基金管理人名义，代表基金份额持有人利益行使诉讼权利或者实施其他法律行为；⑫国务院证券监督管理机构规定的其他职责。

（三）基金托管人

基金托管人是受益人权益的代表，是基金资产的名义持有人和保管人。根据国际惯例，投资基金实行经营与保管分开的原则，以防止基金资产被管理人任意挪用。基金托管人与基金管理人在行政上、财务上相互独立，其高级管理人员不得在对方兼任职务。我国《证券投资基金管理暂行办法》规定基金托管人的主要职责为：①安全保管基金的全部财产；②执行管理人的投资指令，并负责办理基金名下的资金往来；③监督基金管理人的投资运作，发现基金管理人的投资指令违法、违规的，不予执行，并向中国证监会报告；④复核、审查基金管理人计算的基金净值及基金价格；⑤保存基金的会计账册、记录15年以上；⑥出具基金业绩报告，提供基金委托管理情况，并向中国证监会和中国人民银行报告等。

（四）基金承销人

基金承销人作为基金管理人的代理人，与投资者进行基金证券的买卖（包括转换代理）活动。基金承销人一般由投资银行、证券公司或信托投资公司担任。基金管理人和基金托管人均负有基金受益凭证的发行、募集、交易、赎回和分红息等日常行政工作的责任，但在社会分工日趋专业化的今天，此项工作一般都委托承销商来办理。在美国，大多数基金证券的发行都是经过当地的经纪商或交易商批发，然后分散零售给投资者。

（五）投资顾问

投资顾问是为基金管理公司的基金运作提供专业性咨询服务的组织，也称投资顾问公司。投资顾问公司往往由有经验的基金经理人、信誉卓著的投资机构、业绩骄人的金融财团来担任，由基金经理公司聘请，经双方签订顾问契约后，这些经理人或机构就成为基金管理公司的顾问委员会。为了保障投资人的利益，投资顾问公司是独立的，不附属于任何基金管理公司，以保证投资咨询的客观公正。

在投资基金的五个当事人中，受益人、基金管理人、基金托管人是缺一不可的。如果基金管理人本身经验丰富、实力雄厚，对基金运作了如指掌，则可不需承销公司和投资顾问。

第二节
投资基金的类型

一、契约型基金与公司型基金

根据组织形式不同分类，可将投资基金分为契约型基金和公司型基金。

（一）契约型基金

契约型基金是指通过订立信托契约形式而设立的一种投资基金。信托契约是基金管理人、基金托管人、投资者之间订立的契约，主要反映投资者、基金管理人、基金托管人三方的权力义务关系，它是基金管理的依据。投资者按规定认购受益凭证，享有受益权，但不具有股东资格，无决议权；基金管理人负责基金的管理操作；基金托管人作为基金资产的名义持有人，负责基金资产的保管和处置，对管理人的运作实行监督。

契约型基金起源于英国，目前在日本、我国香港和台湾、新加坡、印度尼西亚等地都流行，我国1997年11月颁布的《证券投资基金管理暂行办法》所规定的基金内容也属于契约型基金。

（二）公司型基金

公司型基金是指由发起人组建基金股份公司，并向社会公开发行基金股份的方式而设立的一种投资基金。公司型基金的设立及组织结构类似于一般的股份公司，基金公司本身依法注册为法人，基金资产由公司所有。投资者是公司的股东，凭其持有的股份依法享有投资收益，承担风险，并通过股东大会行使权力。与一般股份公司的区别在于它是委托专业的财务顾问或管理公司来经营管理资产的，而非自己经营。

（三）契约型基金与公司型基金的比较

无论契约型基金还是公司型基金，其组成与运作都是建立在经营与保管分开的基础上的。基金管理人负责基金的管理和运作，它只下达投资买卖的指令，本身并不经手资金的财产。基金托管人负责保管并依指令处理基金的财产，基金账户独立，基金管理人或基金托管人因经营不善而倒闭，其他债权方都不得动用基金的财产进行破产清偿，以保障投资人利益。

契约型基金与公司型基金的区别主要有：①资金的性质不同。契约型基金的资金是信托财产，公司型基金的资金是公司法人的资本。②投资运用依据不同。契约型基金依据基金契约运用资金，公司型基金依据公司章程运用基金。③投资者的地位不同。契约型基金的投资者购买受益凭证只是契约关系的当事人，对资金的运用没有发言权。公司型基金的投资者购买基金股票成为公司股东，可以通过股东大会参与公司资金运用的管理。

二、开放型基金与封闭型基金

根据受益凭证可否赎回分类，可将投资基金分为开放型基金与封闭型基金。

（一）开放型基金

开放型基金又可称为追加型基金或不固定型基金，指基金发起人在设立基金时，基金发行的受益凭证数额不固定，可以连续发行新的基金凭证，投资者也可以随时认购或赎回基金单位。开放型基金认购或赎回基金单位的价格按基金资产净值计算。为了满足投资者中途抽回资金的需求，开放型基金一般要从所筹资金中拨出一定比例，以现金形式保持这部分资产。

（二）封闭型基金

封闭型基金也称为固定基金，指基金发起人在设立基金时限定了基金单位的发行总额，筹集到预定总额后，基金就封闭，在一定时期内不再增加。封闭型基金的投资者要求认购或卖出基金，必须通过证券经纪商在二级市场进行竞价交易，其交易类似于普通股票买卖，价格主要由市场供需状况决定。

（三）开放型基金与封闭型基金的比较

开放型基金与封闭型基金的区别主要有：①发行规模限制不同。开放型基金没有发行规模限制，投资者可随时认购或赎回基金；封闭型基金发行数额是限定的，在封闭期内未经法定程序认可，不能再增加发行。②期限不同。开放型基金没有固定期限；封闭型基金通常有固定的封闭期，如10年或15年，经受益人大会通过并经主管部门同意，也可适当延长期限。③基金交易方式不同。开放型基金可随时向基金管理公司购买或赎回，除少数开放型基金在交易所作名义上市外，通常不上市交易；封闭型基金在封闭期内不能赎回或购买，只能在证券交易所出售或购买。④基金交易价格标准不同。开放型基金交易价格按基金资产净值为标准，不直接受市场供求关系的影响；封闭型基金以基金市场交易价格为标准，价格往往不反映基金券代表的净资产值，交易价格主要受市场供求关系的影响。⑤投资策略不同。开放型基金在投资时需预留基金或随时变卖资产以应付大量赎回变现的需求，多选择流动性强、期限短的投资；封闭型基金能有效的在计划内实施投资组合，有利于取得长期投资回报。

三、成长型基金、收入型基金、平衡型基金

根据投资目标不同分类，投资基金可分为成长型基金、收入型基金和平衡型基金。

（一）成长型基金

成长型基金是以追求资本的长期增值为目标的投资基金。包括：积极成长型基金、新兴成长型基金、成长与收入型基金、稳定成长型基金。

1. 积极成长型基金。积极成长型基金追求资本的最大增值，通常投资于高成长潜力的股票或其他证券。积极成长型基金投机性相当高，适合于敢于冒险者的需要。大多数这类基金在多头市场时比其他类型的基金表现都好，而在遇到“熊市”时则有可能承担本金损失。我国新基金中安信、裕阳、普惠等都属于积极成长型。

2. 新兴成长型基金。新兴成长型基金支持盈利前景好的新兴产业，通常投资于新行业中有成长潜力的小公司或有高成长潜力的高科技行业中的小公司，其追求的也是资本的长期利润。新兴成长基金带来的回报率可能比普通股票基金高，但承担的风险也较大。我国新基金中景博、景阳就是中小企业成长型基金。

3. 成长收入型基金。成长收入型基金是以追求资本利得和股利收入并重为其投资目标的基金，一般多投资于能长期稳定支付现金和股利的公司。成长收入型基金在市场衰退时不易受行情的影响，是长期投资者保持投资稳定收入的最好选择。这种基金取得现金收入要全部征税，投资于这类基金的投资者，主要是追求当期收入和长期资本增长，因此较适合资金不多的中小投资者。

4. 稳定成长型基金。稳定成长型基金是以追求长期资本利得为投资目标的基金，一般多投资于能长期稳定增值的绩优股，或正在扩大事业的有相当基础和发展前景的大公司。这种基金一般不从事投机活动，当证券市场出现异常时，这种基金可采取股票或股票指数选择权交易等方式回避风险。我国新基金中开元、同益、兴华、金越等就属于这类基金。

（二）收入型基金

收入型基金是以追求当期最大收入为目标的基金，它较适合保守投资者。收入型基金又可分为固定收入型基金和权益收入型基金。

1. 固定收入型基金。固定收入型基金一般投资在股利水平高的优先股、资信度高的债券或可转换公司债券、货币市场中的短期货币工具等方面。固定收入基金的获利率较高，但长期成长的潜力很小，利率波动时净产价值较易受到影响。

2. 权益收入型基金。权益收入型基金一般投资于付息股票及从事这些股票的买入期权（看涨期权）交易，以此获取近期收入，成长潜力较大，但容易受到股市价格的冲击。

（三）平衡型基金

平衡型基金是以净资产的稳定，可观的收入及适度的成长为目标，通常采取混合投资方式，一般将25%～50%的资金分散投资于优先股和债券，以获得当期利息收益，另外的资金投资于股票获得资本收益，以此方式保证资金的安全性和盈利性。平衡型基金投资策略较保守，风险较低，成长潜力不大，适合于资金不多的投资者。我国新基金中金泰、泰和、汉兴就是平衡型基金。

（四）成长型基金、收入型基金和平衡型基金的区别

成长型基金、收入型基金和平衡型基金的区别主要在于：（1）投资目的不同。成长型基金追求资金的长期增值；收入型基金为获取当前最大的稳定收入；平衡性基金具有双重目的，谋求收入与成长的平衡。（2）投资品种不同。成长型基金投资风险较高的金融市场，如股票市场中升值潜力较大的小型公司、高科技前景好的小公司股票等；收入型基金投资在资本增值有限的市场，如优先股、可转换债券及分红派息较好的股票等；平衡型基金则采取混合投资方式，一般不投资于特定品种。（3）资金利用与派息不同。成长型基金资金大部分投向市场，且为了追求成长通常不直接派息给投资者，而将股息再投入市场以获取更高的回报；收入型基金现金持有量较大，通常按时分派股息，使投资者有较好的当期收益；平衡型基金以较稳定的分散使用资金为经营原则，投资者常可获取较稳定收益。

四、国外型基金与国内型基金

根据基金应用的地域不同分类，投资基金可分为国外型基金和国内型基

金。

（一）国外型基金

国外型基金指通过发行基金证券从国内外筹集资金，将资金投向基金公司所在国以外的市场。国外型投资基金主要有：

1. 环球基金。环球基金是投资不限定国家或地区的投资基金，既可投资国外市场，又可投资国内市场，但必须保证将2/3的基金投资于本国以外的市场。其中，基金资本从国外投资者那里筹集，并应用于国外市场，称为海外基金或离岸基金；基金资本从国内投资者那里筹集，应用于国外市场，称为国际基金。

2. 国家基金。国家基金是向外国投资者筹资，并以某一国家为特定对象的基金。它常采用证券信托方式发行基金，在纽约、伦敦、香港等国际证券市场挂牌交易，然后将资金投向特定国家。一些原则上不允许外商投资的国家和实行严格外汇管制的国家，也可利用国家基金。因此，国家基金常被发展中国家和新兴发达国家广泛采用。

3. 区域基金。区域基金是把基金投资于某一特定区域证券市场的投资基金。世界经济按照其地理位置和经济发展的共性可分为不同的经济区域，如北美经济区、西欧经济区、亚太经济区、东南亚经济区、拉美经济区等。基金管理公司为适应投资者对投资地区的不同需要，设计和组建了多种区域性基金。常见的区域基金有：欧洲基金、北美基金、太平洋基金、远东基金、东南亚基金、东盟基金等。区域基金既可回避环球基金回报率平均化的弱点，又因为投资分散为不同的证券市场，较国内基金和国家基金风险要小。

（二）国内基金

国内基金是由国内投资者认购，并对本国市场进行投资的基金。在一国市场上国内基金一般占主要地位。

五、投资基金的其他分类

投资基金除了上述四种常见的分类方式外，还有水平型基金、垂直型基金、利用型基金、衍生型基金之分。

（一）水平型基金与垂直型基金

水平型基金是指一种基金与另一种基金之间不存在联系，各自相互独立，投资者在投资过程中，只能做单独选择。假如要进行不同基金的投资转换，要办理转换手续时并缴纳必要的转换费用。常见的水平型基金主要有：股票基金、债券基金、货币基金等。

垂直型基金是一种基金内部又兼容或包含若干子基金，投资者可以在基金内部选择和转换，一般不收取转换费。常见的垂直型基金主要有基金中基金。

（二）利用型基金与衍生型基金

利用型基金是指投资工具和投资策略直接从国际贸易和期货交易技巧中借用过来的基金。在国际贸易和期货交易中，人们发明了套利和期货的交易方式进行避险，投资基金管理人学习这些技巧，用于基金保本和增值。对冲基金就是一种利用型基金。

衍生型基金是一种投资于衍生金融工具，包括期货、期权、互换等并利用其杠杆比例进行交易的基金，又称杠杆型基金。衍生型基金是为期望在高风险投资中获取高回报率的进取型投资者设计的。在金融市场越来越成熟的情况下，股票、债券、外汇等普通金融商品的行情波动不太大，投资利润趋向平均化，通过衍生金融工具，可以大大提高投资风险率和回报率，深受进取型投资者的欢迎。衍生型基金主要有：期货基金、期权基金、认股权证基金等。

六、交易所交易的开放式基金

（一）交易所交易基金

交易所交易基金英文原文为：Exchange Traded Funds 简称 ETF，台湾也把它称为“指数股票型证券投资信托基金”，而香港又把它称为组合股，它是一种将指数证券化的产品。所谓指数证券化，指投资者不以传统方式直接进行一篮子股票的投资，而是透过持有代表指数标的股票权益的受益凭证来间接投资。因此，简而言之，ETF 是一种在证券交易所买卖，提供投资者参与指数表现的基金，ETF 基金以持有与指数相同之股票为主，分割成众多单价较低的投资单位，发行受益凭证。

ETF 为投资者同时提供了两种不同的交易方式，它们分别类似于传统的封闭式基金和开放式基金的交易方式。一方面，投资者可以在一级市场交易 ETF，即进行申购和赎回；另一方面，投资者可以在二级市场交易 ETF，即交易所交易。但是，与普通开放式基金不同的是，投资者在申购和赎回 ETF 时，ETF 与它们交换的是基金份额和一篮子股票，而普通开放式基金在申购和赎回时交换的是基金份额和现金。另外，投资者申购和赎回的数量必须是设立单位（Creation Unit）的整数倍，低于一个设立单位数量的申购和赎回不予接受，而且ETF申购和赎回的设立单位一般都较大。正是由于ETF这一独特的交易模式，它一方面具有与开放式基金、封闭式基金和普通股票相似的特点，同时又具有一些独特之处，它结合了封闭式与开放式基金的优点，为投资者提供了最大的交易便利、更为灵活的交易方式和更低的交易成本，使各类投资者可以将其应用于多种投资。另外，ETF通常采用完全被动式管理方法，以拟合某一指数为目标。而且，ETF具有高透明性，便于市场监管，同时有利于引导市场的理性投资和提高市场流动性，因此ETF很容易被市场各方面的参与。正是由于具有上述众多优势，ETF在近几年发展极为迅速，目前已经风靡全球。除了ETF的发源地——美国外，欧洲、亚洲和大洋洲的很多证券市场都已引入ETF，它已成为全球基金业发展中越来越重要的组成部分，也将是基金业未来一个重要的发展方向。

（二）上市开放式基金

上市开放式基金英文名称为List Open - ended Funds简称LOF，是一种可以同时在场外市场基金份额申购、赎回，在交易市场进行基金份额交易，并通过份额转托管机制将场外市场与场内市场有机联系在一起的一种新的基金运作方式。

LOF与ETF同样是交易所交易的开放式基金，但就产品特性看，深圳证券交易所推出的LOF在世界范围内具有首创性。与ETF相区别，LOF不一定采用指数基金模式，同时，申购和赎回均以现金进行。2004年10月，南方基金管理公司募集设立了“南方积极配置证券投资基金”，并于2004年12月在深圳证券交易所上市交易。截至2007年底，已经有25家LOF在深圳证券交易所上市交易。

第三节 投资基金的运作

一、投资基金的发起与设立

（一）投资基金的发起人

无论是设立公司型基金还是契约型基金，都要有发起人，基金的发起人是指设立或拟设立基金的创办人。基金的发起人可以是一个也可以是多个。为了保证基金投资者的利益和投资基金的信誉，各国法律通常都对基金的发起人资格作出限制。我国规定发起人应具备的条件是：①主要发起人为按照国家有关规定设立的证券公司、信托投资公司、基金管理公司；②每个发起人的实收资本不少于3亿元，主要发起人有3年以上从事证券投资经验、连续盈利的记录，但基金公司除外；③拟设立的投资基金管理公司的最低实收资本为1 000万元；④有明确的基金管理计划；⑤有合格的基金管理人才；⑥符合证监会规定的其他条件。

契约型基金的发起人在基金成立后，就成为该基金的管理人，若组建专门的基金管理公司，发起人也是基金管理公司的主要股东；公司型基金的发起人就是基金管理公司的主体。

（二）投资基金设立的程序

1. 确定设立基金的类型。组建投资基金，首先要明确基金的类型，是公司型还是契约型，是开放型还是封闭型。公司型基金组建必须首先成立法人资格的公司；契约型基金无须单独组建具有法人资格的机构，可直接由现有的金融机构发起组建。

2. 签订各项委托协议。确定了投资基金的类型，发起人应确定基金的管理人、保管人、注册会计师、律师、投资顾问等，并与之签订各项委托协议。

3. 制订基金有关文件。基金的文件是很重要的内容，对契约型基金而言，其文件主要是基金信托契约；对公司型基金而言，其文件主要是指基金章程和委托管理协议。

4. 报送上级主管部门审批。基金发起人应向主管机关提交有关文件，申请报批。主要有：申请报告、发起人名单及地址、基金的设计方案、可行性研究报告、信托契约或基金公司章程、托管协议、招股说明书、发起人的有关财务报告等。主管部门对提交文件进行书面审查，还要对基金申请单位进行实地审查，以确保内容与实际情况符合。

5. 基金的募集和成立。经主管部门批准后，发起人即可在批准的日期开展基金的募集工作。基金募集在一定时间内达到所规定的基金规模时，该基金宣告成立，若达不到规定规模则不成立。如我国募集封闭式基金的期限为3个月，3个月内募集的资金超过该基金批准规模的80%，该基金方可成立；开放式基金自批准之日起3个月内净销售额超过2亿元，该基金方可成立。否则，基金发起人必须承担基金募集费用，已募集的资金并加银行活期存款利息在30天内退还基金认购人。

二、投资基金的发行、认购、转让与交易

（一）基金的发行

基金的发行是指基金公司或基金管理公司经主管机关批准，将基金证券向社会公众推销的活动。投资基金的发行方式主要有：

1. 定向发行和公开发行。根据基金发行范围不同可分为定向发行和公开发行。定向发行是指基金证券只向特定投资者发售，通常发行规模较小，投资范围较窄。公开发行是指基金证券向社会公众公开发售，通常基金发行额大，通过公开发行有利于在较短期内完成销售计划。当今投资基金募集规模庞大，一般多采用公开发行方式。

2. 自行发行和代理发行。根据有无发行中介可分为自行发行和代理发行。自行发行是指基金证券由发行人直接销售给投资者，这是最简单的发行方式。代理发行是基金证券先由承销机构买入后，再销售给最终投资者。

（二）基金的认购

基金的认购是指投资者按照基金证券发行公告或规定在发行市场上认购基金证券的活动。由于基金有不同的种类，其认购方式也有所不同。开放型基金的投资者可随时到基金经理公司或基金承销公司认购；封闭型基金的投资者必须在基金的发行期内进行认购。我国投资基金目前主要采用上网方式发行封闭型基金，投资者在基金发行期内到各承销机构（证券公司）认购。

（三）基金的转让与交易

基金的转让与交易指基金持有人按照一定的交易规则和程序，在基金交易市场进行基金证券买卖的经济活动。

1. 开放型基金的转让与交易。开放型基金是根据资产净值大小决定交易价格的，基金资产净值是代表某一时点某一投资基金每份基金单位实际的价值，是基金的内在价值。资产净值按有关市场当天收盘价计算出基金的资产总值（股票、债券及现金等），然后将总值除以已出售基金单位总数即可得出，凭以对交易的基金进行计价和报价。买卖基金还要收取佣金，我国买入开放型基金按净资产2%～5%付出佣金，卖出基金收入净资产应减0.5%的赎回费。

2. 封闭型基金的转让与交易。封闭型基金的转让与交易凭本人账户办理买卖，集中公平竞价，操作类似股票。我国封闭型投资基金交易佣金按成交额的0.25%计收，起点5元，不收印花税。

三、基金投资的收益与成本

（一）基金收益的来源

不同投资目标的基金有着不同的投资组合，不同的投资组合有着不同的收益来源。一般来说，基金投资收益有以下几方面：一是股利收益，即投资于股票而获得的股息与红利收益。二是利息收益，包括各种债券、票据、可转让定期存单的利息收入，现金存入银行及其他利息收入。三是资金利得，是买卖股票、债券赚取差价的收益。

（二）基金的费用支出

基金的费用支出主要包括以下几个方面：

1. 管理费。管理费是基金管理人经营管理基金收取的费用。基金管理费率一般与基金规模大小成正比，与风险成正比，我国目前基金的年管理费率为基金资产净值的1.5%。管理费一般从基金的股息、利息、基金资产中扣除，不另外向投资者收取。

2. 托管费。托管费指支付给基金保管人的报酬或费用。托管费也按基金资产的一定比例提取，逐日计算并累计，按月支付给托管人。我国规定年托管费率为0.25%。

3. 其他费用。其他费用包括发起募集费用、基金运作费用、销售费用、清算费用等。发起募集费用是基金发起人在发起基金过程中所开支的费用，主要有开办费和发行费。基金运作费用是支付注册会计师费、律师费、召开年会费用、中期和年度报告的费用以及买卖有价证券的手续费等。销售费用是销售过程中宣传品的支出、广告费、销售人员的佣金等。清算费用是指基金终止时，按实际清算支出从基金资产中提取的费用。

（三）基金的收益分配

1. 基金的分配比例。一般而言，基金都是将收益的绝大多数拿来分配给投资者的，但拿出多少比例进行分配各国规定不尽相同。如美国规定，至少要将投资基金纯收益的95%分配给投资者，我国目前规定收益分配比例不得低于基金净收益的90%。

2. 基金分配时间和分配方式。基金分配的时间一般一年一次，通常于每会计年度结束后1～3个月内公布收益分配方案和时间。但美国货币市场基金收入利息通常每月分配一次，债券基金每月或每季分配一次，其他购买股票的基金通常是每年分配一次，包括利息、股利和资本利得。投资基金分配方式一般多采用现金形式派发，但也有采用派送基金单位或把投资收益折成基金单位滚入本金再投资的形式。无论采取何种方式分配，都必须发布公告，将其分红派息方案的具体内容，如权益登记日、除息交易日、红息形式、领取时间等公之于众。

（四）基金的税收

法律一般规定基金公司投资收益免征所得税，但基金投资者从基金投资所获得的股利和利息等应缴所得税。因为基金公司是一个代理机构，产生的收益并非基金公司所有，所以基金公司不必纳税。而基金公司将经营的收益按比例分配给投资者，投资者受益，所以要纳税。

思考与练习

1. 什么是投资基金？与其他投资方式相比投资基金有何特点？
2. 投资基金与股票、债券有何区别？
3. 在证券市场上投资基金的功能如何？
4. 投资基金的当事人一般有几个？他们之间的关系如何？
5. 什么是契约型基金和公司型基金，二者区别何在？
6. 开放型基金与封闭型基金有何不同？
7. 成长型基金、收入型基金、平衡型基金在投资决策方面有何差异？
8. 投资基金的运作程序如何？
9. 开放型基金与封闭型基金在发行、转让交易方面有何不同？
10. 简述投资基金的收益来源渠道和费用支出项目。

第六章

外汇市场

内容提示

国际间因贸易、投资、旅游或其他经济往来所引起的收支关系，都要通过货币结算来完成，这就产生了本国货币与外国货币兑换的问题，外汇市场就是本国货币与外国货币兑换的场所。本章概述外汇与外汇市场概念、特点、分类等基础知识，着重介绍即期外汇、远期外汇、套汇、掉期等外汇市场上的交易活动，分析外汇市场交易中的收益与风险，并对中国外汇市场的发展进行简要介绍。

第一节 外汇与外汇市场

一、外汇

（一）外汇的含义

外汇是国际汇兑的简称，其含义有动态和静态两种。外汇的动态含义是指一种专门性的金融活动，即把一个国家的货币通过“汇”和“兑”转换成另外一个国家的货币，其实质是以非现金方式进行的国际支付。外汇的静态含义是指一种支付手段，即以外币表示的用于国际结算的支付手段。人们通常所说的外汇，一般都是就其静态含义而言。

根据中国1997年1月14日修正颁布的《中华人民共和国外汇管理条例》第三条规定，在中国，外汇是指下列以外币表示的可以用作国际清偿的支付手段和资产：①外国货币，包括纸币、铸币；②外币支付凭证，包括票据、银行存款凭证、邮政储蓄凭证等；③外币有价证券，包括政府债券、公司债券、股票等；④特别提款权、欧洲货币单位；（1999年欧元启动后，欧洲货币单位已结束其历史使命。）⑤其他外汇资产。

（二）外汇的特征

作为国际支付手段的外汇必须具备三个基本特征：①外汇必须是以外币表示的资产，用本币表示的信用工具和有价证券不能被当作外汇。②外汇凭证必须是有真实的债权债务基础，必须是可以在国外能够得到补偿的债权，空头支票和被拒付的汇票不能被当作外汇。③外汇必须是能自由兑换成其他支付手段的外币资产，不可兑换的货币表示的支付手段不能被当作外汇。

从外汇的含义和特征中可以看出，外汇与外币不是同一概念。外币一般指现钞；外汇则包括其他支付手段。可自由兑换外币现钞也属外汇，但一般数量较少。

（三）常用外币名称与英文符号对照（详见表6－1）

表6－1　　常用外币名称与英文符号对照表

货币名称	英文符号	货币名称	英文符号
美　元	USD	加拿大元	CAD
日　元	JPY	澳大利亚元	AUD
法国法郎	FRF	港币	HKD
英　镑	GBP	奥地利先令	ATS
德国马克	DEM	芬兰马克	FIM
瑞士法郎	CHF	比利时法郎	BEF
爱尔兰镑	IEP	马来西亚林吉特	MYR
意大利里拉	IIL	新西兰元	NZD
卢森堡法郎	LUF	菲律宾比索	PHP
荷兰盾	NLG	俄罗斯卢布	SUR
葡萄牙埃斯库多	PTE	新加坡元	SGD
西班牙比塞塔	ESP	韩国元	KRW
印尼盾	IDR	泰国铢	THB
欧　元	EUR	印度卢比	INR
丹麦克朗	DKK	缅甸元	BUK
挪威克朗	SEK	巴基斯坦卢比	PKR
澳门元	MOP	越南盾	VND

二、外汇市场

（一）外汇市场的含义

有外汇买卖的需求，就会有外汇市场的诞生。外汇市场就是两国货币相互兑换的场所，包括本国货币与外国货币的兑换，也包括任何两种或两种以上货币的相互兑换。随着国际间经济交往的日益密切，外汇市场已成为全球主要的投资市场，世界各大金融中心的外汇市场已在空间上和时间上联成一气，互相连接，形成了统一的横跨全球的整体。

从空间上看，外汇市场是一个抽象的市场，它不像一般的证券市场那样，须要局限在固定的场所内进行买卖，有一定的开盘、收盘时间。外汇交易实际上是通过电讯网络进行的，它将世界各地的外汇买卖参加者连接起来，通过电报、电话等通讯设备，从事报价和交易活动。因此，外汇市场是一个全球的"网络式市场"。

从时间上看，不同区域外汇市场的交易时间已相互衔接，形成了 24 小时不间断的交易活动。以北京时间为准，每天凌晨 5 时，新西兰、澳大利亚、新加坡、香港、东京等亚洲外汇市场相继开市；下午 3 时，亚洲市场尚未完全闭市，欧洲的巴黎、法兰克福、伦敦等又相继加入；晚上 8 时半，北美的纽约、温哥华加入运作；第二天凌晨 5 时北美闭市，亚洲汇市又开始了新的一天。因此，全球外汇市场不会因某一地区黑夜的来临而停止运行。

人们通常所说的外汇市场都是指抽象意义上的外汇市场，即一个连接所有市场参与者，全天 24 小时运作的国际外汇交易的无形市场。

（二）外汇市场的构成

外汇市场由外汇市场的参与者和外汇市场的交易对象组成。

1. 外汇市场的参与者。

（1）外汇指定银行。外汇指定银行是指经过本国中央银行批准，可以经营外汇业务的商业银行或其他金融机构。它是外汇市场上最重要的参与者，是外汇需求者和外汇供给者之间的桥梁。外汇指定银行在外汇市场上的经营活动有两类：一是代客买卖外汇，二是自己进行投资。

（2）买卖外汇的客户。进出口商是外汇市场上最主要的客户，他们在从事进出口贸易活动过程中，必然产生大量的外汇供应与需求，成为外汇的主要供给者和需求者。此外，运输、旅游、侨汇等活动也会形成外汇供需，从而成为汇市的参与者。

（3）外汇经纪商。外汇经纪商在外汇交易中起媒介作用，是专门介绍外汇买卖成交的中间商，介于外汇指定银行和其他外汇市场参与者之间。他们自己不买卖外汇，而是通过促成买主和卖主之间的交易赚取佣金。在交易频繁的外汇市场上，持有经纪牌照的外汇经纪商是少不了的。

（4）外汇投资或投机者。外汇投资者或投机商也许是一家公司，也许是个人，他们不能直接在外汇市场中交易，必须通过银行或外汇经纪商买卖外汇，其目的是为了赚钱。

（5）中央银行。中央银行参与外汇交易的目的是实施宏观经济调控，保证外汇市场上本币与外币之间维持一个合理的比例，以保持本国货币汇率的稳定。中央银行的交易不以利润为出发点。

2. 外汇市场的交易对象。外汇市场的交易对象主要包括各种可以自由兑换的外国货币、外币有价证券以及外币支付凭证。

（三）外汇市场的交易形式

从外汇市场参与者角度看，外汇市场交易的形式可以归纳为三种：一是经营外汇业务的银行与外汇经纪商或客户之间的交易。银行一方面买入外汇，另一方面卖出外汇，赚取外汇买卖差价。二是银行同业交易。银行为了规避风险、套汇、套利、投机等目的从事同业外汇交易，以赚取利润。银行同业交易占外汇交易总额的90%以上。三是中央银行之间或中央银行与商业银行之间的交易。中央银行参与外汇市场的目的，一方面为影响汇率走势而干预外汇市场；另一方面监管外汇市场的运行。

（四）外汇交易途径

外汇市场上外汇交易的途径有直接和间接两种。

1. 直接交易。中央银行银行与商业银行之间的交易、银行同业之间的交易以及银行与持牌经纪商之间的交易多采取直接交易形式。

直接交易指买卖双方利用电报、电话、电传等电讯设备直接接触交易。一般的交易商有专门的外汇交易室，通过卫星传送的数据终端分析外汇市场行情，根据行情做出买卖决策；交易室内还有与其他重要交易商直接进行交易的交易机，进行交易时只需在交易机上报出自己的买价或卖价及买卖数量，经交易双方确认后，交易即可达成。直接交易的时间往往只是几秒钟，可进行大宗交易，且不需支付佣金。

2. 间接交易。间接交易指通过外汇经纪商作为中介进行的交易。间接交易必须办理委托，交纳佣金。

（五）外汇市场交易工具

外汇市场是一个抽象市场，交易者分布世界各地，且市场波动频繁，因此，信息提供就成为外汇市场不可缺少的交易工具。目前世界上运用最广的通讯和信息处理工具是路透社终端、美联社终端、德励财经终端，他们分别是英国的路透新闻社、美国的联合新闻社、德国的德励财经资讯有限公司利用自己分散在世界各地的信息员，广泛采集各种信息，并通过卫星、交易机、电传机、电话机、录音机、主要是信息终端机等先进的通讯工具，以最快捷的速度向用户提供的服务。

路透社终端机相当于一套电脑系统。用户通过邮电部门将自己的终端机与路透社交易机联网后，即可与其他银行联系。全世界参加路透社交易系统的银行达数千家，每家银行都有一个指定代码，如中国银行总行的代码为BCDD。路透社终端提供的服务主要有：即时信息服务、即时汇率行情、趋势分析、技术图表分析、外汇交易。

美联社终端与路透社终端的性质大体一致，仅在提供的服务项目上略有区别。

德励财经终端的专家系统包括了世界各大交易中心、数千家外汇银行、外汇经纪商、证券公司、研究机构等，他们每天 24 小时为用户提供外汇、证券、期货、商品等方面的价格行情，以及市场评论、图表分析、走势预测等资料，信息内容广泛，传送速度快，质量高。

外汇市场上可供交易者利用的交易工具，除上述三种应用最广的外，比较著名的还有美国银行间清算系统和环球金融电讯网。美国银行间清算系统（CHIPS）将国内外各大银行的转账编进该系统，转账效率相当高。环球金融电讯网（SWIFT）的服务安全、可靠、迅速，其服务范围包括 9 类：客户汇款、头寸调拨、外汇买卖和存放款业务、托收、证券和债券交易、信用证、特种付款（如信用卡）、借贷记账确证及寄送对账单、文件资料。

（六）外汇交易的一般程序

外汇交易的一般程序为：自报家门⟶询价⟶报价⟶成交⟶确认⟶交割。

自报家门即询价当事人首先说明自己单位名称，以便让报价者知道交易对方是谁，并决定交易策略。询价即询问有关货币买入价和卖出价，包括交易的币种、交割日、交易金额和交易类型。报价即外汇交易员接到询价后，报出的该货币汇率，这是外汇买卖成交的基础。成交即买卖双方商定条件，承诺买卖。确认即交易双方互相证实买或卖的金额、交割日以及结算方式。交割即买卖双方实际支付货币，它是外汇买卖交易的最后、也是最重要的环节。

三、我国的外汇市场

我国外汇市场经历了从无到有、从小到大的演变过程。改革开放以前，我国外汇管理实行国家统收统支、高度集中的计划体制，没有建立市场的必要与可能。1979年，我国外汇管理体制进行了重大改革，实行外汇留成制度，企事业单位开始拥有一定的用汇自主权，产生了调剂余缺的要求。外汇调剂市场应时而生，而且发展迅速。到1993年，全国各主要中心城市都建立了外汇调剂中心。外汇调剂市场的特点是汇率由官方定价和市场定价并存、外汇资源配置由计划主导、市场的地区分割等，市场尚处于企业之间直接互通有无的初级阶段。

1994年，我国建立了全国统一的银行间外汇市场，我国外汇交易中心正式联网运作，根本改变了原来地区分割、价格各异的分散市场格局，使外汇资源得以在全国范围内进行分配，同时确立了以市场供求为基础的、单一的、有管理的浮动汇率制度。标志着中国外汇市场进入了一个以单一汇率和市场配置制度为特征的新的发展时期。

1. 在运行机制上，我国外汇市场作为一个中介性质的服务中心，由国家外汇管理局制订法规并监督执行，中央银行通过公开市场操作进行干预，外汇交易中心则承担运行、维护工作，为市场主体提供服务。

2. 在市场结构上，外汇市场实现了一次质的飞跃，第一次确立了银行在外汇市场上的主体地位，建立了以银行为主体的银行间外汇市场。

3. 在组织形式上，银行间外汇市场通过中国外汇交易中心的市场交易网络进行交易。交易中心以上海为中心，采取会员制的形式，实现计算机全国联网。覆盖全国各地的会员单位通过交易网络，实行同步即时交易，形成全国统一的市场汇率，消除了原来的供求分割和地区价差，使外汇资源得以在全国范围内实现有效配置。

4. 在交易方式上，银行间外汇市场实行的是有形与无形市场相结合的方法，并采取公开竞价、电脑撮合的交易形式。各会员单位指派外汇交易员通过网络的交易终端在规定的浮动幅度内报价，由中心的计算机系统按照价格优先、时间优先的原则撮合成交，并由此形成以市场供求为基础的、单一的、有管理的浮动汇率。

5. 在管理调控上，管理调控手段发生了质的变化，实现了由计划为主导的汇率和外汇资源配置的双轨制向以市场机制为主导的单一的汇率和外汇资源配置制度的转变。在外汇供求方面，国家既取消了按官方汇率买卖外汇的指令性指标，同时也基本取消外汇管理部门对经常项目下外汇买卖的行政性审核与批准手续；企业只要凭合法有效的商业单证就可以到银行办理结售汇，实现人民币在经常项目下的可兑换。此外，市场监管主要依靠市场组织的自律性规章制度和规范，取消了行政措施对市场的干预。

银行间外汇市场运行 10 年后，在总结经验教训的基础上，2005 年 7 月 21 日的对人民币汇率形成机制又进行了深化改革，陆续扩大了外汇市场主体范围，增加外汇市场交易模式，丰富交易品种，进一步发挥了市场机制的作用。此后，外汇市场的主体和交易量不断扩大，市场日趋活跃。

但是，与成熟的市场相比，我国的外汇市场还存在着一些不足。第一是交易主体多元化格局尚未完全形成。现有的外汇市场主要是商业银行之间进行外汇头寸平衡的市场，非银行机构和其他的市场参与者较少。第二是市场功能没有得到充分的发挥，外汇市场的交易自由度受外汇管理的开放程度影响，资本交易管制在一定程度上抑制了外汇供求。商业用途、金融和资本性交易较少，在管理风险方面的作用还没有充分体现出来。第三是交易工具、品种需要不断的丰富。外汇市场远期交易规模不大，没有完全推出货币互换、期货期权等衍生产品，而在国际市场上衍生产品的交易量已经超过了主体货品的交易量。为此，中国外汇市场积极创造条件与国际接轨，包括：进一步规范市场运行、加强自律性管理、积极开发新的交易品种和币种、扩大市场容量和覆盖面、健全市场供求机制、培育市场主体、强化交易监管等。

第二节 外汇市场交易

一、即期外汇交易

（一）即期外汇交易概念

即期外汇交易是外汇市场上最常见、最普遍的交易。又称为现货交易或现汇交易，指成交后在两个营业日内进行交割的外汇买卖。

根据交割日不同分为即日交割、翌日交割和第二个营业日交割三种。选择何日交割一般根据具体情况订定。例如：交易货币不同而交割时间也不同，通常每日中午前银行同业间的美元电汇买卖采用即日交割，午后买卖则翌日交割；欧洲国家货币交易一般采用第二个营业日交割。银行与客户间的即期交易主要由客户订定交割日。

（二）即期外汇交易的报价方式

1. 单位货币/计价货币的报价方法。为了便于国际间统一外汇交易的进行，世界各大国际金融中心的外汇市场形成了一个共同采用的单位货币/计价货币的报价方法，通常按1英镑兑若干美元；1美元兑若干其他货币来表示。如GBP/USD；USD/DEM；USD/JPY等，前者为单位货币，后者为计价货币。例如：路透社终端显示报价USD/DEM为1.7210，表示1美元=1.7210德国马克，其中，美元为单位货币，德国马克为计价货币。

2. 汇价点。外汇市场报价通常由五位有效数字组成，右起第一位的每一个数即为一个汇价点（Point），代表0.0001（1/10 000）。例如：USD/DEM的汇率从1.7210变化为1.7230，则称为USD/DEM的汇率变化20个点。

3. 买卖价。外汇市场上采用的是双向报价，即同时报出一种货币的买价和卖价，买价指报价银行买入标的货币价，卖价指报价银行卖出标的货币价，买价和卖价的差额为银行的毛收益，包括手续费、保险费、利息和利润。例如：USD/FRF为7.4250/93，表示报价银行买进1美元应付出7.4250法国法郎，卖出1美元应收进7.4293法国法郎。根据外汇市场惯例，报价时应尽量简便，一般仅报末尾两位数，如上例的卖出价为7.4293，报价时仅报93即可。

通常银行和客户间的零售交易大多按银行报出的汇价买卖外汇，少数交易按客户限价进行。限价交易指客户要求银行按指定汇价买卖一定数量的外汇，若市场汇价无法满足客户要求，则银行不能进行交易。

（三）套算汇率的计算

在国际外汇市场上，外汇报价以英镑兑美元和美元兑其他货币进行，其他非美元货币之间的交易未直接挂牌，其价格必须通过套算。在套算中一般将英镑或美元称为关键货币，套算出的汇率又叫做交叉汇率。计算套算汇率的方法主要有以下几种：

1. 直接相除法。关键货币相同的两种第三国货币均以中间汇率标价时，用直接相除法，可得到套算汇率。

例如：USD 1 = DEM 1.8250

USD 1 = FRF 7.4275

那么，DEM 1 = 7.4275 ÷ 1.8250 = FRF 4.0699

2. 交叉相除法。关键货币相同的两种第三国货币以买入价和卖出价分别报出时，用交叉相除法，可得到套算汇率。

例如：USD 1 = DEM 1.8243 ~ 1.8262

USD 1 = FRF 7.4238 ~ 7.4285

那么，DEM 1 = 7.4238 ÷ 1.8262 ~ 7.4285 ÷ 1.8243 = FRF 4.0652 ~ 4.0719

3. 直接相乘法。关键货币不同的两种第三国货币均以中间汇率标价时，用直接相乘法，可得到套算汇率。

例如：GBP 1 = USD 1.4769

USD 1 = DEM 2.1563

那么，GBP 1 = 1.4769 × 2.1563 = DEM 3.1846

4. 同边相乘法。关键货币不同的两种第三国货币以买入价和卖出价分别报出时，用同边相乘法，可得到套算汇率。

例如：GBP 1 = USD 1.4735 ~ 1.4745

USD 1 = JPY 113.05 ~ 114.85

那么，GBP 1 = 1.4735 × 113.05 ~ 1.4745 × 114.85 = JPY 166.58 ~ 169.35

（四）即期外汇交易实例

1. 银行与银行之间的即期外汇交易（同业交易）。同业交易一般由银行内部的资金部门或外汇交易部在外汇交易室，通过路透社交易机、德励财经交易机、电传机、电话机等完成。具体的每一项外汇交易由交易室中的交易员进行。在各外汇银行中，专门负责外汇交易的职员称外汇交易员。他们在负责外汇业务以及外币存款等业务的部门主管“外汇经理”的领导下，有主任交易员（或称首席交易员）、高级交易员、初级交易员和实习交易员之分。在大的外汇银行，一名交易员通常负责一种或几种货币的交易，称“GBP 交易员”、“CHF 交易员”、“DEM 交易员、JPY 交易员、USD 交易员”等。交易室中配备着各种先进的通信工具，例如：路透社计算机终端将屏幕分割成不同的版面，在这些版面上分别提供各主要银行的报价，世界上最新的政治、经济新闻，主要发达国家如美国的主要经济指标如货币供应量、失业率、物价指数、开工率、进出口贸易额等，各主要货币汇率的走势图、技术分析等。美联社的计算机终端分别提供世界最新的政治、经济新闻，主要货币汇率走势的各种技术分析图表，主要货币汇率走势的预测分析等。每年向路透社、美联社交付一定的费用，就可以得到以上信息。每个交易员通过一组电话和经纪人、电传公司、国外银行保持密切联系，并通过电传、路透社交易系统和其他银行的外汇交易员进行外汇交易。在每个营业日开始时，交易员通过电话或电传等询问交易刚结束或正在进行交易的国外其他外汇市场的汇率行情，订出本行的开盘汇率，在此后一天的交易中，根据本行在每种货币上是处于多头还是空头地位，不断地调整本行报出的汇率，并对其他银行的报价和询价作出反应。

银行间即期外汇交易的一般程序：

(1) 选择交易对手。正确选择那些资信良好、作风正派、与本行关系较好的报价银行作为交易对手。在具体业务操作中，应选择那些报出的汇率买卖差价较小、报价及还价速度快、服务水平高且全面的报价银行作为交易对手，以争取较好的交易价格，降低交易成本，保证交易取得成功。

(2) 报出自己银行的名称（询价银行）。报出自己银行的名称（询价银行），以便让报价银行知道交易对手是谁，并决定交易对策。

(3) 询价。询价银行向报价行询问汇率，内容包括交易货币、交割日、金额和交易类型。

(4) 报价。报价银行只报出汇率的最后两位数，并同时报出买卖价。

(5) 成交。询价银行首先表示买卖金额，然后由报价银行承诺。

(6) 证实。报价银行的外汇交易员说出“Ok done”（成交了）以后，不管双方当时如何匆忙，为保证交易不出差错，最后交易双方都要互相证实。交易双方银行应相互证实买卖货币的名称、汇率、具体金额、交割日及结算办法等。此外，外汇交易一经成交，双方不得反悔、更改或取消。

下面是一则银行间即期外汇交易实例。

例：1998年10月26日，中国银行广东省分行外汇资金部与香港中银集团外汇中心通过路透社终端进行了一笔即期英镑兑美元的外汇交易，交易实例详见表6-2，其中BCGD和GTCX分别为中国银行广东省分行和香港中银集团外汇中心在路透社交易系统上的交易代码。

表 6－2　　即期外汇交易实例

银行名称	交易术语	中文含义
BCGD	GTCX SP GBP FOR 2USD	GTCX 银行请报 200 万英镑兑美元的即期汇价
GTCX	1. 6220/70	1. 6220/70
BCGD	YOURS	我卖英镑给你
GTCX	OK DONE CFM AT 1. 6220, WE BUY GBP 2MIO, AG USD VAL 28 OCT, 1998 OUR GBP PLS TO B BANK AC. NO. ××× TKS FOR THE DEAL N BI	好，成交 证实在 1. 6220，我们买入 200 万英镑，卖出美元 起息日为 1998 年 10 月 28 日 我们的英镑请划到 B 银行，账号为××× 谢谢成交，再见
BCGD	ALL ADREED OUR USD PLS TO A BAHK AC. NO. ××× TKS N BIBI FRD	同意 我们的美元请划到 A 银行，账号为××× 谢谢朋友，再见

2. 银行与客户之间的即期外汇交易（客盘交易）。银行与客户的即期外汇交易一般在两个方向上进行：银行向客户买进外汇，按即期汇率付出本币或其他外币；银行向客户卖出外汇，按即期汇率收进本币或其他外币。客户在进行国际经济交易时，货币的收付采取以上两种形式，这两种形式都涉及银行与客户之间的即期外汇交易。

银行与客户的即期交易主要有以下方式：

（1）货币兑换。客户由于某种需要，将一种货币兑换成另一种货币，这就涉及客户与银行之间的即期外汇交易。

（2）汇出汇款。有顺汇和逆汇两种方式。

顺汇是汇款人委托银行，通过国外分支行或代理行将款项付给收款人的一种支付方式。其过程是银行在国内收进本币，在国外付出外汇，因其汇兑方向与资金流向一致，故称顺汇。在顺汇方式下，客户用本币购买外汇，等于该银行卖出外汇。银行收进本币，卖出外汇以后，按照客户的要求，采用电汇、信汇或票汇的方式，通知收款人所在国的分支行或代理行，按当天汇率，将其外币存款账户上的一定金额的外汇支付给收款人。这样，该银行在账户上增加了客户支付的本国货币，而在国外银行的外币账户存款却减少了相应的外币金额。

逆汇，即托收方式，是由收款人（债权人）出票，通过银行委托其国外分支行或代理行向付款人收取汇票上所列款项的一种支付方式。由于其资金流向与信用工具的传递方向相反，故称为逆汇。在逆汇方式下，客户向银行卖出汇票，等于银行付出本币，买进外汇。银行接受收款人的托收委托后，就应通知其国外分支行或代理行，按照当天的汇率向付款人收取一定金额的外币并归入其开在国外银行的外汇账户上。这样，该银行国内本币存款账户上余额减少了，该行在国外分支行的外币存款账户上却增加了相应的外币金额。

（3）汇入汇款。收款人从国外收到外币汇款后，通过结汇卖给银行，得到本币款项。汇入汇款实际上是客户卖出外汇，银行买入外汇的即期外汇交易。

（4）出口收汇与进口付汇（信用证结算）。

出口收汇：出口商发货后，开具以外币计价的汇票并附有关单证交银行议付，收回以本币计价的出口货款。议付银行将汇票等单证寄给开证行，接受以外币支付的款项。在此结算过程中，实际上客户向议付行卖出了一笔外币，议付行做了一笔买入外汇的即期交易。

进口付汇：进口商的开证行按照出口商开出的附有全部单证的即期汇票条件，将以外币计价的进口货款支付给出口商后，向进口商提示汇票，请其按照即期付款条件支付本币。进口商以本币向银行支付进口货款。在此进口结算过程中，实际上进口商作为客户向开证银行买了一笔即期外汇，开证行做了一笔卖出外汇的即期交易。

（5）外汇投资。客户除了商业性的需要和银行进行外汇交易外，也可以将外汇作为一种投资工具，如同股票、债券一样，进行外汇投资。外汇投资分实盘外汇买卖和虚盘外汇买卖。外汇投资的具体方法是：客户先在有关银行或公司开立外汇买卖账户，并存入一定的保证金。如果是实盘外汇买卖，其保证金的比例必须是100%，必须交足全部交易金额，不可透支，即银行不垫款；若是虚盘外汇买卖，交2%～10%的保证金后，客户便可以买卖数倍于保证金的外汇。客户的一切交易均显示在账户中，投资损失由保证金抵补，客户利用外汇汇率的波动来赚取利润。买进后必须卖出，卖出后必须补进，才算一个完整的交易回合，客户买卖之间的差额即为客户的汇差损益。从银行的角度来看，银行接受客户的委托，按银行的即期汇率，为客户把一种外币兑换成另一种外币的业务，属于即期外汇交易。我国目前按国家有关政策规定，个人只能进行实盘外汇买卖，还不能进行虚盘外汇买卖。

3. 通过外汇经纪人的即期外汇交易。经纪人介入的，通常采用三种方式：

（1）银行向经纪人询价。一种是银行根据自己的需要或客户订单（order）的需求，通过路透交易机、电传或电话，直接呼叫，请经纪人报价，报价后，银行若觉得合适，当即拍板，决定买入或卖出某种外汇以及金额，交易便告成功。此后，经纪人通知该银行，这笔交易是哪一家银行做成的，双方相互交付货币，经纪人开出佣金收取通知书。

另一种是银行通过外汇经纪人进行即期外汇交易。第一步应选择合适的经纪人。第二步是询价、协商。在向经纪人询价时，银行通常并不说明自己的交易意图，是想买进还是卖出。假如某银行想买进100万英镑，它可以问“英镑的价格是多少?”经纪人须同时报出买卖价。这些价格有时是经纪人的客户，即其他银行的实际出价和要价，有时仅仅是经纪人自己对外汇市场的判断。询价银行可以接受经纪人的报价，也可以还价，说明自己满意的价格。汇率商定以后，第三步是经纪人在其客户中询问，寻求交易对手。一旦找到交易对手，经纪人就将交易的一方介绍给另一方，实际交易在此双方间正式开始。一般情况下，经纪人对购买行报出的汇率高于出售者对其报出的汇率，其差额就是经纪人的佣金。

（2）经纪人主动报价。通常，外汇经纪人是根据上一个市场的收市价和银行客户的订单向市场报价，并无偿为银行的外汇交易室安装电讯设备，主动频繁地向银行报价，一旦银行觉得经纪人的报价对自己有利或符合自己的某种需要，便表示买入或卖出。因此，经纪人报的价都是实价，是以银行和客户的订单为依据的。

具体操作：客户银行向经纪人发出订单，经纪人从已经收到的一系列报价中，选出最高买入价和最低卖出价匹配起来，组成一种交易价差最小的综合性双向报价，它可能由不同银行的买卖价构成，然后经纪人向其客户通报这种综合报价，这种报价是市场上最好的价格，是最具竞争的报价。

（3）订单配对。订单是客户发出的按一定条件进行交易的指令。银行或客户订下买卖基准，通过电话、电传或计算机系统（AMS）等把订单交给经纪人，外汇经纪人根据众多订单的要求，把交易条件相符的买方订单和卖方订单配对，分别向交易双方开出交易确认书，其内容包括：交易货币种类、买方、卖方、交易数额、汇率、交割日、交易银行和账号等。经纪人还开出交易佣金收取通知单。

为了努力提高效率，较大的经纪商都拥有许多自动化操作业务。银行持有头寸的需求以及风险管理机制正在对经纪商形成压力，要求经纪商加快证实速度，要求交易人员在输入交易信息时做到更准确、更迅速。因此，经纪商已经直接将交易纳入计算机系统，以使交易能由计算机匹配和处理，随后将结果以电子方式反馈给银行交易员柜台。这样做就可以取消人工填写交易单据的程序，提高交易准确性，加速经纪业务的全过程。

（五）即期外汇交易用语规范化

由于汇率变化很快，客观上要求交易双方以最短的时间完成交易。为了节约交易时间，交易者们常使用一些简语。为了避免误解，这些简语必须规范使用。例如：在银行同业交易中，“one dollar”表示100万美元，交易额通常是100万美元的整数倍。低于100万美元的交易应事先说明。又如：“three yours”表示“我卖给您300万美元”，“two mine”表示“我买入200万美元”。在银行同业交易中，只需简单地用一个词“mine（我的）”或“yours（你的）”就可以完成一笔交易。

二、远期外汇交易

（一）远期外汇交易概念

远期外汇交易是指买卖双方预先签订合同，规定买卖外汇的数额、汇率和将来交割的时间，到规定的交割日期再按合同规定进行交割清算的外汇交易。远期交易的预约时间按月计算，有1个月、2个月、3个月、6个月、9个月、12个月不等，但通常为3个月，一般不超过1年。只要远期交易双方同意，远期交易可以延期，也可以在规定的期限内提前交割。

根据交割日是否固定，可分为固定交割日的远期外汇交易和选择交割日的远期外汇交易。固定交割日的远期外汇交易是较常用的交易方式。它是指交易双方事先约定在未来某个确定的日期办理交割的远期外汇交易。选择交割日的远期外汇交易指主动请求交易的一方可在成交日的第三天起至约定期限内的任何一个营业日，要求交易的另一方履约交割。

（二）远期外汇交易的目的

远期外汇交易是为了适应国际贸易和国际投资中避险的需要而设置的，即规避外汇风险。在国际贸易过程中，进出口双方签订贸易合约后，需要经过备货、运输、交货等环节才能实现交割，即从成交到实际付款可能已经过了相当长的时间。这期间外汇市场上的汇价可能会有较大的波动，令进口商或出口商蒙受损失。

例如，4 月 1 日某香港进口商向德国出口商购买一批商品，价值 100 万德国马克，约定 6 个月后收货付款。若 4 月 1 日即期汇率为 DEM1 = HKD4.5，而 10 月 1 日即期汇率变化为 DEM1 = HKD5，则到付款日香港进口商必须付出 500 万元港币才能买进 100 万德国马克实现对外付款，比成交日预计成本多付出了 50 万港币，这就是汇率波动给他带来的损失。要避免上述损失，香港进口商可以利用远期外汇交易进行：在 4 月 1 日贸易成交时，该进口商即可预先向银行买进一笔为期 6 个月的 100 万远期德国马克，约定汇率为 DEM1 = HKD4.6，到 10 月 1 日则按约定汇率付出 460 万港币买进 100 万德国马克实现付款，以 10 万港币的成本规避了 40 万港币的损失，将大部分风险转嫁到银行身上。

另一方面，银行承办远期外汇业务如果出现头寸不平衡时，也会产生汇率风险，此时，银行也会针对不同期限、不同货币的“超买”或“超卖”额，通过远期外汇交易进行抛出或补回，以求外汇头寸平衡，规避外汇风险。

对投资者而言，远期外汇交易也不失为一种避免风险的有效手段。例如，某人用本币兑换成英镑进行投资，半年后收回投资，以期获得较高收益。但半年后英镑汇率下跌，所收英镑本息兑回的本币可能比本金更少，他要承受汇率损失。因此可以通过与银行订立远期外汇合约，卖出半年期相当于本金连带利息的远期英镑锁定风险，从而规避风险损失。

在外汇市场上，购买远期外汇的主要有：远期外汇支出的进口商、负有即将到期的外币债务的债务人、输入短期资本的牟利者，以及对于远期汇率看涨的投机商等。卖出远期外汇的主要有：远期外汇收入的出口商、持有即将到期的外币债权的债权人、输出短期资本的牟利者，以及对于远期汇率看跌的投机者等。外汇银行为平衡其远期业务头寸也开展远期外汇业务买卖。

（三）远期外汇交易的报价

远期外汇交易是一种预约性交易，在交易合同中最重要的一项内容就是约定将来交割时使用的价格，即远期汇率。从上例分析中可以看出，远期汇率不等于即期汇率，因为远期外汇交易中客户将风险转嫁给银行，银行不可能按即期汇率与客户订立远期合约，而蒙受显而易见的风险，银行应预测汇率走势确定出合适的汇率，以减少风险损失。远期汇率也不等于将来的即期汇率，因为远期汇率事先确定，而将来的不可测因素颇多，汇率走势与预测很难做到完全相符。

与即期外汇交易相同，银行在进行远期外汇交易时也要报出远期汇率。远期汇率的表示方法有两种：一种是直接标出远期汇率的实际价格；另一种是报出远期汇率与即期汇率的差价，即用即期汇率的"升水"、"贴水"、"平价"来表示。其中，如果远期汇率比即期汇率贵，高出的差价称作升水；如果远期汇率比即期汇率便宜，低出的差价称作贴水；如果远期汇率与即期汇率相等，则没有升水和贴水，称作平价。远期汇率根据即期汇率加减升、贴水计算。表6－3是路透社终端报出的远期汇率报价表。

表6－3　远期汇率报价表

	GBP/USD	USD/DEM	USD/FRF
即期汇率	1.7060/70	1.9330/40	7.1200/50
1个月	35/30	49/44	20/30
3个月	94/89	99/94	30/70
6个月	168/153	282/270	70/160
12个月	270/240	575/550	120/200

表6－3中，第一行为即期汇率，第二至四行为远期差价。根据上表数据可以计算远期汇率，其计算方法详见表6－4。

表6－4　远期汇率计算法

远期差价排列方式	辨别升水还是贴水	远期汇率计算方法
大/小	单位货币：贴水，计价货币：升水	（－）前大后小往下减
小/大	单位货币：升水，计价货币：贴水	（＋）前小后大往上加

例如，计算3个月GBP/USD远期汇率：即期汇率为1.7060/1.7070，3个月远期差价为94/89，则3个月GBP/USD远期汇率＝1.7060－0.0094/1.7070－0.0089＝1.6966/1.6981。

计算6个月USD/FRF远期汇率：即期汇率为7.1200/7.1250，6个月远期差价为70/160，则6个月USD/FRF远期汇率＝7.1200＋0.0070/7.1250＋0.0160＝7.1270/7.1410。

（四）远期外汇交易实例

1. 银行之间的远期外汇交易。银行为平衡其远期外汇持有额而进行的远期外汇交易操作。进口商、出口商、投资者、借贷者为了避免外汇风险，而与银行进行远期外汇交易，把汇率变动的风险转嫁给银行，银行因而承担了汇率变动的风险。因为银行在与客户进行了各种交易后，产生了一天的“外汇持有额”，也就是现汇和远期外汇的超买或超卖（也称多头或空头），这样，银行就处在汇率变动的风险之下。

为了避免这种风险，必须设法使外汇持有额保持平衡，限制外汇的空额头寸数量。银行调节远期外汇持有额的办法是与其他银行进行远期外汇交易：当银行超买时，就可以出售一部分远期外汇；当超卖时，则可以买进同额的远期外汇，使银行外汇持有额达到平衡，避免遭受汇率变动的风险。

远期外汇交易与即期外汇交易一样，也必须经过询价、报价、成交、证实四个环节，所不同的是适用汇率不同和起息日不同。表 6 – 5 是 1998 年 7 月 24 日 BCGD 与 GTCX 进行的一笔 GBP/USD 远期外汇交易实例。

表 6 – 5　　远期外汇交易实例

银行名称	交易术语	中文含义
BCGD	GTCX FW 2GBP VAL OCT 26, 1998 OUTRITE	GTCX 银行请报 200 万英镑兑美元 1998 年 10 月 26 日起息的远期汇价
GTCX	SWAP －44/－41 SR 1.47…23/28	调期点 －44/－41 即期点 1.47…23/28
BCGD	MINE	我买入远期英镑
GTCX	OK DONE CFM AT 1.4687, WE SELL GBP 2MIO, AG USD VAL OCT 26, 1998 OUR USD PLS TO A BANK AC. NO. ××× TKS FOR THE DEAL N BI	好，成交 证实在 1.4687，我们卖出 200 万英镑，买入美元 起息日为 1998 年 10 月 26 日 我们的美元请划到 A 银行，账号为××× 谢谢这笔交易，再见
BCGD	ALL ADREED MY GBP PLS TO B BAHK AC. NO. ××× TKS FOR UR HELP NBI	同意 我的英镑请划到 B 银行，账号为××× 谢谢帮助，再见

2. 进出口商的远期外汇交易操作。进出口商进行远期外汇交易，可以避免汇率涨落的风险，套期保值。在国际贸易中，进出口商自订立买卖合同到结算支付货款，通常都要经过一段时间。也就是说，他们要在将来某一日

期才支付外汇或获得外汇收入，但国际金融市场汇率波动频繁，这样，进出口商就会承担很大的汇率风险。

（1）出口商的远期外汇交易操作。某出口商向国外市场销售货物，得到的货款是外币支付的，并且在一段时间后收到，这样，该出口商就持有净外汇头寸。对该出口商来说，为外汇头寸保值的最好方法是卖出远期外汇。

（2）进口商的远期外汇交易操作。进口商进口货物，一般需要用外币付款，从签订贸易合同、装货、单据到达、外币结算，有几个月的间隔，该进口商可以买进远期外汇进行预约交易。如果该进口商能抓住外汇汇率波动产生的良机，不仅可以达到避免外汇风险的目的，还可以根据外汇行情动向，交错从事远期外汇操作，获得收益。

3. 投资者、借贷者的远期外汇交易操作。为了防止对国外投资或所欠国外债务到期时，因汇率波动而蒙受损失，投资者、借贷者可预先买卖远期外汇以避免风险。

4. 投机者远期外汇交易操作。外汇投机商离不开远期外汇交易，期望从汇率变动中获利。从事现汇投机时，买卖各方必须持有本币或外币资金，交易额受持有资金额限制。而远期外汇投机不涉及现金和外汇的即期收付，仅需少量保证金，无需付现，大多数远期外汇投机在到期前就已经平仓了。因此，不必持有巨额资金也可做巨额交易。

基本操作方法是：投机者估计交割期汇率看涨，就预先买进远期外汇；估计交割期汇率看跌，就预先卖出远期外汇。先买后卖的远期外汇投机活动叫买空或多头，先卖后买的远期外汇投机活动叫卖空或空头。

三、套汇交易

（一）套汇交易概念

所谓套汇，就是利用两个或两个以上不同外汇市场之间某种货币的汇率差异，分别在这几个外汇市场上买贱卖贵，从中赚取汇率差额利润的外汇交易形式。

值得注意的是，这里的套汇定义不同于我国外汇管理条例中所说的套汇，条例中的套汇是指违反规定套取国家外汇的行为，此处的套汇指外汇市场上贱卖贵卖的交易活动。外汇市场上的套汇交易是平抑外汇市场供求的一项正常活动，当市场出现大量套汇活动后，会使贱的货币价格上涨，贵的货币价格下跌，从而使不同外汇市场的汇率趋于平衡。

(二) 套汇交易方式

1. 直接套汇。直接套汇又称两地套汇，指套汇者利用两个不同外汇市场同一时点上某种货币的汇率差异买贱卖贵的交易形式。

例如，纽约与伦敦外汇市场上英镑与美元的即期汇率不一致，伦敦外汇市场：GBP1 = USD1.4758/72；纽约外汇市场：GBP1 = USD1.4762/85。

从上述汇率中可以看出，伦敦市场上的美元较纽约市场上的便宜，套汇者可以在伦敦市场买进美元马上在纽约市场卖出，从中获利。假设某套汇者在伦敦外汇市场上出售100万英镑，得到美元147.72万，然后在纽约外汇市场上以即期汇率买进100万英镑，用去147.62万美元，该套汇者赚取了147.72 - 147.62 = 0.10万美元差额。

2. 间接套汇。间接套汇又称三地套汇或三角套汇，指套汇者利用三个以上不同地点外汇市场在同一时间内存在的汇率差异买贱卖贵的交易形式。

例如，伦敦外汇市场上即期汇率为：GBP1 = USD1.6210/20；纽约外汇市场上即期汇率为：USD1 = DEM1.8517/27；法兰克福外汇市场上即期汇率为：GBP1 = DEM3.0160/230。

投资者经过计算比较，认为三地外汇市场上同类汇率有较大差异，伦敦外汇市场上美元最贵，法兰克福外汇市场上德国马克最便宜，可以进行三地套汇，其兑换程序是：英镑→德国马克→美元→英镑。于是，该投资者抛出100万英镑，在法兰克福市场买进301.6万德国马克，然后在纽约市场将德国马克卖出得到162.7894万美元，再在伦敦市场卖出美元换回100.4253万英镑，从中获利4 253英镑。

四、调期外汇交易

(一) 调期外汇交易概念

调期外汇交易又称掉期外汇交易或时间套汇，是指在买进某种外汇的同时卖出金额相等的但交割日期不同的外汇交易。调期外汇交易并不改变交易者手中持有的外汇数额，只是改变其所持货币的期限。具体交易由两笔外汇交易组成，一般一笔为即期外汇交易，一笔为远期外汇交易，两笔交易金额相同，货币相同，买卖方向相反。

(二) 掉期外汇交易的交易方式

1. 即期对远期的掉期交易。即期对远期的掉期交易，即买进或卖出一笔现汇的同时，卖出或买进一笔期汇。这是掉期交易最常见的形式。

例如，中国银行从国外借入一笔日元，并转贷给国内的一家企业，而这家企业希望使用美元。中国银行应客户的要求，将日元兑成美元，但到贷款期满时，该企业必须用日元归还贷款。为防止日元升值，美元贬值的汇率风险，该企业在做日元兑美元即期交易的同时，又做一笔卖美元、买日元的远期交易锁定风险，以保证到期以日元偿还中国银行的日元贷款。

2. 远期对远期的掉期交易。远期对远期的掉期交易，即买进或卖出某种货币较短的远期的同时，卖出或买进该货币较长的远期。其好处是可以利用有利的汇率机会。

如果上例企业不是现在需要使用这笔资金，而是1个月以后使用，那么该企业可以通过中国银行用日元买入1个月期的美元远期，避免这1个月内因日元贬值而造成的损失，同时卖出与贷款期限相同的远期美元进行调期。

3. 明日对次日的掉期交易。明日对次日的掉期交易，即成交后第二个营业日（明日）交割，第三个营业日（次日）再作反向交割。常用于银行同业的隔夜资金拆借。

（三）掉期外汇交易的报价

1. 掉期差价。掉期差价是指同时进行相反方向的两笔外汇交易的差价。因掉期交易总是包括两笔金额相同、买卖方向相反、期限不同的交易，所以，交易双方对使用的即期汇率不是很讲究，重要的是掉期差价。在即期对远期的掉期中，掉期差价就是远期汇率的升水或贴水数。掉期差价跟远期差价一样，用点数报价法：50/40、30/40。掉期汇率的报价也是报出即期汇率和掉期差价（远期差价）。在即期对远期的掉期中，大部分银行直接把远期升贴水作为掉期差价对外报价。

2. 掉期汇率的计算。在掉期交易中，即期汇率与一般即期外汇交易中的报价方法相同，但是远期汇率的计算方法与一般的远期外汇交易有所不同，也就是说，掉期汇率与远期汇率的计算方法是不同的。

（1）即期对远期掉期汇率的计算。在掉期业务中，通过即期汇率和远期差价（掉期差价）求远期汇率时，也是使用前大后小往下减、前小后大往上加的方法，但不使用一般远期汇率中的即期汇率和远期差价的同边相加或相减的方法，而是使用交叉相加或交叉相减的方法。第一个远期差价（左边的点数）是即期卖出基准货币的汇率与远期买入基准货币汇率的差价。第二个远期差价（右边的点数）是即期买入价与远期卖出价的差价。因此，掉期业务中的远期买入价是即期卖出价加或减第一个远期差价，远期卖出价是即期买入价加或减第二个远期差价。详见表 6－6 和表 6－7。

表 6－6　　　　掉期汇率报价表

	GBP/USD
即期汇率	1.7020/30
3 个月远期汇率	40/60
3 个月掉期汇率	1.7070/80

表 6－7　　　　掉期汇率计算法

远期差价排列方	辨别升水还是贴水	远期汇率计算方法
小/大	基准货币：升水，计价货币：贴水	前小后大交叉往上加
大/小	基准货币：贴水，计价货币：升水	前大后小交叉往下减

例如，计算 3 个月 GBP/USD 即期对远期掉期汇率：

买入/卖出英镑的汇率：买入即期英镑（卖出美元）1.7020，卖出远期英镑（买入美元）1.7020＋0.0060＝1.7080

卖出/买入英镑的汇率：卖出即期英镑（买入美元）1.7030，买入远期英镑（卖出美元）1.7030＋0.0040＝1.7070

3 个月 GBP/USD 即期对远期掉期汇率：1.7070/80

（2）远期对远期掉期差价的计算。当客户"买长卖短"时，掉期差价是期限较远的第二个点数与期限较近的第一个点数之间的差额。如果基准货币升水，客户向银行支付；如果基准货币贴水，银行向客户支付。

当客户"买短卖长"，即买入期限较近的基准货币，卖出期限较远的基准货币时，掉期差价是期限较远的第一个点数与期限较近的第二个点数之间的差额。如果基准货币升水，银行向客户支付；如果基准货币贴水，客户向银行支付。

即期汇率 USD/CHF　　　1.7010/20

3 个月远期汇率　　　45/35

6 个月远期汇率　　　175/155

如果该公司"买近卖远"，并且基准货币美元贴水，掉期差价 175－35＝140 点，这是客户向银行的支付价格。客户每买入 3 个月远期、卖出 6 个月的远期 1 美元，就应向银行付出 0.0140 瑞士法郎的掉期成本。

如果某公司准备卖出 3 个月远期美元，买入 6 个月的远期美元，掉期差价应计算如下：客户"卖近买远"，并且基准货币美元贴水，因而掉期差价是 155 - 45 = 110 点，这是银行向客户支付的价格。客户每买入/卖出 1 美元，可得差价 0.0110 瑞士法郎的收益。

五、杠杆式外汇交易

杠杆式外汇交易又称按金外汇买卖，即外汇投资公司或银行允许客户仅付一定百分比的按金作为抵押进行外汇买卖，并容许客户在没有外汇的情况下卖出远期。

杠杆式外汇买卖的按金比例一般为 2% ~ 3%，其交易者交纳了少量的保证金后就可以从事比保证金大 10 ~ 50 倍的外汇交易，放大了交易倍数，以期达到放大收益的目的。这种交易方式对既想参与外汇市场投资获利，又没有过多资金进行投资的人来说，具有很大的吸引力，因为投资者利用这种财务杠杆功能，能达到以小搏大的目的，一旦投资获利，其收益可以相应扩大 10 ~ 50 倍。

杠杆式外汇买卖不以外汇的实际交割为目的，而是利用外汇市场的价格波动来赚取利润，属于投机行为。因此，买进外汇后必须卖出，或卖出外汇后必须补进，才算一个完整的交易回合。

第三节 外汇投资的收益与风险

一、外汇投资的收益与风险

（一）外汇投资的收益

外汇市场最早是为了满足国际间贸易往来的货币结算的需要而产生的，但伴随着国际资本流动量的加大和国际金融市场的不断完善，外汇市场越来越成为投资者或投机者进行投资的场所。目前世界外汇市场的交易总额中，真正源于贸易结算的仅占不到 10%，更多的是通过外汇市场投资或投机获利。

外汇投资与其他投资手段一样，也是通过低进高出而获得收益的。在外汇市场上，汇率不断变化，低价时买进，高价时卖出，可以获得外汇买卖的差价收益。外汇买卖价差包括时间差和地点差两个方面，时间差是利用不同时间的汇率差进行外汇投资赚取的利润；地点差则是利用不同外汇市场上的汇率差进行外汇投资而获得的利润。

（二）外汇投资的风险

外汇投资的目的是为了获取收益，然而汇市的波动往往难以预测，因此投资必然蕴含着风险。外汇风险指经济实体或个人在涉外经济活动中，因外汇汇率变动，使其以外币计价的资产或负债价值发生不确定改变，从而使所有者蒙受经济损失的可能性。外汇风险强调的是不确定性，因此风险是两面性的：汇率波动可能造成意外的损失，也可能有获得收益的机会。

1. 外汇风险的构成因素。外汇风险一般由三个因素构成：本币、外币和时间。对三个因素之间具有决定性影响的是汇率和利率。

从汇率看，汇率是两国货币的兑换比率，在特定的投资市场上就是本币与外币的兑换比率。汇率的波动直接会构成投资者获益的可能或损失的可能，这是显而易见的。从利率看，无论是本币资金还是外币资金，经过一段时间的使用必然要支付利息。由于本币利率与外币利率不同，持有本币或持有外币又有可能带来利差损失。由于汇率、利率乃至利差是经常变动的，因而造成了持有本币或外币获得意外的收益，或是遭到意外的损失，这种损失或收益就是外汇风险的内涵。

从时间角度分析，外汇风险的大小随时间长短而有所不同，一般而言，短期交易风险相对小一些，但并不绝对，因为汇率在短期内也有可能大幅度波动。交易时间较长，汇率波动的不可测因素增多，外汇风险则相对较大。

2. 外汇风险的种类。外汇交易承受的风险主要包括：交易风险、结算风险和评价风险。

（1）交易风险。交易风险指进行一种货币与另一种货币的买卖而产生的风险。这种风险是买进或卖出某种外汇，将来又必须反过来卖出或买进该种外汇，因市场汇率波动而给交易者带来的损失。交易风险多产生在外汇投资过程中。

（2）结算风险。结算风险指在签订以外币计价的交易合同时，未事先确定将来进行支付时的汇率，实际支付时因市场汇率变动而给交易者带来的损失。结算风险多存在于国际贸易或国际借贷的结算过程中。

（3）评价风险又称转换风险、会计风险、折算风险，它是指在进行外币债权、债务计价和账面记载时，因适用的汇率不同而产生的账面损益。

二、外汇投资收益与风险的估算

（一）风险与收益的关系

在任何投资中，风险和收益总是同时存在的，外汇投资也不例外。投资者总是希望从投资中获得收益，而不愿意承担风险，但风险总是与收益并存的，风险随收益的增大而增大，高收益往往意味着高风险。因此，当投资者想从外汇市场赚取利润时，切记该项投资也存在着风险。

（二）收益与风险的估算

投资者在进行外汇投资时，应对投资可能带来的收益和风险进行估算，即估算投资收益的期望值，以便作出投资决策。

投资者收益期望值的计算公式为：

收益期望值 = 可能的收益之和 - 可能的亏损之和

各种可能性下的收益（亏损）= 可能性（概率）× 可能的收益（亏损）

例：在香港外汇市场上，1美元兑换7.68元港币。一投资者判断6个月后美元兑港币的汇率上浮到7.8的可能性为30%，上浮到7.85的可能性为20%，上浮到7.9的可能性为10%；下跌到7.65的可能性为30%，下跌到7.6的可能性为10%。如果该投资者现在以1美元 = 7.7港元的汇率购买10万美元6个月的美元远期，6个月后抛出，其投资收益可能为多少？

1. 由于美元汇率上浮可能赚取的收益。

（1）汇率为7.8时，可能的收益为：

$(7.8-7.7)\times 30\% \times 100\ 000 = 3\ 000$（港元）

（2）汇率为7.85时，可能的收益为：

$(7.85-7.7)\times 20\% \times 100\ 000 = 3\ 000$（港元）

（3）汇率为7.9时，可能的收益为：

$(7.9-7.7)\times 10\% \times 100\ 000 = 2\ 000$（港元）

2. 由于美元汇率下跌可能造成的损失。

（1）汇率为7.65时，可能的损失为：

$(7.7-7.65)\times 30\% \times 100\ 000 = 1\ 500$（港元）

（2）汇率为7.6时，可能的损失为：

$(7.7-7.6)\times 10\% \times 100\ 000 = 1\ 000$（港元）

3. 投资者的收益期望值。

收益期望值 =（3 000 + 3 000 + 2 000 − 1 500 − 1 000）= 5 500（港元）

上述估算出的期望值是该投资者投资收益的平均数，或者说是最可能获得的收益，可能性的大小（概率的大小）取决于投资者估算的依据，即投资者过去的经验以及投资者对市场行情变动的分析预测。

三、外汇保值与外汇投机

根据投资者对风险的态度不同，可以将外汇市场的参与者分为两类：保值者和投机者。

（一）外汇保值交易

保值者是外汇市场上的风险厌恶者，他们主要从事贸易、借贷或其他投资活动，目的不在外汇市场上获利，因而在外汇市场上寻找转嫁风险的途径，以取得无风险的利润。外汇市场上的一系列工具都是为了保值者转移外汇风险而设计的，这在介绍外汇市场的交易活动时已反复举例说明了，在此不再细叙。

（二）外汇投机

外汇投机者是风险的追求者，他们甘愿冒风险而取得投机利润或风险利润。外汇市场上汇率的频繁波动，为外汇投机者创造了活动空间。目前全球每天 1 万多亿美元的外汇交易中，除少量是贸易结算和投资结算外，绝大多数交易都属于投机性买卖。

1. 外汇投机的特点。外汇投机交易是在预测外汇汇率将要下跌时先卖出后买进，或在预测外汇汇率将要上升时先买进后卖出某种外汇的交易行为。

外汇投机交易与外汇保值交易相比，具有几个明显的特征：①投机者将自己的交易主动置于汇率变动的风险中，追逐风险，以期从汇率的变动中获利；②投机活动并非是基于对外汇有实际需求，而是想通过汇率涨落赚取差价利润；③投机成功与否以及收益的大小取决于投机者对汇率走势预测的准确程度。

把投机交易活动视作一种不正当的交易活动，是失之偏颇的，它是特定的社会经济生活中的产物，是市场发达与完善不可或缺的构成部分，外汇市场上的投机活动对阻止汇率的过分波动、维护市场的活力起到了积极的作用。但是过度投机容易扰乱金融秩序，刺激外汇市场动荡不安，尤其是投机者炒作市场，有意制造汇率风险以期从中获得投机空间时，对市场的危害性则更大。

2. 外汇投机交易形式。外汇投机交易方式有两个特征：一是两笔交易相结合。外汇投机交易并非真正需要外汇，只是想赚取价格差，因此必须通过一卖一买或一买一卖两笔交易的结合，轧抵出差额即为其收益或亏损。二是远期与即期的结合。外汇投机交易并非真有外汇才能进行交易，投机者总是先签订买进或卖出远期外汇合约，交割日履约时通过即期交易反向轧抵，一般不实际交割资金，只需收进或付出差价即可。

根据买卖的方向不同，外汇投机有“卖空”和“买空”两种交易形式。

(1)“卖空”又称“做空头”，指先卖后买的交易行为。投机者预测某种外币将贬值或汇率将大幅度下跌时，就在外汇市场上趁该货币价格相对较高时卖出远期，当汇率走势如他所愿的下跌时，投机者则按较低的即期汇率买进该种货币，用以与远期外汇合约交割，从中获取差价利润。

例如：4月1日东京市场上USD/JPY即期汇率为142.30，3个月远期汇率为140.50。某一投机者预测在该市场上美元可能会走低，从事投机有利可图，于是，他与银行签订卖出3个月100万美元的远期合约。7月1日远期合约交割期到，而USD/JPY的市场即期汇率正如他所预测的走到123.40，该投机者在市场上以12 340万日元买进100万美元，马上用以与银行进行远期美元交割，收回14 050万日元，从中获得投机收益1 710万日元(14 050 - 12 340 = 1 710)。

(2)“买空”又称“做多头”，指先买后卖的交易行为。投机者预测某种外币将升值或汇率将大幅度上浮时，就在外汇市场上趁该货币价格相对较低时买进远期，当汇率走势如他所愿的上涨时，投机者则按较低的汇率进行远期外汇合约交割，并将所得外汇按较高的即期汇率马上卖出，从中获取差价利润。

思考与练习

1. 简述外汇的概念、特征及内容。
2. 什么是外汇市场？外汇市场有何特点？
3. 简述外汇买卖交易一般程序。

4. 中国外汇市场现状如何？怎样发展完善？
5. 即期外汇交易是怎样进行报价的？
6. 一笔完整的外汇交易应包含哪些步骤？简述之。
7. 远期外汇交易的目的有哪些？
8. 远期外汇报价与即期外汇报价有何不同？
9. 什么是套汇交易？什么是掉期交易？各自的特点和交易目的是什么？
10. 外汇风险的构成因素有哪些？为什么？
11. 外汇收益与风险之间有何关系？怎样估算收益期望值？
12. 外汇投机有何特点？怎样进行外汇投机交易？

第七章

黄 金 市 场

内容提示 黄金市场是金融市场体系中最古老的市场之一。黄金作为一种特殊商品，在经济生活中起着融通资金、货币结算、资产保值等重要作用。虽然近年来黄金的货币职能逐渐退化，但黄金市场的作用及运作规模并不因此而降低。本章主要介绍黄金市场概况、黄金价格的决定以及黄金市场的业务操作。

第一节 黄金市场概述

一、黄金市场的类型

黄金市场是专门进行黄金买卖和金币兑换的场所。黄金市场按不同的标准划分，可以分为以下三种类型。

（一）主导性市场和区域性市场

按黄金市场的性质划分，可分为主导性市场和区域性市场。主导性市场是指国际性交易集中的市场，该市场黄金价格的形成及交易量的变化对其他市场有很大的影响。这一类型的市场主要在伦敦、苏黎世、纽约、香港、新加坡等地。区域性市场是指交易规模有限、对市场影响不大且集中在本地区的黄金市场，这一类型的市场主要在法兰克福、巴黎、布鲁塞尔、卢森堡、东京等地。

（二）现货交易市场和期货交易市场

按黄金市场的交易方式划分，可分为现货交易市场和期货交易市场。现货交易市场是指在买卖成交后两个工作日内交割的市场。如伦敦市场、苏黎世市场等。期货市场是指在买卖成交后约定的时间办理交割的市场。如纽约市场、芝加哥市场、香港市场等。目前比较多的黄金市场既有现货交易又有期货交易。

（三）开放型市场和封闭型市场

按交易管理的程度划分，可以分为开放型市场和封闭型市场。开放型市场是指黄金可以自由输出输入，居民和非居民都可以在黄金市场上自由买卖，如苏黎世市场。封闭型市场是指只允许本国居民参与黄金交易的市场，如巴黎市场、悉尼市场等。

二、黄金市场的参与者

黄金市场的参与者主要由供应方和需求方构成。

（一）黄金市场的供应者

1. 黄金生产国的采金企业。黄金生产是黄金市场最根本的货源。国际上黄金的主要生产国有南非、原苏联、美国、中国澳门和加拿大等国家，其中南非为最大的采金国。据有关资料统计，1995 年南非生产黄金 525 吨，占世界产量的 23%，占世界黄金市场交易量的 45%。到 1995 年年底，南非累计生产黄金 46 729 吨，相当于同期西方产金的 70%，占世界黄金交易量的一半。

2. 握有黄金待出售的集团或个人。买卖金饰品和投资黄金能够满足人们保值、获利或投机的需求。一些期望金价看跌的做“空头”的投机者、一些金银收藏者和大金商是黄金市场的供应者；此外，金饰品持有者在必要时也会卖出黄金。据有关资料，目前全球私人作为民间首饰的黄金达 2 400 吨。

3. 各国的中央银行。黄金是一种国际储备，各国中央银行为调节外汇收支，必要时会动用所储备的黄金。据有关资料表明，目前，全世界黄金储备总量约为 35 000 吨。黄金储备是黄金市场的主要供应者。

（二）黄金市场的需要者

1. 各国中央银行。黄金储备是国际储备中的一个重要组成部分。为了维持汇率的稳定、应付国际收支逆差、维护本国的国际信誉，各国中央银行都需要储备一定数量的黄金。

2. 消费性黄金需求者。主要包括以黄金作为工业用途的企业和以黄金为饰品的个人消费者。工业生产性的黄金需求比较稳定，对黄金价格影响不大；而个人消费的黄金饰品一直被认为是财富和地位的象征，随着个人收入的增加，金饰品市场将会进一步得到发展。

3. 投资性黄金需求者。主要包括期望看涨的做“多头”的投机者和为保值和投资的购买者。

三、黄金市场的交易形式

黄金市场的交易形式主要有四种。

（一）账面划拨

这种交易方式一般用于黄金市场上的大宗交易。无论是现货交易还是期货交易，只需在账面上进行划拨，即把存放在金库的属于某个国家或集团的黄金的所有者加以改变。这种交易方式既可以节省运输费用，又可以避免运输风险。

（二）实物交易

这种交易形式多发生在私人或企业对新开采出来的黄金的交易。其特点是一手交钱一手交货，即交易完成，钱货两清。

（三）金币交易

这种交易形式实质上仍是黄金交易。只是比金锭、金条等实物交易更便于转移，它是私人保值的最好手段。现时黄金市场上流通的金币主要有两种，一种是纪念币，另一种是外国金币。

（四）黄金券交易

这种交易方式是近年来为了适应广大中小投资者购买黄金保值的要求而产生的。黄金券是黄金的凭证，持有者随时可向发行银行要求换成黄金或与其等额的货币。黄金券面额有多种，最小的仅半盎司。对于购买人来说，黄金券既可以保值，又可以投资，而且比持有黄金实物更为方便和安全。对于发行银行来说，发行黄金券可以扩大黄金交易量，增加收益。

第二节
黄金价格

一、黄金价格的表现形式

黄金是一种特殊商品。一方面作为国际储备，充当世界货币；另一方面作为商品，在金融市场上买卖。黄金作为金融市场交易的商品，其价格是黄金价值的货币表现。

黄金的价格有三种表现形式：即生产价格、官方价格、市场价格。

生产价格是指根据生产成本决定的价格，其特点是价格比较稳定。例如，黄金生产大国南非的黄金价格由折旧费、所得税和其他生产成本所决定。南非的黄金价格水平基本反映了世界黄金生产价格的变化趋势。

官方价格是指由政府或中央银行严格控制的价格。例如，在黄金官价时期（1945～1968 年 3 月），从布雷顿森林体系建立，到黄金总库解散前，通用的每盎司黄金等于 35 美元，即是国际货币基金组织成员国之间实行的黄金官价。黄金非货币化并实行浮动汇率制后，外汇管制国家都规定了黄金官方价格，用以官方买卖、黄金储备、清偿债务、政府间的抵押贷款和双边结算的记录等。

市场价格是指由市场供求关系决定的价格。黄金市场价格受市场诸因素的影响。

二、影响黄金价格变动的因素

在黄金市场中，黄金的价格由市场供求状况决定。在不存在垄断的市场前提下，金价的决定模型如图 7－1 所示。

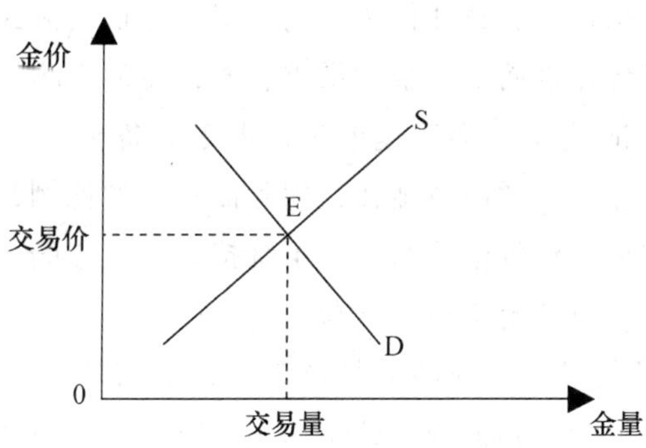

图 7－1

在图 7－1 中，S 表示黄金市场某一时期的供给水平，D 表示某一时期的需求水平，E 表示供求均衡点。E 点决定的价格就是均衡价格，即是供求价格相一致的价格。均衡价格是通过市场供求关系的自发调节而形成的，也是通过市场供求关系的自发调节来维持的。由于供求的相互作用，一旦市场价格背离均衡价格，则有自动恢复的趋势。

影响黄金价格的因素主要有：

（一）经济因素

1. 美元汇率走势。目前，美元仍是主要的国际结算货币、干预货币和储备货币。各国政府、跨国公司和跨国银行均持有大量美元。此外，在国际黄金市场上，黄金买卖仍以美元计价。因此，美元的币值是否稳定可以通过黄金价格反映出来，也就是说黄金价格可以显示美元的走势。同时，美元的汇率走势也影响黄金的价格。当美元汇率下跌时，人们抛出美元抢购黄金，黄金需求增加，金价上涨；当美元坚挺时，人们抛售黄金购买美元，黄金需求减少，黄金价格下跌。例如，20世纪80年代初，在滞胀的困扰下，美元迅速贬值，世界黄金市场金价扶摇直上，曾经狂涨到870美元/盎司的创记录高峰，其后又逐步下跌到1985年11月的330美元谷底。

2. 通货膨胀率。黄金一个最重要的功能就是保值。在通货膨胀时期，一般商品价格水平上升，货币贬值，人们的实际收入水平下降，为了避免进一步的损失，人们寻求保值的资产，黄金作为一种社会财富的代表，其价格会随着需求量的增加而上涨。当通货膨胀得到有效控制，纸币币值稳定时，黄金保值的优势便不明显，加上金融资产有利息收益，人们便会减少黄金储备，从而使黄金需求量减少，黄金价格下跌。

3. 石油价格。在国际商品中，黄金与石油的相互关系很密切，石油价格对黄金价格的影响很大。石油价格一向以美元标价，因此，石油价格的变动对美元汇率的走势，进而对黄金的供求有着重要的影响。如果石油价格上涨，产油国的“石油美元”会迅速增加，由于储备和保值等原因，产油国会将美元投资于黄金，以增加黄金在其国际储备中的比例，从而导致黄金价格上涨；反之，如果石油价格下跌，为了维持国际收支的平衡，产油国将抛售黄金，其结果会导致黄金价格的下跌。

4. 利率水平。利率水平的高低与黄金价格也密切相关。当市场利率高时，黄金价格的上涨会受到抑制。这是因为一方面高利率使借入资金成本提高，借款需求减少；另一方面人们愿意将资金更多地存入银行，以获取较高的收益。黄金吸引力的减弱必然引起价格下跌。反之，当市场利率低时，则会引起黄金价格上涨。

5. 工业需求。黄金作为一种贵金属，是重要的工业原料，被广泛运用于工业生产的各个领域，黄金还是许多高档工艺品和装饰品的原料。如果社会对黄金原料的需求增加，必然影响到黄金价格的上涨。

6. 股市行情。股市反映了人们对经济前景的预期和现实的经济状况。如果现实经济状况良好，人们对经济前景看好，则会把大量的资金投入股市。反之，则会投到更安全的黄金中去。因而，黄金价格与股市反向变动。

（二）政治因素

黄金价格对国际政治局势的变化和各种突发事件的发生都很敏感。政治因素主要从两方面对黄金价格产生影响。

1. 影响产金国的生产。有的政治事件会影响黄金生产国的生产，从而使黄金供给减少，黄金价格上涨。如南非对黄金市场有直接的影响力，其国内的种族冲突、罢工以及外国对南非的制裁都会影响南非的黄金生产，从而进一步影响黄金的价格。

2. 影响人们的保值心理。当突发事件发生时，人们一般会转向黄金投资以求保值，从而导致金价在短期内迅速上升。例如，1980 年 1 月，原苏联出兵阿富汗，以及美国在伊朗的人质危机等一系列政治、军事事件同时发生，引起人们恐慌，金价由 1979 年年底的 400 美元/盎司急剧上升到 875 美元/盎司。随着危机解除，金价也开始回落，很快就降至 500 多美元/盎司，到 1980 年 6 月跌破 300 美元。其他如海湾战争、原南斯拉夫内战均引起黄金价格剧涨。

第三节
黄金投资

一、黄金的计量标准

黄金由于其体积小、价值大、易于分割且比较贵重，也是常用的投资工具之一。黄金的计量与一般的商品不同，有其特殊性。

（一）黄金的重量标准

国际上计算黄金、白银等贵重金属的基本重量单位是金衡盎司，也称"特洛伊"盎司。盎司旧称"英两"，是英制中的容量、重量和质量单位，金衡盎司是重量、质量盎司中的一种。金衡盎司的重量折算如下：

1 金衡盎司 =31.103477 克

=0.62207 市两（中国 10 两制）

=1.09714 常衡盎司

=0.8310106 司马两

（二）黄金的成色与“K”金

黄金的成色指金币、金块及黄金饰品的黄金纯度，一般以千分比表示，也可用百分比表示，还可用“开”或“K”表示。用“K”表示黄金纯度，是将其分为24分，1分为1开（K），纯金为24K。

K金也称洋金，其成分除黄金外，还含有铜、银等。K金一般分为24K、22K、20K、18K、14K、12K，每K含金量为4.15%。

K金计算成色的方法是：成色=K数×4.15%。

24K金成色=24×4.15%=99.6%

18K金成色=18×4.15%=74.7%

12K金成色=12×4.15%=49.8%

K金多用于镶嵌珠宝饰品、表壳、眼镜等，人们在购买金饰时，常常发现饰品上标有24K、18K等纯度。

“金无足赤”，没有100%纯度的黄金。上述24K为纯金，其纯度也仅为99.6%。就金条、金块而言，目前最纯的纯度为99.99%，即专家所称的“四九纯金”。

二、黄金投资的优点

（一）黄金投资的优点

1. 保值作用。黄金具有较高的流动性，且价格与其他物资财产的价格反向变动，投资黄金可以起到保值的作用，免受通货膨胀、政局动荡等的影响。在过去的20年里。黄金价格与通货膨胀同起同落，当纸币因通货膨胀而减弱其购买力时，黄金的优越性就体现出来，成为首选的保值、增值工具。

2. 便于进行全球投资。当代，世界各大黄金市场的黄金价格通过现代化的全球通讯网能随时得到反映，黄金交易在每天的24小时均可进行，因而，投资黄金可以在全球国际市场随时进行公开买卖。

3. 是投资组合的重要工具。投资者在追求高利润的同时总要注意分散风险，而分散风险的重要策略之一就是分散投资，选择多种投资工具进行组合。众多的投资理论均把黄金作为一种保守性的投资放在整个投资组合的底层，一旦遇到经济不稳、股市大跌、政局动荡，利用黄金可以冲销风险，保证资产价值。

（二）黄金市场投资的特点

黄金市场投资与商品市场交易比较，具有以下特点。

1. 不用实物交割。在黄金市场上交易的黄金，不论是现货交易还是期货交易，并不直接以黄金实物交割，而是采取账面划拨的方法，即把存放于某金库的属于某个国家寄存的黄金改变一下标签。特别是在国际金融机构、国家与国家以及大型金融机构之间的黄金交易尤为如此。目前，世界各国的黄金储备大部分存放在英、美两国。而普通商品的交易大多采取一手交钱、一手交货的交易方式。

2. 交易品种相对稳定。相比较商品而言，黄金市场上交易的品种比较单一，主要是黄金制品，如金币、金条、金块、金砖以及各种黄金饰品，千百年来变化不大。而普通商品的交易品种则是数目繁多，日新月异。

3. 交易市场相对固定。黄金交易大多是在交易所里进行的有形交易，交易所之间的活动彼此相联系。目前全世界大约有 40 多个国际黄金市场，其中主要的是伦敦黄金市场、苏黎世黄金市场、纽约黄金市场和香港黄金市场。相比之下，普通商品市场则数不胜数，且变动较大。

三、黄金市场投资工具

投资者的投资必须借助于一定的投资工具进行。当今国际黄金市场上的黄金投资工具主要有以下几种。

（一）金条（包括各种规格的黄金）

金条和各种规格的黄金是最保险的一种黄金投资，投资者贮藏黄金可以有效防止通货膨胀、货币贬值，并且其变现能力和流通性都很好。但是，持有黄金会占用大量资金，其储存和保险的费用都很昂贵，并且无利息收入，因此，只有在特殊情况下人们才会选择投资黄金进行保值。

（二）金币

金币有纯金币和纪念性金币两种。纯金币的特点与金条类似，所不同的是纯金币的保存一般会有溢价收入。纪念性金币具有收藏价值，其溢价更高，因而投资利润较高。目前世界上需求量最大的金币有美国鹰币、中国熊猫币、加拿大枫叶币、墨西哥 50 比索金币等。

（三）黄金证券

这是由金商签发的拥有黄金的证书，是当前国际上流行的一种黄金投资方式，它使投资者免于承担储存黄金的风险，并且该证书通过背书可以直接流通。

（四）金矿股票

这是通过持有黄金生产公司的股票间接持有黄金的一种投资形式。其优点是可以避免黄金储存和保险费的支出，并可获得红利。但此项投资的技术性要求较强，投资者既要掌握黄金生产公司的经营状况，又要了解、分析黄金的走势。

（五）黄金账户

黄金账户是银行向投资者提供的一种投资工具。投资者购买了一定量的黄金后便可在银行开立黄金账户，借以储存黄金，银行收取一定的费用。投资者利用黄金账户可免去储存黄金的风险，但最终只能将黄金出售给银行。

（六）黄金基金

黄金基金也是基金的一种，所筹资金主要投资于黄金，其投资风险较小，但投资者必须支付较高的佣金。投资者在投资前必须了解该基金的基本情况、投资策略和投资目标。

四、黄金投资方式

（一）黄金现货交易

黄金现货交易主要以金条、金块或黄金证券、黄金账户为投资媒介。

1. 现货交易的含义。现货交易是指双方成交后即行交割或在两个工作日内交割的交易方式，即人们常说的一手交钱、一手交货的交易方式。大宗黄金现货交易一般采取账面划拨的方法，很少直接以黄金实物交割。黄金现货交易基本上是即期交易，也有少数为套期保值而作的远期交易。

2. 黄金现货交易操作。

（1）即期交易。在即期交易中，黄金以固定价格买卖，买卖时必须说明黄金的交收地、报价以及记载的账户。现以苏黎世黄金市场为例说明即期交易的进行。在苏黎世市场最常见的报价是以每盎司值多少美元，或每千克值多少瑞士法郎的形式进行。黄金的有形交易可以在银行的柜台进行，也可通过运输公司运送方式进行。若要运往国外，其运费、保险费、进口关税和有关税金必须由顾客承担。

例1：某银行在黄金柜台上用瑞士法郎向某顾客买入100克99.99%纯金金条，其价格为：

1 盎司 = 337.85 美元

1 美元 = 1.4890 瑞士法郎

1 千克 = 1 000 ÷ 31.1035 = 32.1507225 盎司

1 千克 = 32.1507225 × 337.85 = 10 862.1216 美元

1 千克 = 10 862.1216 × 1.4890 = 16 173.7 瑞士法郎

100 克 99.99% 纯金的价格等于 1 617.37 瑞士法郎。该款项可由银行直接以现金支付给客户，也可转入该客户在银行的瑞士法郎账户，起息日为下一个工作日。

例 2：某客户用美元从银行购进 100 条 1 千克的 99.99% 金条，交收地在多伦多。其价格为：

1 盎司 = 337.85 美元

1 千克金条每盎司的制造费 = 1.10 美元

每盎司运费和保险费 = 0.90 美元

每盎司售价 = 339.85 美元

1 千克金条总价 = 32.1507225 × 339.85 = 10 926.4 美元

100 条 1 千克金条的总价等于 1 092 640 美元。这些金条在两个工作日内装运，价款在两个工作日后由顾客在银行的美元账户上划出。

（2）远期交易。黄金远期交易是买卖双方根据双方商定的价格，在稍后的一段时间进行交割的黄金交易。远期交易是不可撤消的，但它可以在任何时候按原来商定的日期进行反向买卖而结清。

例如，某人在 4 月 10 日买入 100 盎司 6 个月期的远期黄金，成交价格为每盎司 347.99 美元。11 月 10 日该笔交易交割，100 盎司黄金记入该客户在银行的黄金账户上，客户付出 34 799 美元。

若 5 月 10 日黄金价格上涨，该客户可卖出 100 盎司 5 个月期的远期黄金，成交价格为每盎司 376.28 美元。11 月 10 日交割期到，客户将两笔远期交割对抵，黄金账户余额为零，客户获得美元差额 37 628 − 34 799 = 2 829 美元。

（二）黄金期货交易

1. 黄金期货交易的含义。黄金期货交易是指在期货交易所内买卖标准化的黄金期货合约的交易。这种交易的目的不是获得实物，而是回避价格波动的风险或套利。黄金期货交易由交易双方先签订合同并交押金后，在预约的日期办理交割。在香港，黄金期货交易市场不必先订合同，但金商事先应对客户资信情况有所了解。

黄金期货交易的目的有保值与投机之分。保值交易是人们为了避免通货膨胀或政治动乱而达到保值目的来购买黄金，也有的以避免由于金价变动而遭受损失为目的而进行黄金买卖。投机交易是利用金价的变动趋势，进行“买空”或者“卖空”，从中牟取投机利润。保值交易和投机交易有时很难区分，但对大多数金融机构和用金企业来说，期货交易既是减少未来风险的一种投资形式，又是一种十分微妙复杂的投机形式。

2. 黄金期货交易的操作。黄金期货交易与一般的商品和金融工具的期货交易一样，买卖双方先签订买卖黄金期货的合同并交付保证金，规定买卖黄金的标准量、商定价格、到期日。到约定的交割日再进行实际交割。但期货交易中一般不真正交货，绝大多数合约在到期前对冲掉了。

黄金期货交易的基本操作方法是，当预期金价将会下跌时卖出黄金期货，即所谓做“空头”或“卖空”。期货到期时，如果金价果然下跌，就可按跌落的价格买入黄金，以履行卖出期货的义务，从而赚取贵卖贱买的差额利润。一般情况下，不需要购买黄金现货来履行卖出期货的义务，而是只收进价格差额。相反，当预期金价将会上涨时买进黄金期货，即所谓做“多头”或“买空”。期货到期时，如果金价果然上涨，可将原来低价买进的期货按现价出售，从中获取贱买贵卖的差额利润。同样，投资者一般也不需要在买卖时交割实际黄金，而只是收取价格差额，获得投机利润。

黄金期货交易要收取各种费用。以香港为例，一笔黄金期货交易，要收取四种费用，即手续费 30 港元、仓储费每日为 10 港元、收仓手续费为 100 港元、缴纳保险费 5 万港元。

（三）黄金期权交易

黄金期权交易，是指在确定的日期或在这个日期之前，按照事先确定的价格买卖黄金的权利。对于黄金期权合约的购买者来说，黄金期权只是一种权利，即拥有在一定时间内以一定价格出售或购买一定数量黄金的权利，而不是一种义务。黄金期权购买者可以实施、转让、或者放弃这种权利。为了获得这种权利，黄金期权的购买者必须向出售者支付一定的期权费。而对于黄金期权的卖方来说，由于收取了期权费，就承担了到期或到期前服从买方选择的权利。

第四节
我国的黄金市场

一、我国黄金市场概况

历史上，我国一向是盛产黄金的国家，小作坊、小商店似的黄金交易一直存在。旧中国的黄金市场是伴随着股票经营和债券买卖交易所的成立而出现的，1920 年 7 月，上海证券、物品交易所正式成立，除经营证券外，还经营黄金、白银等 7 种物品。新中国成立后，1952 年国家统一了金银收售价格，标志着中国统一的金银市场形成。

新中国成立以来，国家一直按价收购和配售金银。不论是集体企业和群众个人生产的金银，还是国营矿山生产的金银，一律按国家价格予以收购。国家允许个人储藏金银，任何单位和个人向银行交售金银时，都按价收购。对工商行政管理、公安、海关等部门罚没的金银，中国人民银行也按规定价格支付价款。任何单位和个人需用金银时，按国家牌价予以配售。由此可见，我国金银供求关系是中国人民银行管理下的有计划的买卖关系，买卖的场所是中国人民银行。

改革开放以来，国家指令性计划大幅度减少，资金市场、外汇市场、物资市场、劳动市场相继建立，黄金行业要求开放黄金市场的呼声日益强烈。2001 年 6 月 11 日，中央银行启动黄金价格周报价制度，8 月 1 日，我国黄金饰品、金精矿、金块矿、金银产品价格不再由中央银行定价，而由实际市场调节，黄金走向市场已成为必然。

2002 年 10 月上海黄金交易所开业，标志着中国黄金市场的诞生。上海黄金交易所是目前国内可以交易现货黄金和其他贵金属的交易所。目前该交易所黄金的交易方式有两种。标准黄金的交易通过交易所的集中竞价方式进行，实行价格优先、时间优先撮合成交。非标准品种通过询价等方式进行，实行自主报价、协商成交。会员可自行选择通过现场或远程方式进行交易。交易所主要实行标准化撮合交易方式，交易的黄金有现货交易和现货延期交收业务两种。

2008 年 1 月 9 日，经中国证监会批准，黄金期货合约在上海期货交易所上市交易，这是贯彻落实党中央、国务院积极稳妥发展期货市场的重大决策的结果。作为世界上重要的黄金生产国和消费国之一，我国目前黄金产量位居世界第三位，制造业黄金消费量占世界总消费量的9.2%。开展黄金期货交易，有利于进一步完善黄金市场体系和价格形成机制，形成现货市场、远期市场与期货市场互相促进，共同发展的局面；有利于广大金融机构和黄金生产消费企业利用黄金期货管理风险。

二、我国黄金投资方式

黄金投资作为一种投资方式，可以为投资者带来一定的收益，也可以实现规避和分散风险的目的。我国黄金的年度供需平衡量在400吨左右，近年来，国内开始掀起黄金投资热潮。2007年，我国的黄金消费出现强劲的增长势头，全年黄金销售量创下历史新高，达到363.3吨，2007年上海黄金交易所黄金累计成交1 828.13吨，创交易所最高记录。

目前我国投资者可以进行的黄金投资方式主要有四种。

（一）黄金交易所的会员单位

上海黄金交易所的会员单位由产金企业（23家）、用金企业（57家）、冶炼企业（8家）、造币企业（3家）、金融机构（13家）构成。据初步统计，会员单位中年产金量约占全国的75%，用金量占全国的80%，冶炼能力占全国的90%，因此，他们是黄金市场上的主要交易者和投资者。黄金交易所的会员单位可以直接在黄金市场上进行现货交易和现货延期交收业务。

（二）非黄金交易所会员的机构投资者

非黄金交易所会员的机构投资者可以以委托方式通过黄金交易所的会员单位间接进入黄金交易所进行交易，不能与银行或其他会员机构直接进行黄金交易。目前对以委托方式进入黄金市场的机构投资者的资格基本没有限制，只要是在中国境内合法注册的企业都可以通过这种方式进行黄金买卖，但非会员的金融机构还需要得到人民银行的许可。

（三）个人投资者

个人投资者可以委托黄金交易所的金融机构13家会员单位代理向黄金交易所申办黄金账户卡，通过黄金交易所的二级交易平台间接地参与黄金现货交易，实现黄金投资增值、保值及收藏的目的。个人投资者还可以直接通过银行、金店等其他黄金销售机构进行纸黄金交易和实货黄金交易。

纸黄金是一种个人凭证式黄金，投资者按银行报价在账面上买卖虚拟黄金，个人通过把握国际金价走势低买高抛，赚取黄金价格的波动差价。投资者的买卖交易记录只在个人预先开立的“黄金存折账户”上体现，不发生实金提取和交割。“纸黄金”业务由于操作较简单，可以让初级投资者熟悉黄金市场。同时，黄金价格存在一定的波动性，比较适合投机。但账户黄金是黄金的虚拟买卖，没有保值功能，并不能抵御通胀风险。

（四）黄金期货交易

黄金期货交易和一般的商品和金融工具的期货交易一样，买卖双方按照合约规定的标准交付保证金，买卖黄金期货标准化合约。同纸黄金（账户金）相比，黄金期货是黄金标准化期货合约，是在期货交易所上市交易的期货品种；而纸黄金（账户金）是指投资人在银行开立黄金账户，并根据银行的报价，买入或卖出黄金份额。

上海期货交易所黄金期货标准合约的交易单位为每手 1 000 克，交割单位为每一仓单标准重量（纯重）3 000 克，交割应当以每一仓单的整数倍交割。交易所实行交易保证金制度，黄金期货合约的最低交易保证金为合约价值的 7%。

黄金期货交易由套期保值和期货投机交易组成。保值性期货交易是黄金企业根据生产、市场供求关系，为规避风险、降低库存及成本进行的交易，它有利于保障生产者、经营者利益，有利于维护生产的正常进行。投机性期货交易是投资人利用期货市场价格波动进行投资获利的交易，体现更多的是黄金投资金融属性。

三、我国黄金市场的发展

我国黄金市场是一个新生市场，由于建立时间较短，规模相对较小，发育不够充分，与我国黄金产量、销量激增不成正比，与真正黄金大国的标准相去甚远。因此，我国的黄金市场必须在深度和广度上进行发展，调整结构，理顺市场关系。

（一）建立规范的黄金场外市场（OTC 市场）

在国际黄金市场上，场外市场的交易量约占世界黄金总交易量的 80% 以上。中国是一个黄金大国，黄金的供给与需求呈现明显的多样性、多元化的特征，应该拥有一个较为发达的场外市场和场外衍生产品市场，以便为黄金的生产者和消费者提供多元化服务。从伦敦黄金市场经验看，询价交易方式有利于投资者灵活交易各种期限、各种条件的非标准化产品，在风险调整方面具有灵活性，在信用安排上具有针对性，可以满足各类市场参与者的个性化需求。并且，采用OTC交易模式，有利于大额交易指令寻求匹配的交易对手，从而避免黄金市场价格的大幅波动。

（二）增加场内市场的交易主体和交易工具

根据国际黄金市场经验，发展标准化黄金衍生产品，需要两个条件：第一是市场主体多元化。在纽约交易所中，仅市场核心成员就分为三类，而通过这些核心成员参与交易所交易的非会员和投资者则种类繁多，不仅包括各类机构投资者如投资银行、基金、保险等，还包括中小投资人。交易者的多样性可以使得交易目的多元化，交易行为多样化，提高市场流动性、拓展市场深度，形成有效价格。第二是交易工具多样化。纽约交易所的主要黄金产品为标准化期货和期权合约。每份黄金期货合约为100盎司，用美元标价，交割期限可以是当月、下两个月、未来23个月中的2月份、4月份、8月份和10月份，以及未来60个月中的6月份和12月份。而每一份黄金期权对应的是一份黄金期货合约，期权的价格波动没有限制，期权为美式。因为纽约交易所黄金衍生产品市场的流动性很强，所以，纽约黄金期货价格成为国际黄金期货价格的基准。2004年8月，上海黄金交易所推出黄金延期业务，几年来发展顺利。2008年1月黄金期货合约在上海期货交易所上市交易，增加了场内市场的交易工具。但是，我国场内市场的交易主体和交易工具仍然有限，应进行大力的推动和创新。

（三）推动场外市场的产品创新

我国场外市场黄金交易品种同样较为稀少。从伦敦黄金市场的业务来看，不仅包括场外现货交易，还包括黄金借贷、黄金远期合约，黄金期权交易、远期利率协议、掉期交易等非标准化衍生产品。为适应我国黄金市场快速发展的要求，应加大场外市场的产品创新力度，尽快研究推出黄金远期、黄金期权、黄金掉期和ETF产品等适合场外市场特点的产品和衍生产品，满足市场参与者的多样性需求。

思考与练习

1. 什么是黄金市场？黄金市场有哪些分类？

2. 黄金市场的参加者有哪些?
3. 简述影响黄金价格变动的因素。
4. 黄金的重量和成色是怎样衡量的?
5. 当今国际市场上主要的黄金投资工具有哪几种?
6. 怎样进行黄金的现货交易?

第八章

离岸金融市场

内容提示 离岸金融市场出现于20世纪60年代，是金融自由化、国际化的产物，是金融市场国际化的一个历史性创新。离岸金融市场的业务主要是资金借贷业务，从其业务归类，应将其并入货币市场或资本市场，但由于离岸金融市场的产生、参与对象、市场规则等与传统的金融市场有很大不同，因此专章进行介绍。本章讨论离岸金融市场的概念、特征、产生与发展的历史背景，以及它对世界经济和国际金融的影响和作用，并重点介绍欧洲货币市场、亚洲货币市场的经营业务、特点。

第一节 离岸金融市场概述

一、离岸金融市场与离岸金融中心

（一）离岸金融市场的含义与特点

1. 离岸金融市场的含义。离岸金融市场（Off - shore Financial Market），又称“境外金融市场”（External Financial Market），特指那些经营非居民之间的融资业务，即经营外国贷款者、投资者与外国筹资者之间业务的国际金融市场。例如，一家在法国的银行可以吸收其英国客户的美元存款，转贷给比利时客户，像这样的资金融通体系便构成了境外金融市场。

离岸金融市场发端于欧洲，以伦敦为中心，早先就叫欧洲货币市场。这个市场首先融资的货币是美元（直到目前美元依然是最主要的货币），其习惯称为“欧洲美元”。随着融资货币的多样化和这类市场的全球性扩展，“欧洲美元”、“欧洲货币市场”的内涵发生了变化，它既不能理解为这个市场位于欧洲，也不能理解为这个市场主要从事欧洲各国的货币交易。凡是在货币发行国境外进行的离开本土的货币的存贷活动，都归属于这个市场。目前，一般把这类市场称为“离岸金融市场”，把这类货币统称为“欧洲货币”。

2. 离岸金融市场的特点。离岸金融市场与传统金融市场相比，有如下特点：

（1）离岸金融市场的市场范围广阔，币种繁多，规模巨大，几乎覆盖了世界各地。

（2）离岸金融市场上的借贷关系为外国借贷双方之间的关系。

（3）离岸金融市场是一个“境外市场”，不受所在地政府当局金融政策、法令的管辖和外汇管制的约束。

（4）离岸金融市场有相对独立的利率体系，其存款利率略高于其他金融市场，贷款利率则略低，利差只有0.25%～0.5%。所以，离岸金融市场具有很强的吸引力和竞争力。

（5）离岸金融市场实行全球联网经营，各离岸市场虽然都有自己的中心，但其业务活动则是通过多种现代通讯手段，实现了全球性、全日制的“全天候”经营。

（二）离岸金融中心的含义与类别

离岸金融中心与离岸金融市场同为经营境外货币的市场，却又存在着区别。金融中心是国际资本周转、运输、保险和外汇交易的国际结算中心，比金融市场的范围要大得多，它有一定的辐射面。例如伦敦，既是离岸金融中心，又是国际最大的离岸市场，两者兼具。卢森堡是仅次于伦敦的离岸金融市场，却不是离岸金融中心。

离岸金融中心的传统职能是在投资人和筹资人之间起组织媒介作用，经营资本的输出输入。其现代职能有所拓展：一是专为国外居民提供货币市场和证券市场服务，吸引外国客户参加国内金融市场，称为中转市场业务；二是专为非居民的存款人和借款人提供服务，但与国内银行业务严格隔离，不受所在国法规约束，称为境外银行业务。

由于业务对象、营运方式、货币来源和投贷重点的不同，离岸金融中心分为四种类型：

1. 功能中心。功能中心主要指集中诸多外资银行和金融机构，从事存储、贷放、投资和融资业务的区域或城市，其中又细分为集中性中心和分离性中心两种。集中性中心对居民和非居民都同样开放，内外融资业务混在一起，伦敦和香港金融中心属于此类。分离性中心限制外资银行和金融机构与居民往来，内外融资业务分离，只准非居民参与离岸金融业务，新加坡和纽约的“国际银行设施”即属此类。

2. 收放中心。收放中心主要吸收本地区多余的境外货币，然后贷放给世界各地的资金需求者。可以看出，这种内吸外放，与基金中心的外吸内放功能恰恰相反。像亚洲新兴的离岸金融中心巴林，主要吸收本地区（中东）石油出口国的巨额石油美元，而后投放到世界各地。此外，它也通过设立在当地的外资银行与金融机构积极参与国际金融市场的其他各项业务。

3. 名义中心（簿记中心）。名义中心不经营具体融资业务，只办理借贷、投资业务的转账或注册等事务性手续。它们多集中在中美洲各地，如开曼、巴哈马、拿骚和百慕大等地。

4. 基金中心。基金中心直接吸收离岸资金，其资金来源遍及世界各地，然后把吸收的资金贷放给本地区国家的资金需求者。以新加坡为中心的亚洲美元市场则属此类中心。

二、离岸金融市场的产生与发展

离岸金融市场20世纪60年代萌芽于欧洲货币市场，以伦敦及其他西欧城市为中心；70年代向亚洲延伸，扩大到新加坡、香港、巴林、贝鲁特等地；石油危机发生以后，加勒比海的开曼群岛、拿骚以及巴拿马等地的离岸金融市场也迅速建立。目前，离岸金融市场已遍布全球。

（一）欧洲货币市场的产生与发展

1. 欧洲货币市场形成的历史原因。第二次世界大战结束以后，生产国际化、资本国际化和市场国际化的进程得到极大发展，传统的国际金融市场已经不能满足需要，世界经济迫切需要一个资金充沛、营运条件宽松、具有真实意义的国际金融市场。20世纪50～60年代，离岸金融市场——欧洲货币市场就在这样的背景下应运而生。

欧洲货币市场首先出现的是欧洲美元业务。20 世纪 50 年代初期，由于冷战期间东西方关系恶化，以及美国在朝鲜战争中冻结了中国的在美资金，苏联和东欧一些国家政府便把其持有的美元结余转存到美国境外的欧洲国家银行，以防止美国冻结或没收。这些欧洲银行吸收了美元以后，当然要向外贷放，从而形成了欧洲美元市场的最原始形态。但因当时的欧洲美元数量不大，在金融领域中并未引起关注。随着跨国企业的发展和以后某些国家货币金融政策的推行，美元和其他欧洲货币在境外的存储与贷放数额急剧增长。

进一步促成欧洲美元乃至欧洲货币市场形成的原因，主要有以下几个方面：

（1）英镑危机。1957 年，英国政府为应对英镑危机，加强了外汇管制。其中一个重要措施就是限制本国银行向英镑区以外的企业发放英镑贷款，伦敦市场的金融机构只得将吸收的美元存款向海外机构贷放，促进了美元存贷业务的发展。

（2）美国"Q 项条款"。为了加强对银行业务的管制，美国联邦储备法案颁布了"Q 项条款"，规定了商业银行储蓄与定期存款利率的最高界限。而 20 世纪 60 年代根据 Q 项条款规定的美国定期存款利率低于西欧各国美元存款利率，导致跨国银行与跨国公司纷纷将大量资金转存欧洲各国，促进了欧洲美元市场的发展。此外，美国货币政策《M 项条例》规定，商业银行要向联邦储备体系缴纳存款准备金；为减缓国际收支危机，对居民购买外国在美发行的有价证券要征收"利息平衡税"。如此一系列规定，都促使美国企业及金融机构将资金调至海外。

（3）西欧国家的倒收利息政策。20 世纪 60 年代，西方各国通货膨胀日益严重，国际间短期资金充斥。有关当局为减缓通货膨胀的压力，采取鼓励持有外币的金融措施，以减少本国的货币流通量。例如，瑞士和联邦德国货币当局曾规定对境外存户的瑞士法郎、德国马克存款不付利息甚至要倒收利息；强制把新增加的存款转存至中央银行，再予以冻结，但外币账户则不受这一限制。国际垄断组织及银行为获取瑞士法郎和德国马克升值的利益，又逃避倒收利息的损失，将持有的瑞士法郎和德国马克等欧洲货币存储于他国市场，促进了境外市场上欧洲货币的存储与贷放的发展。

（4）美欧政府对境外货币的放纵态度。欧洲美元在美国境外辗转存储和贷放不需兑换成外国货币，也就不会流入外国的中央银行，从而减轻了外国中央银行向美国兑换黄金的压力，这不仅对美国日益减少的黄金储备产生了缓冲作用，也给美国政府转嫁通胀危机开辟了一条新的途径。所以美国对“欧洲美元”市场的发展采取听之任之的态度。同时，1958年以后，西欧国家放松外汇管制，实现货币自由兑换，使储存于各国市场的境外美元与境外欧洲货币能够自由买卖，自由调拨移存，这为欧洲货币市场的扩展提供了不可缺少的条件。

2. 欧洲货币市场的发展。进入20世纪70年代后，欧洲货币市场进一步发展。表现在资金供应增加和资金需求扩大两个方面。

资金供应增加的原因：①美国对外巨额的、持续的军事开支和海外投资，使大量美元进入外国工商企业和金融企业，导致更多的美元流入欧洲市场；②石油输出国连续两次提高油价，急剧增加的石油收入转存到欧洲货币市场；③欧洲货币市场对境外货币有着管制松、税收和服务费用低、通讯联系发达、资金调拨方便等优点，吸引了大量的资金投入。

资金需求扩大的原因：①20世纪70年代初，西方经济出现高涨，工商企业、特别是一些跨国公司对一些大工程项目的投资增多，对中长期信贷的需求开始增多；②欧佩克两次提高油价后，非产油发达国家为平衡国际收支逆差，非产油发展中国家为发展经济和弥补国际收支逆差，纷纷到欧洲市场大举借债；③实行浮动汇率后，银行与工商企业增加外汇买卖以防范汇率波动风险，这又扩大了对欧洲货币市场的资金需求。

资金供给的增加和资金需求的扩大，极大地促进了欧洲货币市场的发展。

（二）亚洲货币市场的形成与发展

1. 亚洲货币市场发展的原因。亚洲货币市场是欧洲货币市场在亚洲的扩展和延伸，它的产生与发展，主要有三方面的原因：

（1）它是生产和资本国际化进一步发展的产物。20世纪60年代后半期起，跨国公司的战略重点向第三世界转移，而越南战争又加速了西方跨国公司在东南亚的投资。随着外国直接投资的迅速增长，亚洲各国生产的国际化程度大大提高，对资金的要求也大大增加，国际资金借贷活动日趋扩大。这时，美国银行策划建立一个境外美元借贷中心，使得亚洲货币市场应运而生。这个市场除聚集本地区的资金以外，还从欧洲货币市场吸收资金来满足亚太地区的需要。

（2）亚洲金融中心具有良好的客观条件。以新加坡为例，从1967年宣布独立起到20世纪70年代中期，一直保持两位数的经济增长率，而物价和汇率又相当稳定。虽然新加坡元不是国际交易中的重要货币，但它以一揽子货币（美元、日元、联邦德国马克）定值，并以本国黄金储备为后盾，这样一种坚挺和稳定的货币易于为人们所接受。同时，它的地理位置优越，是本地区的主要贸易中心，交通能源电讯设备优越，有广泛的联络网，金融体系完善，能提供各种专业化服务。更重要的是，新加坡的时区差正好连接欧洲和美洲，能在全球范围内进行 24 小时金融服务。

（3）有关当局的政策措施起了很大的作用。新加坡的做法比较典型。新加坡于立国之初就结合传统贸易中心的特点，选择了建立国际金融中心，发展金融业务，以促进经济发展的战略。为此，它采取了一系列重要的鼓励措施，主要有：取消居民外币存款利息税；允许新加坡居民和公司投资于亚洲货币市场，并对非居民持有财政部批准的亚元债券免缴所得税；降低亚洲货币经营单位经营境外金融业务的利得税；取消外汇管制。正是这一系列措施，吸引了大量国际资金，推动了亚洲货币市场的发展。香港、马尼拉成为亚洲另一重要金融中心，也是得益于行政当局政策措施的推动。

2. 亚洲货币市场的形成与发展。1968 年 10 月，美国银行新加坡分行获准在银行内部设立一个亚洲货币经营单位，它受新加坡金融当局监管并服从新加坡银行法。到 1970 年，新加坡政府共批准花旗、麦加利、华侨、汇丰等 16 家银行经营境外货币业务，吸收存款共达 3.9 亿美元，至此，初步形成了亚洲货币市场。此后，亚洲货币市场发展极为迅速，新加坡的亚元市场每年以 30% 的平均增长率扩展，成为亚洲最大的外汇市场和亚洲美元市场，香港、马尼拉、东京等地也相继建立起了离岸金融市场。

（三）离岸金融市场在全球的拓展

欧洲货币市场在向亚洲发展的同时，也向拉美和北美地区延伸。20 世纪 70 年代，加勒比海的离岸金融市场相继形成，巴哈马、巴拿马、开曼群岛都建立了避税型离岸金融市场。1975 年海湾地区巴林离岸金融市场成立，为回流石油美元沟通了渠道。1981 年 12 月 3 日，美国正式在纽约、德克萨斯、底特律和密执安等地建立“国际银行设施”（IBF），试图将从事离岸金融业务的美国银行吸引回国。从 20 世纪 80 年代开始，在金融管制日趋自由化的引导下，许多国家和地区尤其是发展中国家利用政策优势，促进了离岸金融市场的形成，如韩国、我国台湾地区、马来西亚、泰国等都在建立或筹建自己的离岸金融市场。当今，随着金融自由化、国际化浪潮的推进，发展金融中心或离岸金融市场已是世界各国金融竞争的新特点和新趋势。

三、离岸金融市场对世界经济的影响

当今世界，境外金融市场已经发展到空前巨大的规模，金额高达数万亿美元的国际资金对世界经济和国际金融发挥着不可估量的作用。

（一）离岸金融市场对世界经济的积极影响

1. 离岸金融市场的发展大大促进了世界经济贸易的发展。发端于20世纪50年代的欧洲货币市场，为战后欧洲经济的复兴、60年代日本的国民经济倍增计划、70年代末发展中国家的经济发展和扩大贸易，提供了大量资金。为数巨大的境外货币为短期资金的国际流动提供了方便，促进了石油美元的回流，缓解了全球性国际收支失衡问题。同时，境外货币市场提供的资金融通加速了世界贸易的发展，并促进了国际投资规模的扩张。

2. 境外金融市场的发展推动了全球金融一体化的进程。第二次世界大战以后，国际经济交往不断扩大，生产国际化、投资国际化日益发展，对传统的局限于国界而相互隔绝的国际金融体系产生冲击。境外金融市场率先打破了这种隔绝，带动、促进了金融一体化的发展。

3. 境外金融市场大大推动了金融创新。境外金融市场几乎无所管束，它自然成为金融创新最为理想的“实验田”。20世纪80年代涌现的浮动利率债券、无息债券、可转换债券等金融创新，就是产生于欧洲货币市场。大量金融创新的出现和推广，对世界金融机制产生了根本性的影响。金融创新带来了金融产业的电子化，实现了所有金融机构的联网运行，方便了资金的国际转移，方便了各项资金服务的提供。

（二）离岸金融市场对世界经济的消极影响

尽管离岸金融市场对世界经济发挥了巨大的作用，但同时也给世界经济、尤其是国际金融带来了一些问题：

第一，境外金融市场早年的业务重心在短期资金，20世纪70年代以后向中长期过渡，每每遇到国际金融市场风生水起，就引起资金周转障碍，特别是这类资金经过多次转存转贷，形成一环套一环的借贷链，一家银行吃紧，则发生多米诺骨牌效应。

第二，离岸金融市场固然方便了国际资金转移，但同时也给各国金融法规、政策的推行带来困难。例如，当各国根据本国经济情况采取收紧或放松银根的措施时，国内企业则从离岸市场进行反向操作，削弱甚至抵消了金融调控的影响。

第三，离岸金融市场集中了巨额资金，这批资金不可控制的“国际游走”，过度投机性地滥用金融创新，导致国际汇市、股市、期市的剧烈波动。1997年发端于泰国、而后波及亚洲乃至全球的金融危机就是触目惊心的一例。

第四，加剧有关国家的通货膨胀。巨额离岸资金流入一国兑成所在国货币或存入银行后，以信用工具形式投入该国市场参加流通。这种扩大的金融信用会对该国本已存在的通货膨胀起到推波助澜的作用。

总起来说，离岸金融市场的产生和发展对世界经济的作用利大于弊。虽然它有负面作用，却恰恰提出了国际金融一体化进程中如何加强国际合作，如何加强国际货币基金组织金融监管职能，如何建立国际金融风险监测、预警系统等一系列新的问题。

四、我国离岸金融市场建立与发展

1989年5月，招商银行开办了我国首笔离岸金融业务。随后，中国工商银行深圳分行等全国四家银行相继获得了国家外汇管理局的批准，成为我国离岸金融业务的试点银行。之后，我国离岸金融业务从无到有，业务规模从小到大，有了一定的发展。但是，离岸金融业务无论在市场规模上，还是在业务种类上都存在着较大的局限性，我们还处在摸索和试点阶段。

目前，我国已基本具备了发展离岸金融市场的有利条件，主要表现在：政治局势稳定，经济发展迅速，综合国力不断提高；政府金融政策推动，对非居民的交易没有外汇管制允许他们的资金自由转移，优惠的税收制度，政府有关的规章制度必须稳定少变并要有适当的灵活性等；地理位置优越，我国是一个得天独厚的连接世界各大洲的一个重要的中转站，其地理位置、时差条件对开展国际金融业务十分有利；经营成本具有比较优势，租金和人力资源的成本相对较低。同时，我国亦有开办离岸金融业务的需求：跨国公司与境外企业的业务需求；境外中资公司和我国上市公司海外扩张的需要；银行业务发展的需要等。因此，应择机构建和发展我国的离岸金融市场。

根据市场交易活动范围、资金来源和运用情况的不同，离岸金融市场的模式分为内外一体型、内外分离型、避税港型。我国现阶段应选择内外分离型，便于监管当局对不同类型的金融业务加以监管，同时可以有效地阻挡国际金融市场对国内金融市场的冲击，维护国内稳定性。对我国离岸金融市场的经营主体和经营模式、离岸金融业务的市场定位及客户定位、离岸业务品种的选择等，都要结合我国的实际国情而定。

第二节
欧洲货币市场

一、短期资金借贷市场

欧洲短期资金借贷市场形成最早、规模最大，中期借贷市场和债券市场都是在它的基础之上形成的。欧洲短期资金借贷市场的主要功能是接受短期外币存款，并提供1年期以内的短期贷款。

（一）短期资金的供应与需求

1. 短期资金的供应。短期资金借贷市场资金的主要来源有：①经营欧洲货币业务的银行相互间的存款；②跨国公司、其他工商企业、个人以及非银行金融机构的境外货币存款；③一些西方国家和发展中国家（主要是产油国）的中央银行，为获取利息收入或保持储备货币的多样化，将其一部分外汇储备存入欧洲货币市场；④国际清算银行接受各国中央银行存款，也投入短期借贷市场。

2. 短期资金的贷放。短期资金市场资金的贷放去向主要有：①商业银行。商业银行是该市场的最大用户，一是大商业银行的相互融资，二是中小商业银行向大商业银行的借贷，再贷给最终用户。②跨国公司和工商企业。由于该市场资金供应充足，贷款条件灵活，使用方向不受限制，筹资费用相对低廉，跨国公司和工商企业成为这个市场最重要的资金求贷者。③欧洲国家的地方市政当局和公用事业单位。地方当局为弥补财政收入的暂时短缺，公用事业和国有企业为筹集短期资金的需要，也从这个市场取得贷款。

（二）短期资金借贷市场的特点

1. 期限短。欧洲货币市场的存款主要有通知存款和定期存款两种：通知存款有隔日至7日期；定期存款有7天、1个月、2个月、3个月，最长也有5年的。一般以1个月和3个月的短期为多。

2. 起点高。该市场的参与者多为大银行和跨国企业，每笔短期借贷的起点金额为25万美元和50万美元，更多的是100万、200万美元。金额高达1 000万美元，甚至1亿美元的也不罕见。

3. 条件灵活。对于借款币种、金额、期限以及交割地点等交易条件，借贷双方可以协商确定，非常灵活方便。

4. 存贷利差小。欧洲货币市场存款利率一般略高于国内市场，贷款利率却略低于国内市场，存、贷款的利差较小。

5. 手续简便。在该市场经营的银行一般与企业间都有着长期的借贷关系，相互了解资信，双方均明悉各种贷款的条件，一般无需签订书面协议，通过电讯联系即可商定贷款金额与主要贷款条件。

二、欧洲中长期借贷市场

按国际金融市场的传统概念，1～5 年期的贷款为中期贷款，5 年以上的贷款为长期贷款。第二次世界大战以后，欧洲货币市场及其他国际金融市场一般不再将二者期限严格划分，而将期限在 1 年以上至 10 年左右的贷款，统称为中长期贷款。

（一）欧洲中长期借贷市场的资金来源和贷放对象

欧洲中长期借贷市场的中长期资金来源主要有：①吸收短期欧洲货币存款，续短为长。短期欧洲货币主要包括：石油输出国短期闲置的石油美元；跨国公司或工商企业在资本循环中暂时闲置的欧洲货币资金；一些国家中央银行的外汇储备等。②通过发行欧洲票据筹集短期资金。欧洲票据的期限均在 1 年以下，期限虽短，但到期后可续新还旧，通过这种流动发行的方式可获得持续的资金来源。③发行大额银行存款单。欧洲市场通过发行期限不同、金额不等的大额银行存款单来筹集中长期借贷资金。

欧洲中长期借贷市场的资金贷放对象及用途主要是：①有关国家（包括一些非产油发达国家和发展中国家）政府在本国发生国际收支逆差时，常从欧洲中长期借贷市场借取资金。②一些国际组织在其业务活动过程中发生资金短缺时，也从这个市场融通资金。③大跨国公司和各国中央银行、其他银行和金融机构，为了经营业务的需要，经常向欧洲市场融资。

（二）欧洲中长期贷款的特点和形式

由于中长期贷款的金额大、期限长，贷款银行承担着较大的风险，决定了欧洲中长期贷款的特点：必须签订贷款协议；须有政府担保；银团联合贷放；利率可定期调整，一般每 3 个月或半年根据市场利率的实际情况调整一次。

欧洲中长期贷款的主要形式有：①固定利率贷款。利率固定，期限一般为5年，到期一次偿还。②转期贷款。转期贷款有两个灵活性，一是利率可根据预先商定的期限重定，二是协议中可商定货币选择条款，借款人可以转换借款货币。③银团贷款。这是目前采用最多的贷款形式，有直接贷款和间接贷款两种。直接银团贷款指银团各成员行分别直接与贷款人接触；间接银团贷款由一家牵头银行负责与借款人接触，然后将参加贷款权分别转售给银团各成员行。银团贷款对借款人来说，期限长、数额大、不需任何抵押，有一定灵活性；对贷款银行来说，可以分散风险，中小银行也有介入的机会。

（三）欧洲中长期贷款协议的主要内容

欧洲中长期贷款协议中的条款很多，一般包括下列主要内容：

1. 利率。利率由基础利率和加息率构成。基础利率一般按伦敦同业拆放利率计收。由于伦敦同业拆放利率为短期放款利率，中长期贷款在此基础之上还要计收附加利率，即加息率，加息率根据贷款期限长短、客户信用度高低而有所不同。

2. 费用。主要费用有：①管理费和杂费。管理费是借款人向牵头银行或代理行所支付的费用，按贷款总额一定百分比一次或多次支付。杂费是贷款协议签订前所发生的一切费用，如车马费、文件缮制费等。②代理费。由于代理银行要提供组织各参与银行按时提供贷款、收取利息等项服务，借款人在贷款期内要向代理行支付代理费。③承担费。承担费是指贷款协议签订后，借款人未按用款计划动（提）用的贷款余额所支付的费用，作为银行筹备资金的损失补偿。若协议规定有承担期，借款人在承担期内全部提完其借款，则不支付承担费。

3. 贷款期限。贷款期限一般由宽限期与偿还期两部分构成。偿还期限一般根据贷款用途决定，可以协商的是宽限期。宽限期是分次偿还的贷款在贷款总期限内规定的只付息不还本的期限，宽限期越长，借款人实际利用借款的空间越大，这是对借款人的一种优惠。

4. 还贷办法。中长期贷款的偿还通常有三种办法：到期一次偿还；贷款期内逐年分次等额偿还；宽限期过后，按比例分期偿还。

5. 利息期。利息期的规定有两个方面：一是确定起息期，即规定开始付息的时限；二是利率调整的周期，如规定3个月或6个月根据行市调整一次利率。

6. 违约条款。违约指当事人不能履行贷款协议规定的义务。对借款人来说，如不能按期还本付息，则贷款方有权停止贷款，并追索已贷款项本金和利息。

7. 适用法律条款。适用法律条款即合约规定的借贷双方适用的法律，一般可供选择的法律有借款人所在国法律、贷款银行所在国法律、贷款市场所在国法律或国际公法等。

此外，还有关于资金交割地点、费用增加的补偿、货币选择、提前偿还等方面的具体规定等，都要在贷款协议中明确。

三、欧洲债券市场

为了筹措中长期资金，一些国际组织、地方政府或团体、跨国公司和大工商企业等，在欧洲货币市场上发行以境外货币为面值的债券，即欧洲债券。

（一）欧洲债券的发行与特点

发行者需在欧洲债券市场发行债券，应与该市场的银行集团进行洽商，达成发行协议。一般由银行或金融机构组成国际承销银团，并由有关国家对投资人提供担保。债券上市后，承销银团首先购进大部分债券，然后转至二级市场或调回其国内市场出售。二级市场上的购买者主要是一些银行、企业、保险公司、福利基金组织及团体或个人等。

欧洲债券市场的特点：一是管制较松，审查不严。发行债券无须官方批准，债券也不记名等。二是发行费用低，大约是债券面额的2.5%，债券发行不缴注册费，债券持有人利息收入不缴税等。三是债券的利率水平视不同时期、不同货币、不同发行单位而有所差异，一般略高于银行同期存款利率。

进入20世纪80年代以后，欧洲货币市场上出现了通过出售短期债券提供中期贷款的“票据发行”业务。它是由一批愿意提供担保的银行组成银团发行3～6个月的短期债券，提取资金时，承保人或者出售有价证券，或者将它记入自己的账户，这就把银团贷款和债券发行有机结合起来，为借款人提供中期资金。

（二）欧洲债券市场与中长期借贷市场的比较

1. 债权人不同。中长期贷款的债权人只能是贷款银行；债券的发行是通过银团的认购转卖的，债权人是在债券市场上购买债券的金融组织、保险公司和私人。

2. 使用限制不同。中长期贷款的贷款银行对借款人资金的使用方向比较关注，资金使用有一定限制；通过债券发行筹集到的资金使用方便，一般没有干涉与限制。

3. 流通性不同。中长期贷款一般不能转让；债券有二级市场，持有人可随时转让变现。

4. 债期续展的条件不同。中长期贷款到期后可以展期，但条件规定比较严格；债券发行单位如欲延期还款，可在债券未到期前再发行一种更换续债的债券，债券持有人有权决定更换与否，愿意更换的，可享受一定的优惠。

四、欧洲货币市场融资方式的特点

欧洲货币市场的产生、发展和运行，反映了以下几个方面的特点：

（一）银团贷款方式反映了国际垄断资本的进一步联合

为了分散风险减少损失，加强银行垄断组织的放款能力，各垄断资本经常联合组成银团，进行中长期资金贷放，这是垄断资本加强联合的一种表现。

（二）国际借贷业务趋向分散，向发展中国家和地区渗透的趋势愈益明显

由于通讯联系和资金调拨的便利，在以伦敦为主体的欧洲货币市场之外，离岸金融市场和离岸金融中心已在全球各大洲递次涌现。主要资金供给国家如美国和日本等金融资本随着国际借贷业务的分散与发展，随着跨国公司的发展，已将其银行的分支机构扩展到西欧、亚洲和拉丁美洲地区的国家，控制并渗透到当地银行。它们经营范围十分广泛的分期付款、垫付款项、设备租赁、电脑服务以及有价证券发行业务，其业务量非常巨大，有的分支机构的业务量甚至超过其在美国和日本的总行。

（三）银行资金来源由零星转为大宗，由零存整放转为整存整放

最典型的例子是大额可转让存单的发放，欧洲货币市场由吸收短期资金到发放大额可转让存单，这是资金来源由零星转为大额的范例。同样，在资金运用上中长期贷款、卖方信贷和欧洲债券的业务量急剧增加，反映了放贷资金越来越集中。

（四）“透支”贷放成为时兴

本来，银行负债业务是资产业务的基础，中长期贷款额度应以存款及营

运资金大小为依据，也就是先吸储而后贷放。然而，欧洲货币市场及其他国际金融市场的巨额银团贷款，则不以自己已有的资金为基础，经常是先与借方签订贷款协议，以后再从他处借入资金。

第三节
亚洲货币市场

一、亚洲货币市场的经营活动

亚洲货币市场是以亚太地区的银行经营离岸货币借贷业务所形成的市场。其“亚洲货币”泛指在这个市场上经营的各种国际货币，但因市场中美元交易量占绝大部分，所以也称为亚洲美元市场。

亚洲货币市场分为短期资金市场、中期资金市场、长期资金市场三类，尤以短期资金市场业务为重点。

（一）资金的来源与运用

1. 亚洲货币市场的资金来源。亚洲货币市场资金主要来源于四个方面：①外国中央银行的部分储备资产或财政盈余；②跨国公司的调拨资金和闲置资金；③东南亚国家、中东国家各大公司外流的资金；④外国侨民、进出口商或个人等非银行客户的外币存款。

除了上述四个方面来源外，近年来欧洲货币市场也向亚洲提供了大量资金。从最具代表性的新加坡市场可以看出，在 1971 年以前，经营亚洲货币业务的银行主要是聚集本地区的资金，再转贷到欧洲去运用，而 1971 年后，新加坡政府允许外国银行从其他地区筹集资金对客户进行放款，资金流向发生了逆转，即外国银行从欧洲货币市场把资金调拨到新加坡，再贷放于亚洲各地，满足这一地区对贸易和投资日益增长的资金需求。也就是说，欧洲货币市场成了亚洲美元资金的重要来源。

2. 亚洲货币市场的资金运用。亚洲货币市场资金主要运用于银行同业间的资金融通，其次是亚洲各国政府、企业及金融机构，很少贷款给个人。1975 年以后，亚洲货币市场贷给银行同业的款项一直占贷款总额的 70% 以上。

（二）短期资金市场

亚洲美元存款的起点低于欧洲美元，最低金额为5 000美元。存款分定期存款和通知存款两类：定期存款有1～6个月、9个月、1年等，通知存款有隔日、7天两种。亚洲美元贷款分短期、中期两类。亚洲货币市场一个很大的特点是，短期资产和负债都占很大比例。

亚洲货币市场利率一般是参照伦敦市场的利率跟随行市浮动。存款利率与贷款利率之间的差额比伦敦约高1%～3%。中期贷款利率按浮动利率计算，每3个月或6个月调整一次。

（三）中期资金市场

在亚洲货币市场上，1～5年的中期资金来源主要是发行美元可转让存款单。在放款方面，大部分中期资金是贷给政府的，但也有一些款项贷给造船、采矿、钢铁、塑料、汽车、电力、化学、石油化工方面的地区性企业。

银行之所以发售可转让存款单，是因为它可以防止利用短期存款进行长期放款可能出现的风险。这种方式不但满足了银行吸收中期资金的需要，同时又便于存户随时变现，因而得以极大地发展。

（四）长期资金市场

亚洲货币市场5年以上的资金借贷活动，主要采取银团贷款和发行国际债券方式。

亚洲货币市场银团贷款资金的主要来源是美国银行，投放对象主要是印尼、韩国、马来西亚、菲律宾和我国香港地区等地的客户。银团贷款的利率以伦敦银行同业拆放利率为基础，适当增加一些较低的加息率。亚太地区银团贷款的首例，当数新加坡于1972年组织的国际银团贷款。香港虽在1974年才组织第一次美元银团贷款，却后来居上，目前已成为国际银行在远东进行银团贷款的中心。

亚洲美元债券是以国际通兑货币为面值的国际债券，由亚洲地区的银行和金融机构牵头、认购。它有两种类型：一种是只在亚洲挂牌和销售，另一种是同时在亚洲和欧洲的证券交易所挂牌、销售。长期亚洲美元债券期限长达10年、12年或15年不等，利率视发行单位及发行期限而定。1970年前后，为开辟长期资本市场，新加坡政府曾采取一些优惠措施，鼓励亚洲美元债券市场的发展。经过多年的发展，到1983年以后，发行债券已经取代银团贷款，成为亚洲市场筹集长期资金的主要方式。

二、亚洲货币市场的作用

与国际离岸金融市场一样，亚洲货币市场的发展有力地推动了世界尤其是亚太地区经济的发展。

（一）亚洲货币市场的积极作用

1. 促进了亚太地区经济贸易的发展。大量外汇资金流入亚太地区，不仅有利于一些国家改善国际收支状况，而且使它们得以扩大投资，更新设备，改进技术，从而提高资本有机构成，扩大进出口贸易。不断创新的离岸金融业务，有利于亚太地区金融业专门知识和业务技能的提高，有利于培养和造就大批专门人才。

2. 亚洲货币市场的发展对国际金融产生了良性影响。进入 20 世纪 70 年代以后，巨额国际游资加剧了世界经济和国际金融的动荡，亚洲货币市场在妥善吸收和利用国际游资方面发挥了重要作用，同时也确立了亚洲货币市场在传统国际金融格局中的地位。传统国际金融格局以伦敦——纽约为轴心，它们的产生和发展可以说是经济和金融发展的自然结果，而亚洲货币市场是有关当局有意识地引导的结果，它改变了后起的亚洲地区相对于欧美在竞争中所处的不利地位，也大大促进了世界经济的均衡发展；同时，现代化通讯条件可以将亚洲的时区与北美、欧洲的时区递次衔接，构成全球性 24 小时连续不断的金融服务网，大大提高了金融服务的效率和能力。

3. 亚洲货币市场在解决石油美元问题上发挥了作用。20 世纪 70 年代，石油输出国组织数次大幅度提高石油价格，使得这些国家的石油收入极大地膨胀，它们的国际收支出现巨额顺差，改变了“发达国家顺差、发展中国家逆差”的传统格局。由这种顺差而来的“石油美元”数额巨大，给国际金融出了个不大不小的难题：石油输出国的石油收入庞大，而国内投资市场狭小，必须输出资本；石油输入国主要是一些工业发达国家，因大幅度增加石油支出导致国际收支的巨额逆差，却不能采取经济紧缩政策或限制石油输入措施（这会引起经济衰退并影响世界贸易的发展，导致更大的逆差）。解决的办法就是如何促成石油美元的良性循环。早先，石油美元主要流向美、欧金融市场，但流动不畅，亚洲货币市场的发展，有效吸纳了部分石油美元，资金雄厚的阿拉伯银行相继进入亚洲货币市场，扩大了亚洲货币市场对国际资金流动的影响。

（二）亚洲货币市场的消极作用

亚洲货币市场对亚太地区的经济和金融也存在消极影响。①亚洲货币市场的迅速发展，必然使得本地区的经济发展受世界经济的影响加深，各发展中国家对于世界市场依赖日益增加，相应增加了承受世界经济风险的负担。②亚洲货币市场以银行间交易为主，对各国汇率、利率的差别和变动反应灵敏，国际资金的投机性流动对其同样产生影响。③亚洲货币市场的资金流动冲击了所在国的金融稳定，甚至在一定程度上左右有关国家的经济政策。④作为国际性金融市场的一个组成部分，必然成为国际金融投机活动的一个目标和场所。

针对上述情况，各国对亚洲货币市场采取了有组织有步骤的干预措施，诸如提高准备金比率、限制银行业的种类、限制贷款资金的用途等方法，对市场的活动进行管理，抑制亚洲货币市场的消极影响。

总起来看，亚洲货币市场已发展为离岸金融市场在亚太地区的一个重要分支，它与加勒比海的巴哈马——开曼、欧洲的卢森堡两个离岸金融中心形成鼎足而立的局面。

思考与练习

1. 什么是离岸金融市场？它有哪些特点？
2. 离岸金融市场对世界经济和国际金融有何影响？
3. 欧洲短期资金借贷市场有哪些特点？
4. 欧洲中长期贷款协议有哪些主要内容？它与欧洲债券市场有何联系？
5. 亚洲货币市场主要经营哪些业务？
6. 如何评价亚洲货币市场的作用？

第九章

金融衍生市场

内容提示

金融衍生市场是个特殊的交易市场，是从传统金融市场中衍生出来的新兴市场，它的交易对象是从原生性金融商品或基础性金融工具中创造出来的新型金融工具。金融衍生市场诞生至今不到30年，但金融衍生工具交易已成为国际金融市场的主角，它给国际金融市场注入了生机，对国际金融市场的发展产生了不可估量的影响。本章介绍金融衍生市场产生的历史背景，金融衍生工具的特征，并分别对期货市场、期权市场、远期利率协议市场、互换市场上各类衍生交易的性质、特征、交易规则、市场运作进行简要介绍。

第一节 金融衍生市场概述

一、金融衍生工具的概念及种类

金融衍生工具是20世纪70～80年代全球金融创新浪潮中的高科技产品，是金融创新工具的重要组成部分。它是在传统金融工具如货币、股票、债券等的基础上衍生出来的，通过预测股价、利率、汇率的未来行情走势，采取支付少量保证金或权利金签订远期合约或互换不同金融商品等形式进行交易的新兴金融工具，它的特性、功能与作用有别于传统的金融工具。

（一）金融衍生工具的概念

金融衍生工具是由英文“Derivatives”翻译而来的，国内译法有多种：金融衍生商品、金融衍生产品、衍生金融产品、衍生金融工具、金融派生品等，其实质都是指根据某种相关资产的预期价格变化而进行定值的金融工具。这种相关资产可以是货币、外汇、债券、股票等金融资产，也可以是金融资产的价格如利率、汇率、股票价格指数等。

金融衍生工具最大的特征是它的“衍生”性。以基础和衍生关系分析，凡是能独立成为交易对象的金融商品，就是基础商品，如股票、债券、存单等；凡是由基础产品派生出来的金融商品，就是衍生商品，如股票期权、利率期权等。基础商品和衍生商品的关系是，前者没有后者照常可以独立存在并成为交易对象，而后者离开前者就不可能独立存在，两者恰如“皮与毛”的关系，“皮之不存，毛将焉附”。常见的金融衍生工具有期货合约、期权合约、互换合约、远期利率协议等。

（二）金融衍生工具的种类

金融衍生工具按照基础工具的种类、交易形式以及自身交易方法，有不同的分类。

1. 按基础工具不同分类。按基础工具不同金融衍生工具划分为：股权衍生工具，指以股票或股票指数为基础工具的金融衍生工具，主要包括股票期货、股票期权、股票指数期货、股票指数期权等合约；货币衍生工具，指以各种货币为基础工具的金融衍生工具，主要包括远期外汇合约、货币期货、货币期权、货币互换等合约；利率衍生工具，指以利率或利率的载体为基础工具的金融衍生工具，主要包括远期利率协议、利率期货、利率期权、利率互换等合约。

2. 按基础工具的交易形式不同分类。按基础工具的交易形式不同划分为：交易双方必须履行交易义务的金融衍生工具，如远期外汇合约、远期利率协议、货币期货、利率期货、股票期货、股票指数期货、货币互换、利率互换等；交易一方有履约选择权的金融衍生工具，如货币期权、利率期权、股票期权、股票指数期权等，另有期权的变通形式认股权证、可转换债券、利率上限、利率下限、利率上下限等。

3. 按衍生工具交易特点分类。按金融衍生工具自身交易方法和特点划分为：金融远期，即合约双方同意在未来日期按照固定价格交换一定量金融资产的合约，如远期利率协议、远期外汇合约、远期股票合约；金融期货，即买卖双方在有组织的交易所内以公开竞价的形式达成的，在将来某一特定时间交收标准数量特定金融工具的协议，如货币期货、利率期货和股票期货、股票指数期货；金融期权，即合约双方按约定价格，在约定日期内就是否买卖某种金融工具所达成的契约，包括现货期权和期货期权两大类；金融互换，即两个或两个以上的当事人按共同商定的条件，在约定的时间内，交换一定支付款项的金融交易，主要有货币互换和利率互换两类。

二、金融衍生工具的特点

（一）杠杆性

这是金融衍生工具交易的最显著特征之一。在金融理论中，杠杆性指以较少的资金成本可以获得较多的投资，以提高投资收益的操作方式。金融衍生工具是以原生工具的价格为基础的，交易时不必交纳相关资产的全部价值，只要缴存一定比例（一般为5%～10%）的押金或保证金，便可得到相关资产的管理权，待到交易时所确定的到期日，对已交易的金融衍生工具进行反方向交易，并进行差价结算。因而，金融衍生工具交易只需投入较少的成本，即可实现巨额交易，由此可能给交易者带来高收益。

（二）高风险性

风险性指资产或权益在未来发生无法预期损失的可能性。金融衍生工具是为投资者抵补或规避风险的一种金融创新，它的初衷是为了交易保值和防范风险。但金融衍生交易一经产生，它所具有的“以小搏大”的特殊诱惑力，刺激着一批敢冒风险的投机者涌入市场，充分利用衍生工具的杠杆作用以小额成本进行巨额运作，使金融衍生工具严重脱离了交易保值的初衷，蕴含了巨大的风险。

金融衍生工具具有高风险的原因：首先，金融衍生工具交易与传统的金融工具最大的不同在于其经济业务的发生不是一个交易时点，而是一个时间跨度、一个过程，在这一过程中蕴含了许多变数，自然涉及了许多风险。其次，金融衍生工具杠杆性的特征使其具有收益放大的功能，能刺激投机，引诱人们以小搏大，在交易额几十倍甚至几百倍地扩张的同时，风险也被放大了。再次，金融衍生工具集中了分散在社会各个领域中的所有风险，在固定市场上加以释放，由于衍生工具交易过于集中且交易量大，相互联系的交易对手中任何一方出现问题，都会引起连锁反应，以至波及整个金融市场。

（三）虚拟性

虚拟性指证券所具有的独立于现实资产运动之外，却能给证券持有者带来一定收入的特征。金融衍生工具本身并没有什么价值，而只是代表一种获得收入的权利，即收入所有权证书，它是按照利息资本化的原则来设计的。

金融衍生工具的虚拟性不同于其他具有虚拟性的原生工具：具有虚拟性的原生工具（如股票、债券等）所有权的获得需要缴付足额的现值货币资本，如某种股票的市场价格为30元，则获得1股需要缴入30元才能取得该单位股票的所有权。而在进行金融衍生交易时，只需要缴付一定比例的保证金，即可获得对其原生工具收益的所有权。因此，金融衍生工具的虚拟特征更强于原生工具。当金融衍生工具的原生工具是股票、债券之类的虚拟资本时，它更具有双重虚拟性，其收益与风险的变化就更加剧烈了。

这种虚拟性所产生的市场后果是：金融衍生工具市场的规模大大超过原生市场的规模，甚至远远地脱离原生市场。如我国在1995年试办国债期货市场时，国债期货日交易额曾达到8 500亿元人民币，这一数字是其相关资产（国债）的几百倍，甚至几千倍。国债期货每日转手率如此之高，足可以看出国债期货的虚拟成分。

三、金融衍生市场的产生与发展

（一）金融衍生工具的诞生

1972年5月16日，美国芝加哥商品交易所在固定汇率制崩溃，国际外汇市场动荡不定的情况下，在该交易所内另设了专门从事金融期货业务的部门，即国际货币市场，首次推出了英镑、加拿大元、德国马克、日元、瑞士法郎、法国法郎、墨西哥比索7种货币期货合约，标志着金融期货的正式诞生。1973年4月，芝加哥期权交易所成立，正式推出股票期权买卖，标志着金融期权的诞生。1975年，芝加哥期货交易所陆续推出联邦抵押协会存单和财政部短期债券期货，期货的种类由货币期货扩展到利率期货。1981年，美国所罗门兄弟公司成功地为美国商用机器公司和世界银行进行了美元与德国马克及瑞士法郎之间的互换，标志着互换的诞生。1982年2月，美国堪萨斯市交易所（KCBOT）首次推出股价指数期货。

（二）金融衍生市场的产生与发展

一种新型交易工具的产生必然要求创设相应的交易市场。在20世纪70年代金融期货交易诞生的同时，金融衍生市场也开创了新纪元，它的标志是美国芝加哥商品交易所国际货币市场的诞生。80 年代，各种衍生工具异军突起，获得了长足发展；90 年代，金融衍生工具的供给技术不断创新，品种繁多，金融衍生市场也伴随之迅速发展。当今，金融衍生市场已由美洲、欧洲向亚太地区乃至全球不断拓展，特别是一些金融业发达、基础金融工具齐全的国家或地区，如美国、英国、瑞士、法国、德国、日本、加拿大、澳大利亚、香港地区、新加坡等地，金融衍生工具的交易十分活跃，市场规模迅速扩大，金融衍生市场正以一个新兴的金融市场展现在世人面前。

（三）金融衍生市场迅速发展的动因

金融衍生市场的迅速发展，有其深刻的社会经济原因和历史背景。

第一，西方市场利率、汇率波动频繁，金融衍生工具具有规避风险的功能。1973 年布雷顿森林货币体系崩溃以后，外汇市场上汇率波动频繁；20 世纪 80 年代，各国把货币供应量作为货币政策标的，控制了货币供应量，却让利率随行市上下波动。汇率与利率的频繁波动增加了金融市场上的风险，为了转嫁风险，金融衍生交易便应运而生了。金融衍生交易产生的初衷是为了套期保值，以便稳定未来的收益，但进一步发展后，以实际资产为基础的交易越来越少，而纯投机的成分却越来越多。

第二，金融业竞争激烈，资金不足，迫切需要开拓创新业务。20 世纪 80 年代以后，各国金融当局竞相放松金融管制，国家间的金融壁垒逐渐减少，金融机构间业务相互渗透的现象愈加明显，金融竞争也越加激烈。竞争使商业银行利差缩小，利润下降；非银行金融机构推出各种金融服务，与商业银行争夺资金。在这种背景下传统的金融业务已失去竞争优势，银行不得不想方设法推出金融新业务，以获得新的收益来源。金融衍生业务不需要动用大量资本金即可扩大业务，带来服务性收入，具有低成本、高风险、高收益且不影响资产负债等优势，正好适应银行金融创新的要求。另外，国际金融一体化使各国金融市场融为一体，各金融市场新业务的传播没有什么束缚，也刺激了金融衍生市场在国际范围迅速推广开来。

第三，为避开《巴塞尔协议》对银行资本管理的某些限制，也需要拓展创新业务。由西方 12 国中央银行行长签署通过的《巴塞尔协议》对银行资本结构以及各类资产风险作了统一规定，要求开展国际业务的银行必须将具资本充足率即资本与风险加权资产的比例维持在 8% 以上，其中核心资本达 4%，以降低信用风险。银行表内业务中经营的各种贷款，均属风险系数较大的业务，根据《巴塞尔协议》规定，必须建立较多的资本储备，这相应减少了银行可运用的资金，降低其盈利水平。金融衍生交易几乎都属于表外业务，无论买进或卖出，都不会扩大金融机构的资产负债，因而，银行乐于发展金融衍生业务来保证低成本、高收益。

第四，发达国家在20世纪90年代初普遍陷入经济低潮，国内资本剩余，迫使其寻找新的投资方向。经济发达国家资金流向亚洲、拉丁美洲新兴金融市场的数量越来越多，这些资金不仅投向传统的基础金融业务，更多的是投在金融衍生市场上，促进金融衍生交易的发展。

第五，高新技术的应用是金融衍生工具交易得以推广的客观基础。先进的通讯设施和电脑技术的运用使金融衍生交易的速度加快，成本降低，这为金融衍生工具的不断翻新和扩大交易量提供了可能性。

金融衍生交易的强劲增长势头说明了其存在的合理性，它为参与商品和金融交易的机构和个人提供了廉价而有效地规避风险的方式，为整个市场提供了指导生产与经营的均衡价格，为投资者提供了以小搏大的理财工具，为管理当局提供了调控市场的有效手段。

第二节 金融期货市场

一、金融期货的概念和种类

（一）金融期货的概念

金融期货指交易买卖的双方在期货交易所以公开竞价的方式成交，承诺在未来某一日期或某一段时间内，以事先约定的价格交割某种特定标准数量金融工具的契约。在各类金融衍生工具中，金融期货是出现较早的一种，相对而言，也是人们较为熟悉的一种。金融期货的出现改变了传统的现货交易的模式，为风险的转移和规避提供了新的方式。

期货是在实物交割方式由即期交易向远期交易转化时而产生的，当远期合同被转卖并形成相对固定的格式时就形成了期货合约交易。刚开始出现的是商品期货交易，如农畜产品、金属等一般商品的期货交易，各国都在特定的场所即交易所内进行。后来将这种商品期货交易的方法运用于货币、证券类及股票指数等金融商品的交易，即为金融期货交易。

期货交易是一种特殊的交易活动，其特殊性表现在：交易对象是特殊“商品”——标准化期货合约；上市商品是代表性商品，必须满足大宗交易、品质易于划分、便于贮藏、价格波动频繁等条件；交易目的不是为了让渡商品的所有权或使用权，而是为了规避风险或投机；交易采用保证金方式进行，有较强的杠杆作用。

金融期货的产生大大晚于商品期货，但发展却极为迅速，目前，金融期货占西方期货市场交易量的比重已达60%以上。

（二）期货交易与现货交易的区别

现货交易包括即期现货交易和远期合约交易，是人们比较熟悉的交易方式。期货交易是以现货交易为基础发展而来的，但期货交易在交易对象、交易目的、交易方式等方面与现货交易又有着根本的区别。

1. 交易对象不同。期货交易的买卖对象是某种商品的标准化合约，交易者大多在合约到期前通过在期货市场上作对冲操作免去到期进行实物交割的责任，通常不涉及商品实物的转移，因此有人认为“期货不是货”；现货交易买卖的是商品本身，通过商品实物转移来完成交易，远期合约交易只不过将实物转移推迟到未来的某个远期。

2. 交易目的不同。期货交易的目的是为了回避价格波动带来的风险或进行投机获利；现货交易是为了取得商品的使用价值（买方）或实现商品的价值（卖方）。

3. 交易的场所不同。期货交易必须在有组织的期货交易所内进行，并有固定的交易程序和规则；现货交易的交易地点没有严格规定，既有集中交易，也有分散交易，一般没有必须遵守的交易程序。

4. 交易的主体不同。期货交易的交易主体除了希望规避风险的生产者、经营者外，还有大量的投机者，买卖双方没有直接联系，通过经纪人和清算所发生间接联系；现货交易的主体是生产者、经营者和消费者，买卖双方直接联系。

5. 交易的方式不同。期货交易通过公开竞价方式进行，一对一的谈判交易被视为违法；现货交易一般通过一对一谈判达成，价格由买卖双方协商决定。

6. 交易的商品范围不同。期货交易的商品范围有限，只有满足一定条件的商品才能进行交易；现货交易的商品品种没有范围限制。

（三）金融期货的种类

当今世界上的金融期货按交易对象不同大致可分为三种。

1. 货币期货。货币期货以各种可以自由兑换的货币作为交易对象。如英镑、日元、德国马克、加拿大元、荷兰盾、墨西哥比索、瑞士法郎和美元等。

2. 利率期货。利率期货以各种利率的载体作为合约标的物。债券是利率的主要载体，故利率期货主要是附有利率的债券期货。如短期国库券、中期国债、长期国债、存款证、90天商业票据和欧洲美元债券等。目前，利率期货交易量占了全世界衍生工具场内交易量的一半还多。中国的国债期货也属于其中的一种。

3. 股票价格指数期货。股票价格指数期货可简称为股指期货或期指。它是以股票价格指数为基础变量的期货交易。股票价格指数期货的基础变量特征决定了它独特的交易规则，其交易单位等于基础指数的数值与交易所规定的每点价值之乘积。股票价格指数期货报价时直接保持基础指数数值，最小变动价位通常也以一定的指数点来表示。由于股票价格指数期货本身并没有任何的实物存在形式，因此股票价格指数期货是以现金结算的方式来结束交易的。在现金结算方式下，持有至到期日仍未平仓的合约将于到期日得到自动冲销，买卖双方根据最后结算价与前一天结算价之差计算出盈亏金额。

股票价格指数期货是为适应人们控制股市风险，尤其是系统性风险的需要而产生的。股票价格指数期货之所以能规避股票交易中的风险，主要是因为股票价格指数的变动代表了整个股市价格变动的方向和水平，而大多数股票价格的变动是与股价指数同方向的。因此，在股票现货市场和股票价格指数期货市场进行相反操作，并通过β系数进行调整，就可以在一定程度上抵消股票市场面临的系统性风险。

2006年9月8日，中国金融期货交易所正式成立，计划推出以沪深300指数为基础资产的首个中国内地股票价格指数期货，并于2006年10月开始了仿真交易。新加坡交易所（SGX）于2006年9月5日推出以新华富时50指数为基础变量的全球首个中国A股指数期货。

新出现的金融期货还有股票期货，但规模较小。此外，黄金期货交易也应算金融期货交易的一种，但其交易方式与一般商品期货交易并无分别，故一般将其归入商品期货交易范围。

二、金融期货市场的组成

金融期货市场一般由五个部分构成。

（一）金融期货交易所

金融期货交易所一般是由会员集资，以股份有限公司形式向当地政府注册的非盈利性会员制协会组织。交易所本身并不进行交易，只是为期货交易提供场所及设施，并制定、公布和实施交易规则，以使交易得以公平、公正、公开地进行。

1. 金融期货交易所的组织机构。金融期货交易所的权力机构是全体会员大会，由会员大会选举产生的董事会是交易所的管理机关，日常行政事务由交易所总裁或总经理负责下的行政人员处理。

按照交易所的规定，只有取得交易所会员资格的法人或自然人才可派自己的出市代表或亲自进场交易。金融期货交易所的会员分为两类，一是一般会员，只能为自己买卖期货合约，不能充当经纪人；二是经纪人会员，既可在交易所内为自己买卖期货合约，也可代理非会员在场内进行期货合约的买卖，收取佣金。金融期货交易所对会员数一般都有严格的限制，取得会员资格有严格的审查程序，所以会员享有很高的社会地位，拥有良好的商业形象，会员资格的转让费很高。

2. 金融期货交易所的主要功能。

（1）为会员提供一个有组织的、稳定的交易场所。交易所的首要功能是交易，它有一个交易大厅，并提供交易所需的通讯设施，确保交易能在交易大厅内迅速、准确地进行。为了使出市代表随时了解最新信息，交易厅的电子显示板还要随时显示其他期货交易所上市的期货价格以及有关金融、贸易、商品的最新市场信息。

（2）提供一个统一的交易规则和标准，以使交易有章可循。每个期货交易所都有一系列交易规则来实行自律，其规则由会员共同制定，由交易所执行，从而保证了交易的有序进行。

（3）确保市场的流动性，提高交易效率。期货交易所是高效的集中交易型市场，交易者能够很快地完成交易，一般从客户下指令到交易结束只需几分钟，效率极高。

（4）开创新的合约并进行推广、宣传。交易所要不断研制新产品，推出新的期货合约，并进行推广、宣传、培训活动，不断扩大期货交易所的影响。

（5）向社会传播信息，为世界市场提供一个连续的价格体系。所有在交易所内达成的交易和价格，除要及时向交易所会员报告外，还要通过各种通讯方式向全社会公布。

（二）金融期货清算所

金融期货清算所又称票据交换所或期货交换所，是期货市场的一个重要组成部分。清算所负责对每日在交易所内达成交易的期货合约进行清算，并对清算会员的保证金账户进行调整、平衡，以及负责收取履约保证金，监督和管理到期实货交割，报告交易数据等。

1. 期货清算所的组织机构。各国期货交易所与清算所的关系不尽相同，大体分三种情况：一是交易所的会员即清算所的会员；二是清算所虽属于交易所，但交易所中只有部分财力雄厚的会员才能成为清算所的会员；三是清算所独立于交易所之外。美国的清算所是金融期货交易所的附属机构。在欧洲和其他地区，清算所的独立性较强。

清算所一般也采用会员制，只有清算所会员才能直接与清算所发生关系，投资者或其他交易主体要使其交易得以完成，必须通过清算所会员进行。就一般情况而言，要成为清算所会员，首先必须是交易所的会员；必须交存巨额的保证金；要在清算所附近设立办事处，以保证每日清算正常进行。清算所的最高权力机构是理事会（或董事会），具体日常事务由总裁负责。

2. 清算所的职能。清算所的职能是充当所有交易方的对方，即成为每一份金融期货合约买方的卖方和卖方的买方。清算所割断了买卖双方的直接联系，使交易双方互不依赖，一切交易均通过清算所来完成，这样，每个交易者都不需要对交易对方负财务责任，不承担对方的信用风险。

清算所的具体作用有：①清算作用。期货交易者完成交易后的所有成交信息都会传到清算所，清算所在核实的基础上每日清算交易双方的盈亏；②交易的担保作用。清算所作为交易双方的对方，承担了保证每笔交易按期履约的全部责任；③监管实物交割。对需要进行最后实物交割的合约，清算所办理有关手续，并监督交割；④市场信息的公布。清算所必须提供有关合约交易量和空盘量的逐日记录。

3. 清算所的有关制度。为了保证交易的顺利进行，清算所也设立了相应的制度，主要有：①登记结算制度。每一份期货合约的成交，必须经清算所登记后才是合法的，才算完成了整个交易过程。②保证金制度。每个清算所会员都必须在清算所内存入一笔清算保证金，用作清算所会员自己或为其他非清算所会员代为结算时使用。③每日结清制度。清算所奉行“无负债”原则，在每个交易日结束后，清算所以收盘价计算出每一交易合约双方的盈亏情况，并在其账户上调整，若亏损方保证金低于最低保证金水平，清算所则要求其在第二个交易日之前补足。④交易限额制度。一是最多合约数量限制，即根据每位会员的资本结构确定其在一定时间内所能拥有的最多合约数量；二是价格限制，即允许金融期货交易价格变动的最大幅度，包括涨停板和跌停板两种形式。⑤风险处理制度。当某个会员破产时，清算所可采取一系列措施防止事态的扩大，如将破产的会员账户上的合约进行平仓、转让或套取现金；动用该会员账户上的保证金；要求会员增缴保证金等，以维持清算所的正常运转。

4. 清算方式。期货交易的清算一般采用三种形式：①对冲了结。由期货交易者重新买进或卖出一份数量相同而性质相反的期货合约，与自己的手持合约对冲。大多数期货交易采用此法了结。②实物交割。卖方按期货合约规定的商品数量、质量、时间、地点等条件向买方交运实物商品，买方则按合约规定的金额付出价款。在较发达的期货市场实物交割的比例一般不足3%。③现金结算。一部分金融期货合约采取现金结算了结，如股票指数期货合约的交割。

（三）金融期货经纪行

金融期货经纪行一般为经纪人会员，是介于金融期货交易所和投资者之间的中介公司，其基本职能是为那些不拥有交易所会员资格的投资者进行服务，代为下达买卖指令，收取保证金和佣金。由于经纪人十分了解期货商品的供求状况、价格变动趋势、交易规则、商品的品质和数量标准、客户的具体要求等，通过经纪人的理性操作，可减少市场的盲目投机，加快成交速度，提高交易效率。

（四）金融期货交易者

金融期货交易者指在金融期货市场上买卖期货合约的个人或公司。按买卖动机不同分为套期保值者和投机者。套期保值者指那些把期货市场当作规避与转移现货市场价格风险的个人或企业，其交易量大，合约保留时间长，买卖部位比较稳定。投机者指那些纯粹在期货市场上通过预测市场行情，赚取买卖价差的个人或企业。套期保值者和投机者在期货市场上相伴而生，缺一不可，他们共同维持期货市场的流动性，促进期货市场总体功能的发挥。

（五）金融期货市场的管理机构

美国是最早建立金融期货市场的国家，其管理方法和有关立法都比较完善，颇具代表性。美国对期货市场的管理采用政府管理与行业自律监管相结合的方式，政府机构是商品期货交易管理委员会（CFTC），自律机构是全国期货协会（NFA）。

三、金融期货合约交易的规则与程序

（一）金融期货交易的有关规则

1. 以标准化合约为单位进行交易。期货合约是一项按照买卖双方商定的价格，通过交易所签订的在未来预定时期交割预定数量基本标的物资产的法律文件。期货合约上要规定标准数量（金额）、交割期限、保证金金额等，即除价格以外，其他合同条款均由交易所统一制定其标准，故为标准化合约。期货合约单位一般用口、手或张数来表示。

在期货交易所买卖成交必须是一个或几个标准化合约，每份合约金额固定。根据芝加哥国际货币市场（IMM）的规定，货币期货交易的每一合约单位为：GBP25 000、DEM125 000、JPY12 500 000、CHF125 000、NLG 125 000、FRF250 000、CAD100 000、MXP1 000 000。

2. 采用公开竞价方式成交。期货合约买卖的双方委托经纪商进入期货交易所，由众多的买方和卖方通过"公开喊价"方式决定成交价格和交易的合同份数，一对一的谈判被禁止。

3. 规定报价的最小变动价位。交易所对各类期货契约规定了最小变动价位，称为刻度（Tick）。在期货交易所公开竞价过程中，期货交易的报价必须以最小变动价位的整倍数上下波动。例如，IMM规定每份英镑合约金额为GBP25 000，低价位波动幅度为USD0.0005，则每份合约变动值为：25 000×0.0005＝12.50（美元）；高价位波动幅度为USD0.05，则每份合约变动值为：25 000×0.05＝1 250（美元）。其中，0.0005和0.05即为刻度，12.50和1 250称为刻度值，每份英镑期货合约往上报价时以1 250美元为每一变动价位，往下报价时以12.50美元为每一变动价位。最小变动价位一般根据该金融工具种类、性质、市场价格波动状况、商业习惯等因素确定。最小变动价位的规定便利了交易者核算盈亏。

4. 规定每日最大波动幅度。期货交易所规定了单个交易日内期货价格所允许的最大涨跌幅度。当单日价格波动超过这一限度时，期货交易所会停止该期货当天的交易，进一步的交易将在第二天进行。规定价格波动上下限可以避免期货参与者在单一交易日内承担过高的风险，可防止期货市场发生连手操纵的不法行为。涨跌停幅度的大小，取决于期货价格波动的频繁程度和波幅的大小。在美国等一些成熟的期货交易所，现已不设涨跌停板，以使期货价格能真实反映商品供求关系，迅速地发现价格。

5. 实行买卖双方不见面原则。每笔期货交易在期货交易所成交后，买卖双方均须进入期货清算所进行登记，由期货清算所分别与买卖双方签订买卖契约。期货清算所介入交易后，就由其担任买卖双方的相对人，割断了买卖双方的联系。此后，买卖双方不再直接见面，不承担信用风险。

6. 交付保证金。买卖双方成交后必须分别交付保证金，缴于具有期货交易所清算会员资格的经纪商，经纪商再依照规定的比例将客户的部分保证金转存于清算所或期货交易所，开立客户的保证金账户。

保证金分为两类：①初始保证金，在交易开始时交纳，其金额由清算所和交易所根据期货价格的变动情况决定，并可在交易过程中随时调整。初始保证金通常在每份合约面值的5%～10%之间；②维持保证金，允许保证金账户上保证金金额下降的最低限度，低于此限度时，交易所则向交易者发出补足保证金通知，客户必须于次日开盘前补足保证金到初始保证金水平。增加的保证金称为变值保证金。维持保证金金额一般为初始保证金金额的75%～80%。

保证金缴存的比例称为保证金率，由期货清算所规定。保证金率是保证金与投资额之比，一般在5%～10%左右，特殊情况可扩大到5%～20%。保证金率的高低视交易者信誉、交易商品种类、风险大小而定。例如，套期保值风险小，保证金率低；越临近交割月份交易，对冲难度越大，交割的可能性越大，则保证金率越高；市场价格波动大的时期，保证金率高，反之则低；资信好的经纪商或稳定的客户保证金率低等。

7. 实行每天清算制度。凡在期货清算所户头上未平仓的每笔期货交易，均需按当日市场收盘价格逐日清算，按盈亏额加减客户的初始保证金账户：盈利部分加记保证金账户，并于第二天结付给客户；亏损部分扣减保证金账户金额，当其金额降到维持保证金幅度时，要求客户补足保证金。

8. 标准交割时间。包括标准交割月份和标准交割日期。不同的交易所对交割月份和交割日期的规定不同，如伦敦国际金融期货交易所（LIFFE）规定每年的3月、6月、9月、12月为交割月，交割月中的第二个星期的星期三为交割日。芝加哥国际货币市场（IMM）把每年的1月、3月、4月、6月、7月、9月、10月、12月作为交割月份，每个交割月份中的第三个星期的星期三作为交割日。合约的交易在交割日前两个营业日停止。

（二）金融期货合约的交易程序

所有的期货合约交易都是在期货交易所的交易大厅中进行的，在交易大厅内只有交易所会员或其指派的出市代表才能入场交易，一般客户必须委托经纪行会员——期货经纪行才能进行期货合约的买卖，所以期货合约的交易过程是从选择经纪行开始的。

1. 选择经纪行。比较合适的经纪行首先应该是交易所会员，其市场信息灵通、收费合理、能为客户提供有利的交易机会。确定经纪行后须开立交易者的账户，由期货交易者在经纪行处存入足够的保证金。

2. 下达交易指令。交易者向期货经纪人发出一定的交易定单。定单的基本内容有客户姓名、账号、合约名称、合约数量、交割月份、交易所名称、价格要求、定单有效时限、经纪行和客户签名。在定单未执行前，客户有权更改和取消，如未特别声明，所有的定单都只是当天有效的。

3. 合约成交。期货经纪行接到客户下达的交易指令后立即通知其驻交易大厅的场内经纪人，场内经纪人以公开喊价的方式来表达各自买卖的意向。交易达成后，其价格和交易情况要向客户报告并予公布。

4. 清算。每笔交易达成后，买卖双方的经纪人都要填写交易确认卡，将交易情况记录下来，由交易所打上成交时间后送清算所结算。一笔交易只有经过清算所结算后，才算完成了整个交易过程。

四、期货价格

（一）期货价格的影响因素

期货价格是一种现货商品的未来价格，是由交易双方在交易所内通过“竞价”而达成的。但是，交易双方的报价并不是盲目进行的，而是在综合分析各种影响因素的基础上，通过各自对未来价格走势的预期而进行的竞价，最终达成交易的价格。因此期货价格的形成有其影响因素。

1. 原生产品价格的影响。由于期货合约的标的物是现货市场的原生产品，所有影响原生产品价格的因素同样影响期货价格。如市场供求关系、利率的走势、汇率的波动以及政局的稳定与否等。

2. 市场预期心理的影响。期货交易从签订合同到平仓或交割往往还要经历一段时间，期货价格除受现货供求关系影响外，更直接地受市场预期心理的影响。套期保值者和投机者对未来价格走势的主观判断、市场人士关于未来经济金融形势的预测、技术图表分析的结果都直接影响期货价格。

3. 投机因素的影响。投机者是期货市场价格风险的主要承担者，是期货市场不可或缺的润滑剂，缺乏投机，套期保值将无从实现。这是因为套期保值者不可能在买卖的品种、数量、方向上刚好匹配，若没有投机者，其买卖的期货合约将缺乏对手，价格风险也就无法转移，因此套期保值与投机是互相依存的。在正常情况下，投机者通过贱卖贵卖调整供求，可以平抑期货价格的波动，促使价格恢复均衡。但是如果出现投机者的价格操纵行为，则会加剧市场价格波动，使价格偏离市场均衡价格。

由于影响和决定期货价格的因素错综复杂，期货价格往往会比现货价格更脱离实际供求关系。

（二）期货价格与现货价格的关系

期货价格与现货价格之间存在着两种变动特性：平行变动性和合二为一性。

1. 价格的平行变动性。由于期货价格是预期的现货价格，影响现货价格的各因素同样也影响着期货价格，因此，期货价格与现货价格的变动方向基本一致。但是，这种平行变动性只说明了期、现市场价格的同方向变化，而非等比例变化。事实上，由于期、现市场对相同因素会作出程度不同的反应，二者的价格涨跌幅度往往存在差异，这种期、现市场价格的差异称为基差。基差的存在，使套期保值者不可能完全规避价格变动风险。

2. 价格的合二为一性。随着期货合约到期日的临近，影响期货价格变动的不确定因素在日益减少，确定性因素在日益增多，期货价格开始与现货价格趋同，在到期日那天，期货价格将完全等同于现货价格，若存在差异，套利（或套汇）行为也将消除这一差异。

（三）期货价格的功能

期货价格具有发现并传播市场价格的功能。期货价格以现货价格为基础，但它不等于现货价格，交易者对未来价格走势的预期决定了它与现货价格的偏离度。当期货市场将四面八方成千上万的投资者集中在交易所进行竞价，其形成的价格就反映了对该价格有影响的所有信息和不同买主和卖主的预期，使真正的未来价格得以发现。期货市场新形成的价格随时随地通过各种转播方式向各地发布，又使这一价格成为指导生产、合理配置社会生产要素的重要依据。世界各地期货市场的经验已证明，期货市场从信息上影响了现货市场的价格走势以及远期现货商品市场的供求。

五、期货交易策略

期货交易的目的有套期保值和投机两种，其交易策略也分为两种。

（一）套期保值策略

套期保值指以转移价格波动风险而进行的期货合约买卖。即交易者在现货市场上买进或卖出一定数量某种金融商品时，在期货市场上设立与现货市场相反的头寸（或称“部位”），以达到对冲风险的目的。套期保值方法可以归纳为五个字——“相等且相反”。套期保值分为两种形式：首先买入期货合约为多头套期保值；首先卖出期货合约为空头套期保值。

套期保值策略的具体运用步骤为：交易者首先根据自己在现货市场上的交易状况，通过买进或卖出期货合约，建立与现货头寸相反的第一个期货头寸；在完成现货市场交易而期货合约未到期前，建立第二个与原期货头寸相反的部位对冲掉先前持有的期货头寸。

套期保值之所以有效的经济原理在于期货市场价格和现货市场价格平行变动性的关系，现货市场的盈亏在期货市场上必然体现为亏盈，两值相抵，套期保值者大致能固定经营成本或预期利润。

（二）投机策略

投机者参与期货交易的动机是为了获取价差收益，他们对期货合约的标的物不感兴趣，总是在合约到期前通过对冲交易来免除交割责任。投机者通过期、现市场的相应操作，在期货市场上总能找到盈利的机会，赚取投机利润。

1. 价差套利。投机者最基本的交易策略就是通过对市场价格变动形势进行预期和判断，事先“贱买贵卖”，这是最常见的投机方式，即普通的买空卖空活动。买空交易是投机者预测某种期货合约的价格将会上涨，即购买某一交付月份的期货合约，一旦预测准确，便立即将事先购买的合约卖出，从中赚取差额；卖空交易则是预测价格下跌时先售后买期货合约的交易行为。

2. 跨期套利。跨期套利是指买进某一交割月份期货合约的同时，卖出另一交割月份的同类商品期货合约，由于期限不同，其影响因素和预期也会有所不同，投机者就可以利用同一商品但不同交割月份的期货价格之间的差价变化进行对冲获利。当预测较长期交割期货合约价格增长快于较短期交割期货合约价格时，采用买入较长期期货，同时卖出较短期期货的交易方式；反之，当预测较短期交割期货合约价格增长快于较长期交割期货合约价格时，则买入较短期期货，同时卖出较长期期货。

3. 跨市套利。由于不同交易所的供求状况会有所不同，其同种商品在不同的交易所会出现不同的价格，投机者可以在某交易所卖出某一交割月份的某类期货合约的同时，在另一交易所买进同一交割月份的同种期货合约，利用同一商品在不同交易所的期货价差套取利润。

4. 跨商品套利。跨商品套利是指利用两种不同的，但相互关联的商品之间的价差进行套利交易。用于套利的这两种商品或有相互替代性，或受一些相同供求因素制约，价格的相关性很强，投机者比较容易进行价格走势预测。

5. 基差套利。基差是期货市场竞价价格与现货市场价格的差异。基差在期货市场中不停变动，甚至可能在“现货升水”和“期货升水”之间不断转化，投机者便可利用基差变化赚取利润。

六、金融期货交易实例

期货交易有货币期货交易、利率期货交易和股票指数期货交易等多种，其交易的原理大致相同。现以货币期货交易为例进行介绍。

（一）货币期货多头套期保值实例

例如：4 月 3 日，有一加拿大公司拥有一笔暂时闲置待缴税金 30 万加元，待 6 个月后上缴。该公司拟在这期间用此笔资金向一美国公司进行投资，6 个月后收回。为了防止 6 个月后美元汇率下跌给他带来的损失，该公司在现货市场将加元卖出换回美元进行投资的同时，利用期货市场买进加元期货进行套期保值，其交易过程详见表 9－1。

表 9－1　　　　货币期货多头套期保值交易

现货市场交易	期货市场交易
4 月 3 日 卖出：CAD300 000 汇率：CAD1 = USD0. 8350 折合：USD250 500	4 月 3 日 买入 12 月期 3 份 CAD 合约 成交价格：CAD1 = USD0. 8340 （折合：USD250 200）
10 月 3 日 买入：CAD300 000 汇率：CAD1 = 0. 8380 折合：USD251 400	10 月 3 日 卖出 12 月期 3 份 CAD 合约 成交价格：CAD1 = USD0. 8377 （折合：USD251 310）
损失：USD900	收益：USD1 110

该公司在这笔投资中，通过期货市场办理多头套期保值，不但避免了汇率风险，通过损益相抵，还获利 USD 210（1 110－900）。

（二）空头套期保值

空头套期保值就是在期货市场上先卖出期货，后买入期货轧平头寸，冲抵现货市场汇率风险的交易活动。其原理与多头套期保值相同。

（三）价差套利

投机者最基本的交易策略就是通过对市场价格变动形势的预期和判断，事先“贱买贵卖”。期货交易与现货交易的不同在于：期货交易可以把交易程序颠倒过来，既可像现货交易那样先“贱买”再“贵卖”以获利，又可以在没有现货商品的情况下先“贵卖”再“贱买”以赚取价差，这是最常见的投机方式，即普通的买空卖空活动。现以买空交易为例进行介绍。

买空是投机者预测某种外汇期货合约的价格将会上涨，购买某一交付月份的外汇期货合约，一旦预测准确，便立即将事先购买的合约卖出，从中赚取差额。

例如：某投机者预测加元期货合约将上涨，在芝加哥期货市场上购进1份3个月期加元期货合约，即CAD10万，保证金4%，当天美元兑加拿大元汇率为USD0.5 = CAD1。1个月后，加拿大合约的汇率上涨为USD0.55 = CAD1，他即卖出1份2个月期加元期货合约与原合约对冲，从结算所提走他所赚的5 000美元的差额。

比较：①在现货市场上投机，他必须支付5万美元才能得到10万加拿大元，并占用5万美元资金一个月。而在期货市场上，他只需用4 000加元（10万×4%）就可购得这份10万加元的期货合约。②利用远期合约投机虽然可以不占用资金，但必须到3个月期满时才能进行远期交割，并卖出即期对冲，不能根据市场行情变化随时对冲。而期货交易可在价格变动有利时随时对冲。

第三节
金融期权和期权类金融衍生品市场

一、金融期权的概念和特征

（一）金融期权的概念

金融期权指期权合同的买方具有在期满日或期满日以前，按合同约定的价格买进或卖出某种约定数量金融工具的选择权。金融期权同其他衍生工具交易一样，具有套期保值、回避风险和进行投机，以高风险谋取高额利润的双重功能。

具体而言，金融期权是买卖双方订立合约，由买方向卖方支付一定数额的权利金后，即赋予买方在规定时间内按双方事先约定的价格购买或出售一定数量某种金融资产的权利。对期权买方来讲，合约赋予他的只有权利而无义务，条件是在购买时他必须支付一定数额的期权费给卖方。对期权的卖方来讲，合约赋予他的只有义务而无权利，他在收取买方付给的期权费后，有义务按合同事先规定的要求履约。

（二）金融期权的特征

金融期权最显著的特点是，它交易的对象（标的物）不是任何金融资产实物，而是一种在规定的有效期内行使买进或卖出某种金融资产的权利。期权合约一旦订立，买方须事先向卖方支付期权费，作为获得选择权的代价，不论买方是否行使期权，期权费均不退还。由于卖方承受的风险很大，为取得平衡，在期权的设计上，卖方获利的概率要比买方大得多。期权的设计满足了对风险和收益有不同要求的各类投资者的需要，它比期货交易更能吸引众多投资者。

期权交易与期货交易的区别主要有以下方面。

1. 交易的标的物不同。期货交易的标的物是代表具体形态的金融证券资产合约；期权交易的标的物只是一种选择权，并无金融资产实物。

2. 权利和义务不同。期货合约买卖双方的权利和义务是对等的，双方都有要求对方履约的权利，且双方在履约方面都带有强制性；期权交易的双方享有的权利和承担的义务不一样，期权的买方享有选择权而无义务，期权的卖方则有履约义务而无权利，期权合约的强制性是单方面的。

3. 合约的定价方式不同。期货合约中并不明确规定未来交易的价格，其价格在交易时通过交易双方竞价形成，因此期货价格随时在变动；期权价格指的是权利金，而非合约中标的物的买卖价格，权利金事先确定，并载于合约中，在合约有效期内不会改变。

4. 履约保证不同。期货交易的买卖双方都有履约义务，双方都须缴纳保证金；期权的义务不对称，买方无履约义务，通过缴付期权费获得权利，无需缴纳保证金，卖方则需缴付保证金来保证履约。

5. 买卖双方的盈亏不同。期货合约到期或平仓前，买方的盈亏与卖方的盈亏随市场行情而变化；期权交易中买方盈利无限而亏损有限，卖方的盈利有限而亏损无限。

6. 交易的成本不同。在期货合约交易中，一旦市场行市的走向与交易者的预测相反，交易者将遭受惨重的损失，交易成本可能很高；期权合约交易若发生上述情况，交易者可放弃期权交易，不管实际行市变动与交易者的预测差距多大，期权买方的损失限定在权利金内，交易成本有限。

二、金融期权合约的构成要素

金融期权合约是金融期权交易的对象。与期货交易不同，期权交易不仅有场内交易市场，还有一个规模庞大的场外交易市场。场内交易的是标准化合约，场外交易的合约则是非标准化的，但目前为节约时间取得更大效率，场外交易也在努力使期权合同达到一定标准。在此主要介绍场内交易的标准化合约。标准化金融期权合约主要由以下要素构成。

（一）履约价格

履约价格又称执行价格、协定价格、敲定价格、行使价格等，指在期权合约中事先确定，在履行合约时，买入（或卖出）该期权标的物的价格，履约价格一旦敲定，不容更改。对于同一种期权合约商品，履约价格有所不同。值得注意的是在期权合约中，履约价格仅相当于一般商品的“品质”、“等级”，而非买卖合约的价格，买卖合约的价格是权利金。

（二）合约金额

合约金额是在期权合约中规定的交易金额。该金额固定标准，但因地而异，如在费城交易所，一份德国马克期权合约为DEM62 500，加拿大元合约为CAD50 000；在芝加哥交易所，一份德国马克期权合约为DEM122 500，加拿大元合约为CAD100 000。

（三）合约有效期限

金融期权合约有效期限一般不超过9个月，以3个月和6个月最常见。但对股票期权、股票指数期权来说，由于股票价格变化频繁，走势难以预期，合约有效期也比较短，一般为1个月、2个月和3个月。

（四）期权价格

期权价格又称期权费、权利金、保险费或保证金等，是期权买方为取得合约所赋予的权利，而向卖方支付的费用，通常是预先支付的。对买方来说，他可以用权利金买到期权，又可以把可能遭受的损失控制在权利金范围内；对卖方来说，权利金是他卖出期权所得的报酬。

（五）合约格式

在金融期权合约中一般要规定合约的交易单位、最小变动单位、每日最高波动幅度、合约月份、最后交易日、履约日、交割方式等。

三、金融期权的种类

金融期权是金融衍生工具中最为活跃的金融工具，可供交易的品种非常之多，特别是场外期权交易的迅速发展，在原有期权工具的基础上又不断创新品种。金融期权可以根据不同的标准进行分类。

（一）按交易形式划分为场内期权交易和场外期权交易

场内期权交易指在有组织的期权交易所内对已经标准化的期权合约进行的交易，其交易的到期日、名义本金、交割地点、交割代理人、协定价格、保证金制度、合约各方、头寸限额、交易时间、行使规定等均由交易所确定，交易的履行通过会员经纪人设立的清算公司来完成。场外期权交易又称“柜台交易”或“店头交易”，是在交易所以外的众多金融机构、中间商和客户之间进行的交易，交易非标准化，交易的金额、期限等规格及履约价格均由买卖双方商定，可适应个别客户的需求对期权合约进行“特制”，一般通过电话、电传等电讯设备的联系来完成交易。

（二）按所选择权利的方向划分为买方期权、卖方期权

买方期权又称看涨期权或购买选择权，指期权的购买者买入在一定时期内买进某一特定数量金融资产的选择权。卖方期权又称看跌期权或销售选择权，指期权的购买者买入在一定时期内卖出某一特定数量金融资产的选择权。

（三）按期权持有人在有效期内履约的灵活程度划分为欧式期权和美式期权

欧式期权只能在期权到期日才能向对方宣布执行或不执行选择权；美式期权在合约到期日前的任何一天都可以向对方宣布执行或不执行其选择权。目前，在全球期权交易中几乎都采用美式期权方式交易。

（四）从汇率和利率的角度划分为外汇期权和利率期权

外汇期权是为了避免汇率变化带来风险的期权，如现汇期权、外汇期货期权等。现汇期权指期权买方有权在期权到期日或以前，以协定汇价购入或售出一定数量的某种外汇现货；外汇期货期权指买入或卖出的是外汇期货，到时取得或放弃外汇期货的多头或空头地位。利率期权是为了避免利率变化带来风险的期权，如债券期权、互换期权等，还包括期权的变形如利率上

限、利率下限、利率上下限等。

（五）按期权合约的内容及标的物划分为有价证券期权、隐含着的期权和其他金融工具期权

有价证券期权包括货币期权、股票期权、债券期权、利率期权、期货期权以及互换上的期权等；隐含着的期权包括兑付债券期权、盖帽期权（利率上限）、债务偿还期权等；其他金融工具期权包括保证书期权、包销协议期权等。

四、金融期权运作机制

金融期权的运作机制可以概括为三个方面。

（一）对冲机制

期权交易与期货交易一样，也多以对冲交易为主，即期权合约的买方通过卖出一个期权合约将原有合约对冲了结，只有少量的合约到期履约交割。交易者通过对冲交易可以收回全部权利金。

（二）履约机制

期权的履约由期权的买方提出，由期权清算公司按照随机原则或先进先出法抽中一个或数个卖方来完成履约。对于已到期而没有作对冲了结，或已到期买方没有提出履约要求的合约，期权清算公司一般还规定了自动履约机制，帮助客户赚到应有的利润。不同的期权有不同的交割方法：现货期权一般进行实物交割，即按协定价格交付合约商品；期货期权交割时则是将期权合约关系转化为期货合约关系；指数期权由于无实物可以交割，故采取现金交割方式。

（三）保证机制

期权交易的保证由期权清算公司提供，当期权买方向卖方交纳了权利金，而卖方向期权清算公司缴纳了足额保证金后，期权清算公司便向买卖双方提供100%的交易保证。期权清算公司设有结算会员基金、联保制度，如果交易者出现了违约的情况，清算所便向其交易对手提供履约担保，因此，期权交易的信用风险极小，具有充分的安全性。

五、金融期权交易策略

金融期权交易策略可分为基本交易策略和组合投资策略两种。

（一）基本交易策略

1. 基本交易的一般策略。基本交易策略十分简便，只需作一笔期权交易锁定损失，便可达到套期保值的效果。如购买一张看涨期权或看跌期权合约，或出售一张看涨期权或看跌期权合约。期权交易套期保值的手续要比期货套期保值简便，期货交易要达到套期保值效果，必须要作成两笔交易方可。

期权基本交易行为的盈亏数额及使用时机比较可在表 9－2 中反映出来。

表 9－2　　期权交易盈亏额及使用时机比较

	基本交易行为	最大赢利	最大损失	使用时机
期权买方	购买看涨期权	∞	P×M	预测市价高于（E+P）时
	购买看跌期权	（E－P）×M	P×M	预测市价低于（E－P）时
期权卖方	出售看涨期权	P×M	∞	预测市价低于（E+P）时
	出售看跌期权	P×M	（E－P）×M	预测市价高于（E－P）时

表 9－2 中，E——协定价格，P——权利金，M——合约商品数量。

从表 9－2 中可以看出，期权买卖双方的风险和收益是不对称的，买方的损失固定，最大为其付出的权利金，而盈利则可以是无限的；期权卖方承担的风险较大而收益相对则小。

2. 买入看涨外汇期权实例。

例如：某公司预计 3 个月后要支付 USD500 000 货款，现有外汇为瑞士法郎，该公司决定买入看涨期权以应变。

已知：外汇市场即期汇价为 USD1 = CHF1. 3220，3 个月远期汇价为 USD1 = CHF1. 3050，3 个月看涨期权协议价格为 USD1 = CHF1. 3000，权利金为 USD1 = CHF0. 02。

（1）交易过程：①假设到期日外汇市场即期汇价为 USD1 = CHF1. 3850，若不行使买权，则按即期汇价买进 USD500 000，应付出 CHF692 500（500 000×1. 3850 = 692 500），另加权利金成本 CHF10 000（500 000×0. 02 = 10 000），总计成本为 CHF702 500（692 500 + 10 000 = 702 500）；若行使买权，按协议价格买进 USD500 000，付出成本为 CHF660 000［500 000×（1. 3000 + 0. 02）= 660 000］。通过行使买权，减少损失 CHF42 500（702 500 − 660 000 = 42 500）。②假设到期日外汇市场即期汇价为 USD1 = CHF1. 2450，若不行使买权，则按即期汇价买进 USD500 000，付出成本 CHF632 500（500 000×1. 2450 + 10 000 = 632 500）；若行使买权，按协议价

格买进 USD500 000，付出成本 CHF660 000。此时，不行使买权则少付出 CHF 27 500（660 000 - 632 500 = 27 500）。③假设到期日外汇市场即期汇价为 USD1 = CHF1. 3000，若不行使买权，则按即期汇价买进 USD500 000，应付出 CHF650 000（500 000 × 1. 3000 = 650 000），另加权利金成本 CHF 10 000，总计成本为 CHF660 000，与行使买权成本一样。该公司可以不行使买权，通过付出权利金成本 CHF10 000 实现保值。

(2) 成本比较。在上述交易中，该公司要实现 3 个月后支付 USD500 000货款的要求，可以在付款日按市场即期汇率买进美元付款，即不采取保值措施；或者事先买进 3 个月远期美元进行保值；也可按上例采取期权交易方式保值。表 9 - 3 将三种不同方式购买 USD500 000 的成本进行比较。

表 9 - 3　不同方式购入美元（USD500 000）的成本比较

即期汇价（到期日）	未保值成本	远期外汇交易保值成本	期权交易保值成本
USD1 = CHF1. 3850	CHF 692 500	CHF 652 500	CHF 660 000
USD1 = CHF1. 3450	CHF 672 500	CHF 652 500	CHF 660 000
USD1 = CHF1. 3000	CHF 650 000	CHF 652 500	CHF 660 000
USD1 = CHF1. 2550	CHF 627 500	CHF 652 500	CHF 637 500
USD1 = CHF1. 2450	CHF 622 500	CHF 652 500	CHF 632 500

（二）组合投资策略

期权组合投资策略的复杂性远远大于期货，可以进行多种组合投资选择，例如，进行合成看涨期权组合或合成看跌期权组合等。

六、期权类金融衍生产品

（一）权证

权证是基础证券发行人或者以外的第三人发行的，约定持有人在规定时间或者特定到期日，有权按约定价格向发行人购买或者出售标的证券，或以现金结算方式收取差价的有价证券。从产品属性看，权证是一种期权类金融衍生产品。

1. 权证分类。根据各种标准的不同，可以把权证分为不同的类型。

（1）按基础资产分类。根据权证行权的基础资产或标的资产，可以将权证分为股权类权证、债权类权证以及其他权证。目前，我国证券市场推出的权证均为股权类权证，其标的资产可以是单只股票或者股票组合。以下介绍的权证均为股权类权证。

（2）按基础资产的来源分类。根据权证行权所买卖的标的股票的来源不同，可将权证分为认股权证和备兑权证。认股权证也称为股本权证，一般由基础证券的发行人发行，行权时上市公司增发新股售予认股权证的持有人。20 世纪 90 年代初期，我国证券市场曾经出现过的飞乐、宝安等上市公司发行的认股权证以及配股权证、转配股权证，就属于认股权证。

备兑权证通常由投资银行发行，所认兑的股票不是新发行的股票，而是已在市场上流通的股票，不会增加股份公司的股本。目前创新类证券公司创设的权证均为备兑权证。

（3）按持有人权利分类。根据持有人权利的性质不同，可将权证分为认购权证和认沽权证。前者属看涨期权，其持有人有权按规定的价格购买基础资产；后者属看跌期权，其持有人有权按规定价格卖出基础资产。

（4）按行权的时间分类。根据权证持有人行权的时间不同，可将权证分为美式权证、欧式权证、百慕大式权证等类别。美式权证可以在权证失效日前任何交易日行权；欧式权证仅可以在失效日当日行权；百慕大式权证则可以在失效日前一段规定时间内行权。

（5）按权证的内在价值分类。根据权证的内在价值，可将权证分为平价权证、价内权证和价外权证。

2. 权证要素。权证的要素包括权证类别、标的、行权价格、存续时间、行权日期、行权结算方式、行权比例等。

（1）权证类别。权证类别即标明该权证属于认股权证或认沽权证。

（2）标的。权证的标的物种类包括股票、债券、外币、指数、商品或其他金融工具，其中股票权证的标的可以是单一股票或者一揽子股票组合。

（3）行权价格。行权价格是指发行人发行权证时所约定的、权证持有人向发行人购买或出售的证券的价格。若标的证券在发行后有除息、除权等事项，通常要对认股权证的认股价格进行调整。

（4）存续时间。权证的存续时间即权证的有效期，超过有效期，认股权自动失效。目前上海和深圳证券交易所规定，权证自上市之日起存续时间为 6 个月以上，24 个月以下。

（5）行权日期。权证持有人有权行使权利的日期。

（6）行权比例。行权比例是指单位权证可以购买或出售的标的证券数量。目前上海和深圳证券交易所均规定，标的证券发生除权的，行权比例应作相应调整，除息则不作调整。

（7）权证行权结算方式。权证行权结算方式有两种，一是现金结算方式。权证持有人在权证期满时如果行权，按行权价格与标的证券的结算价格及行权费用之差价收取现金。这里的结算价格指行权前10个交易日每日收盘价的平均数。二是证券给付方式。若认购权证采用证券给付方式，则权证行权时，持有人支付约定的价格，获取相应的证券。

（二）可转换债券

1. 可转换债券的定义和特征

可转换债券是指其持有人可以在一定时期按一定比例或价格将之转换成一定数量的另一种证券的证券。可转换债券通常是转换成普通股票，当股票价格上涨时，可转换债券的持有人行使转换权比较有利。因此可转换债券实质上嵌入了普通股票的看涨期权，正是从这个意义将其列为期权类衍生产品。某些可转换债券所附的转股权可以与债券分离而单独交易，称为可分离交易的可转换债券。

可转换债券具有下列特征：

（1）可转换债券是一种附有转股权的债券。在转换以前，它是一种公司债券，具备债券的一切特征，有规定的利率和期限，体现的是债权债务关系，持有人是债权人；在转换成股票后，它变成了股票，具备股票的一般特征，体现所有权关系，持有人由债权人变成了所有者。

（2）可转换债券具有双重选择权的特征。一方面，投资者可以自行选择是否转股，并为此承担转债利率较低的机会成本；另一方面，转债发行人拥有是否实施赎回条款的选择权，并为此要支付比没有赎回条款的转债更高的利息。双重选择权是可转换公司债券最主要的特征，它的存在将投资者和发行人的风险、收益限定在一定的范围以内，并可以利用这一特点对股票进行套期保值，获得更加确定的收益。

2. 可转换债券的要素。可转换债券有若干要素，这些要素基本决定了控制转换债券的转换条件、转换价值、市场价格等总体特征。

（1）有效期限和转换期限。就可转换债券而言，其有效期限与一般债券相同，指债券从发行之日起至偿清本息之日止的存续时间。转换期限是指可转换公司债转换为普通股票的起始日至结束日的期间。大多数情况下，发行人都规定一个特定的转换期限，在该期限内，允许可转换债券的持有人按转换比例或转换价格转换成发行人的股票。我国《上市公司证券发行管理办法》规定，可转换公司债的期限最短为1年，最长为6年，自发行之日起6个月后可转换为公司股票。

（2）票面利率或股息率。可转换公司债券的票面利率是指可转换债券作为一种债券的票面年利率，由发行人根据当前市场利率水平、公司债券资信等级和发行条款确定，一般低于不可转换公司债券。可转换公司债应半年或1年付息一次，到期后5个工作日内应偿还未转股债券的本金及最后一期利息。

（3）转换比例或转换价格。转换比例是指一定面额可转换债券可转换成普通股的股数。用公式表示为：

转换比例＝可转换债券面值/转换价格

例如：如果某可转换债券面额为100元，规定其转换价格为25元，则转换比例为4，即100元债券可按25元1股的价格转换为4股普通股股票。

转换价格是指可转换债券转换为每股普通股股份所支付的价格。用公式表示为：

转换价格＝可转换债券面值/转换比例

我国《可转换公司债券管理办法》规定，上市公司发行可转换公司债的转换价格应以公布募集说明书前30个交易日公司股票的平均收盘价为基础，并上浮一定幅度。

（4）赎回条款与回售条款。赎回是指发行人在发行一段时间后，可以提前赎回未到期的发行在外的可转换公司债券。赎回条件一般是当公司股票的价格在一段时间内连续高于转换价格达到一定幅度时，公司可按事先约定的赎回价格买回发行在外尚未转股的可转换公司债券。回售是指公司股票在一段时间内连续低于转股价格达到某一幅度时，可转换公司债持有人按事先约定的价格将所持可转换债券卖给发行人的行为。

赎回条款和回售条款是可转换债券在发行时规定的赎回行为和回售行为发生的具体市场条件。

（5）转股价格修正条款。转股价格修正是指发行公司在发行可转债债券后，由于公司的送股、配股、增发股票、分立、合并、拆细及其他原因导致发行人股份发生变动，引起公司股票名义价格下降时而对转换价格所作的必要调整。

第四节
远期利率协议市场

一、远期利率协议的概念

远期利率协议诞生在1983年，由伦敦的银行首先推出，发展至今仅十几年的历史，是一种不在交易所进行的场外衍生交易。伦敦金融市场是远期利率协议的主要交易中心，纽约金融市场是第二个重要交易中心。远期利率协议的主要参与者是商业银行，此外，也有非金融机构的客户用其规避远期借款利率的风险。

远期利率协议是一种利率的远期合同，是为了避免将来实际收付时利率变动的风险而设计的。远期利率协议是由银行与银行、银行与客户间签订的，双方在规定期满时按原先商定利率与市场利率（参照利率）之间的差额进行利差收付，不涉及其本金借贷。远期利率协议通常的做法是由客户将浮动利率债务的利息部分与银行换为固定利率，即客户定期按固定利率付息给银行，银行替客户支付浮动利息。

在远期利率协议中通常要涉及到以下概念：①名义本金额，又称为名义存款、概念性存款，指交易双方约定要交易的金额（要进行保值的数额），该金额不必交换，只是作为双方计算利差的本金数额。②协议利率，是交易双方商定进行交易的利率，结算时以此对名义本金额计息，即交易双方按此利率为标准进行保值。③参照利率，是远期利率协议所参照的用于计算利差的利率。参照利率一般是权威的市场利率，如英国伦敦同业拆放利率（LIBOR）、美国的基准利率（又译优惠利率）、国库券利率等，这样的利率不易受人为操纵。

二、远期利率协议的定价

远期利率价格由办理远期利率协议的银行报价，但路透社终端机有一个参考定价，其定价每天随市场行情而变化，实际交易价格由各个报价银行决定。

例如，1999年7月13日美元远期利率协议市场定价详见表9－4：

表 9－4 远期利率协议定价表

期限	价格	期限	价格
3×6	8.08～8.14	2×8	8.16～8.22
6×9	8.03～8.09	3×9	8.15～8.21
9×12	8.14～8.20	4×10	8.15～8.21
12×18	8.52～8.58	5×11	8.15～8.21
18×24	8.83～8.89	6×12	8.17～8.23

表 9－4 中 3×6 为期限，即 3 个月对 6 个月，表示从交易日后的第 3 个月开始为该交易的起息日，交易日后的 6 个月为到期日，期限为 3 个月。8.08～8.14 为利率价格，前者为报价行的买入价，指银行向交易对手买进一个 3×6 的远期利率，于结算日应按固定年利率 8.08% 付给对方固定利息，同时向对方收取即期市场浮动利息；后者为报价行的卖出价，表示报价行卖出一个 3×6 远期利率给交易对手，结算日按市场浮动利率付给客户，并从客户手中按固定年利率 8.14% 收回利息。（远期利率的期限可如图 9－1 所示）

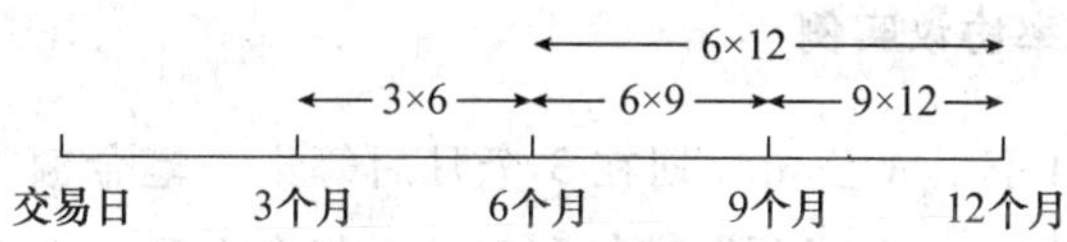

图 9－1

一笔长期债务可用多个远期利率协议来避险，如要想固定两年的利率可分别使用三笔远期利率协议：6×12、12×18、18×24。

三、远期利率协议结算日

远期利率协议的结算日并不在交易整个期限的最后一天，而是以协议期限的起息日作为结算日。例如，一笔 6×9 的远期利率协议，其结算日为交易日起 6 个月后的这一天，期限内的利息以 6 个月后的 3 个月来计算，并贴现到协议期限的首天（结算日），于结算日一次结清。这是远期利率协议与其他合约结算方法的不同，其他合约在期末结算，远期利率协议在期初即行结算。

由于远期利率协议结算金额是同一币种，所以交易双方一般以差额利息进行结算。另按国际惯例远期利率协议结算日是在起息日那天，而非到期日，所以该差额利息又是以现值（贴现）方式进行结算的。

结算金额计算公式如下：

$$结算金额 = 本金 \times 利差 \times \frac{实际天数}{360天或365天} \div \left(1 + \left(市场利率 \times \frac{实际天数}{360天或365天}\right)\right)$$

公式中一年的天数选用360天或365天依各国习惯不同而定，但应在协议中定明，一般美元采用360天，英镑采用365天。

协议银行一般用以下公式计算：

$$S = \frac{(L - C) \times P \times A}{(D \times 100) + L \times P}$$

式中：S——交付金额；A——本金；L—— LIBOR；C——合同利率；P——计息天数；D——360天或365天。

根据国际惯例，远期利率协议中凡付出固定利率的一方称为买方，凡付出浮动利率的一方称为卖方。计算结果若为正数，由卖方付出交付金额；计算结果若为负数，由买方付出交付金额。

四、远期利率协议实例

假设：1月1日，A公司计划在3个月后筹集一笔金额为1 000万美元的3个月短期资金。A公司预期市场利率不久将会上升，为避免筹资成本增加的风险，A公司买进一个3×6的远期利率协议，参照利率为3个月LIBOR利率，协议利率为8%。

例1：到结算日市场利率果真上升，3个月LIBOR利率为9%，于是，远期利率协议的协议利率与3个月LIBOR利率之间的利差，将由卖方支付给A公司（买方）。其交易过程为：

1月1日：

（1）A公司计划于4月1日借入USD1 000万，7月1日还本付息，期望锁定利率为8%；

（2）买入一个3×6远期利率协议，协议利率为8%，参照利率为3个月LIBOR。

4月1日：

（1）3个月LIBOR为9%（市场浮动利率）；

（2）远期利率协议结算，卖方付给A公司USD24 449.88；

$$S = \frac{(9-8) \times 90 \times 10\,000\,000}{360 \times 100 + 9 \times 90} = 24\,449.88（美元）$$

（3）A公司按3个月LIBOR（9%）为条件借款，本需借入USD1 000万，因卖方已付给USD24 449.88，故只需借入USD9 975 550.12，即10 000 000 - 24 449.88 = 9 975 550.12（美元）。A公司实际使用资金为USD1 000万。

7月1日：

（1）履行借款合约还本付息；

（2）付出利息 9 975 550.12 × 9% × (90 ÷ 360) = 224 449.88（美元）；

（3）支付本息和为 9 975 550.12 + 224 449.88 = 10 200 000（美元）；

（4）实际承担利率 200 000 ÷ 10 000 000 × (360 ÷ 90) = 8%。

通过上述交易，A公司将借款利率锁定在8%。

例2：如果到结算日3个月LIBOR利率为7%，与原来预测相反，则利差由A公司支付给卖方。

$$S = \frac{(7-8) \times 90 \times 10\,000\,000}{360 \times 100 + 7 \times 90} = -24\,570.02\text{(美元)}$$

A公司实际筹资金额为：

10 000 000 + 24 570.02 = 10 024 570.02(美元)

A公司3个月到期支付利息为：

10 024 570.02 × 7% × (90 ÷ 360) = 175 429.98(美元)

A公司支付的本息和为：

10 024 570.02 + 175 429.98 = 10 200 000(美元)

A公司实际承担的利率仍然为：

200 000 ÷ 10 000 000 × (360 ÷ 90) = 8%

从例1和例2可以看出，不论利率向何方向变化，A公司都可达到固定利率成本的目的。

第五节
金融互换市场

一、金融互换的概念与特征

金融互换是20世纪80年代初世界汇率和利率剧烈波动条件下的产物，是国际金融衍生市场的重要组成部分。当今，全球金融互换市场已集外汇市场、证券市场、短期货币市场、长期资本市场于一身，既是融资工具的创新，又是金融风险管理的新手段。

（一）互换的概念

金融互换是以金融机构为中介人，为两个或两个以上的当事人按商定的条件，在约定的时间内，交换一系列支付款项的金融交易。它可以使互换双方获得低成本、高收益的融资，并可避免利率与汇率风险。

（二）互换与掉期的区别

在我国香港地区和台湾地区，互换多译为交换、调期，在国内也有将其译为调期、掉期的。这是因为互换和掉期使用的都是同一个英文名称：Swap。其实，互换作为一种新兴的金融衍生工具，与外汇买卖中的掉期截然不同。

1. 交易的市场不同。掉期交易是在外汇市场上进行的，多是银行间或银行与客户间的双方交易，银行在交易中作为交易对手而出现；互换交易则是在互换市场上进行的，金融机构仅是互换的中介人，为交易双方互换不同债务，交易涉及的当事人至少在三方以上。

2. 交易的性质不同。掉期交易是在一个交割日卖出（或买入）某一货币的同时，约定在将来某日将同一货币作相反的交易，使资金回流，交易中不涉及利息；互换交易或互换本金和利息，或在预先规定名义本金的基础上互换利息。

3. 期限结构不同。掉期交易不论是即期对即期、即期对远期或远期对远期的交易，一般只在1年期限结构内进行反向交易；互换交易则主要对中、长期货币或利率进行交换。

4. 汇率不同。掉期交易前后两笔交易牵涉到不同的汇率，前后汇率差表现为升贴水；互换中的货币互换虽有涉及汇率，但在互换的期初就锁定汇率，后期的交换汇率都是一致的。

5. 交易的目的不同。掉期交易主要运用于进出口商的套期保值或银行与其他金融机构的资金头寸管理；互换的主要目的则是降低筹资成本，进行资产负债管理，转移和防范中长期利率和汇率变动风险。

二、金融互换的种类与功能

（一）金融互换的基本种类

金融互换的基本种类可概括为货币互换和利率互换两种。

1. 货币互换。货币互换指交易双方互相交换不同币种、相同期限等值资金债务或资产的货币及利率的一种预约业务。货币互换的前提是要存在两个在期限和金额相同而对货币需求相反的伙伴，双方按照预先约定的汇率进行资本额互换，而后每年以约定的利率和资本额进行利息支付和互换，协议到期时则按原约定汇率再将资本额换回。

2. 利率互换。利率互换指交易双方在债务币种同一的情况下，互相交换不同形式利率的一种预约性业务。利率互换一般不进行本金交换，只是互换以不同利率为基础的资本筹集所产生的一连串利息，包括计息方法不同（一方以固定利率计息，另一方以浮动利率计息）或计息方法相同但利率水平不一致的互换。利率互换由于双方交换的利率币种是同一的，故一般采取净额支付的方法来结算。

（二）金融互换种类的创新

金融互换主要在场外进行交易，可以方便地进行“量体裁衣”和“度身订造”，因此，便于根据客户的需要进行品种的创新。从目前来看，比较常用的互换创新品种有：①互换期权，指购买者有权选择是否按交易时商定的条件在未来某日进行互换。②远期互换，指按签订协议时确定的条件在未来的日期具体执行的互换。③指数互换，指参考股票价格指数等计算互换应支付的利息。④分期摊还互换，指互换的本金随还款期的邻近而递减，互换时按本金摊提数量计算应支付的金额。⑤零息票债券互换，指互换的一方在期满时按协议的互换利率支付固定利息，在互换期间按复利计息。⑥可展式互换与可断式互换，指互换的一方有权延长互换的期限或提前终止互换协议。⑦多边互换，指中介银行一次组合多起互换，这一组互换交易同时进行，交易各方的净头寸总的为零。⑧卡特尔互换，指将不同货币的互换与基准利率的互换进行混合的一种交易。

（三）互换的功能与作用

1. 降低筹资成本。互换交易的双方利用各自的筹资优势，可以大幅度降低筹资成本，这是其他金融衍生工具所不具备的一个优势。

2. 优化资产负债结构。互换交易可以使筹资者很方便地筹措到任何期限、币种、利率的资金，方便了资产和负债的货币结构管理，实现资产负债的最佳搭配，从而减少中长期利率和汇率变化的风险。

3. 可在难以涉足的市场上获得资金。通过互换交易可以在尚未涉足的市场上获得成本优惠的资金。例如，中国银行想在欧洲市场上通过发行债券筹措一亿欧洲美元资金，由于中国银行从未在欧洲市场上发行过债券，且知名度不高，如此发行成本一定很高。所以，该银行先在东京市场发行武士债券（日元计价的外国债券），随后通过日元和美元货币互换，获得所需欧洲美元资金，核算下来筹资成本十分优惠。

4. 不增加举债总额。互换交易不计入资产负债表，其交易额不增加举债总额，被称为受欢迎的表外业务。有时，它还可以被用来规避各项法令的限制，如规避外汇管制、利率管理、税收限制等。

三、互换交易的基本运作

（一）货币互换的基本运作

货币互换交易的进行可以概括为以下几个步骤：①首先以约定的协议汇价进行有关本金的互换；②每年或每半年以约定的利率和本金为基础互换利息的支付；③协议到期时，以预先商定的协议汇价将原本金换回；④互换可以进行表外账务处理，不与一定的资产或负债相联系。

例如：甲公司在1995年3月底筹措到一笔50亿日元的资金，期限5年，固定利率5%。该公司项目投产后创汇为美元，如果借款期间日元汇率上升，超过项目设计的汇率水平USD1 = JPY145时，该公司则将承受汇率损失，增加额外成本。为避免借款期间日元汇率上升的风险，该公司在1997年3月底当市场汇率出现USD1 = JPY156行情时，及时委托一家知名度较高的银行（中介人）与乙公司达成货币互换交易协议，把50亿日元债务互换为等值的美元债务，期限3年，汇率固定为USD1 = JPY156，支付美元固定利率7.4%，每半年交易双方相互支付一次利息，互换交易终止日相互交换本息。

1. 货币互换流程如图9－2所示。

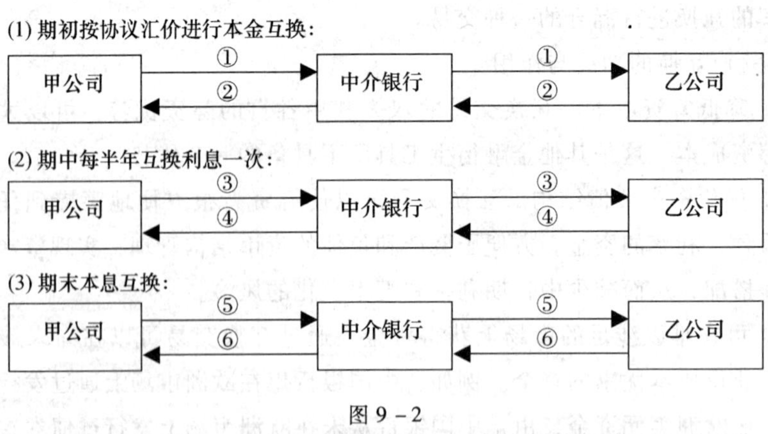

图9－2

图9-2中：

（1）1997年3月25日甲公司通过中介银行将互换本金JPY50亿付给乙公司；

（2）1997年3月25日乙公司将JPY50亿的等值USD3 205.13万（500 000万÷156=3 205.13万）付给甲公司；

（3）1997年9月25日、1998年3月25日、1998年9月25日、1999年3月25日、1999年9月25日甲公司分别将每半年应付美元利息USD118.59万（3 205.13万×7.4%×180÷360=118.59万）付给乙公司；

（4）1997年9月25日、1998年3月25日、1998年9月25日、1999年3月25日、1999年9月25日乙公司分别将每半年应付日元利息JPY 12 500万（500 000万×5%×180÷360=12 500万）付给甲公司；

（5）2000年3月25日甲公司将美元本金和最后半年美元利息USD 3 323.72万（3 205.13万+118.59万=3 323.72万）归还给乙公司；

（6）2000年3月25日乙公司将日元本金和最后半年日元利息JPY 512 500万（500 000万+12 500万=512 500万）归还给甲公司。

2. 互换成本比较。现将甲公司借款后三年互换或未互换的成本进行比较，详见表9-5。

表9-5　　甲公司货币互换或未互换支付本息测算表

债务本金（JPY50亿）	未互换支付本息（A）	项目设计水平（B）	互换后支付本息（C）
该债务后三年本息支付日	假定市场汇率 USD1 = JPY135	项目设计汇率 USD1 = JPY145	互换锁定汇率 USD1 = JPY156
1997年9月25日	JPY1.25亿合 USD92.59万	JPY1.25亿折 USD86.21万	USD118.59万
1998年3月25日	USD92.59万	USD86.21万	USD118.59万
1998年9月25日	USD92.59万	USD86.21万	USD118.59万
1999年3月25日	USD92.59万	USD86.21万	USD118.59万
1999年9月25日	USD92.59万	USD86.21万	USD118.59万
2000年3月25日	USD3 796.30万	USD3 534.49万	USD3 323.72万
支付本息合计	USD4 259.25万	USD3 965.54万	USD3 916.67万

从表9-5可以看出，借款后三年如果日元升值，平均汇率为USD1 = JPY135，甲公司就要承受汇率波动带来的经济损失，比设计成本增加支出

293.71USD万（4 259.25万－3 965.54万＝293.71万）。由于甲公司采取了果断措施，通过货币互换交易，避免了汇率风险损失，并比设计成本降低了USD48.87万（3 965.54万－3 916.67万＝48.87万）。

货币互换是在交易双方不同的交易目的或双方对市场行情走势预测不同的基础上达成的。如上例，甲公司预期日元会升值，为了规避风险而进行保值交易；乙公司则认为近期美元会继续看好，由于各自对市场看法不一致，才比较容易找到交易对手。

（二）利率互换的基本运作

在一个货币互换交易中，需要将不同的货币进行互换。在一个简单的利率互换中不需要进行本金的互换，代之以不同利率为基础的资本筹集所产生的一连串利息的互换。又由于利率互换的币种是同一的，故一般采取净额支付的方法来结算。

例如：有A、B两公司，因资信等级不同，其在市场上的筹资成本也不同。详见表9－6。

表9－6　　A、B公司资信等级和筹资成本比较

	A公司	B公司	利差
资信等级	AAA	BBB	
浮动利率筹资成本	LIBOR＋0.125%	LIBOR＋0.375%	0.25%
固定利率筹资成本	11%	13%	2%

现A公司要使用浮动利率，B公司要使用固定利率。A公司借入1亿美元固定利率贷款，半年付息一次；B公司借入1亿美元浮动利率贷款，也半年付息一次。A、B公司进行利率互换。美元市场上利率互换的规定为：银行使用基准利率为交易双方进行互换，当时市场浮动利率为LIBOR 9%，固定利率以国库券年利率11%为参照值，考虑交易双方资信不同，要求资信比较高的公司按年利率11.5%接受固定利率，资信低的公司按年利率11.65%支付固定利率，利差0.15%为银行的手续费收入。此交易互换过程详见表9－7。

表 9－7　　每半年利率互换交易过程及成本比较　　单位：万美元

	A 公司	银行	B 公司
1. 借款 10 000			
合同利率	固定利率：11%		浮动：9.375%
应付半年贷款利息	10 000×11% ×0.5＝550		10 000×9.375% ×0.5＝468.75
2. 利率互换			
应付半年互换利息	10 000×9% ×0.5＝450		10 000×11.65% ×0.5＝582.5
应收半年互换利息	10 000×11.5% ×0.5＝575	7.5	450
付贷款利息后盈亏	575－550＝25		450－468.75＝－18.75
3. 成本比较			
A 直接借浮息利息 B 直接借固息利息	10 000×9.125% ×0.5＝456.25		10 000×13% ×0.5＝650
互换后实际付息	450－25＝425		582.5＋18.75＝601.25
节约成本	456.25－425＝31.25		650－601.25＝48.75

第六节
其他金融衍生工具市场

一、存托凭证

（一）存托凭证的定义

存托凭证（Depositary Receipts，DR）也称预托凭证，是指一国证券市场流通的代表外国公司有价证券的可转让凭证。存托凭证一般代表外国公司股票，有时也代表债券。

存托凭证由 J. P. 摩根首创。1927 年美国投资者看好英国百货公司塞尔弗里奇公司的股票，但由于地域的关系，美国投资者投资该股票很不方便。J. P. 摩根就设立了一种美国存托凭证（ADR），由持有塞尔弗里奇公司股票的投资者把塞尔弗里奇公司股票交给摩根指定的在美国与英国都有分支机构的一家银行，再由这家银行发给各投资者美国存托凭证。这种存托凭证可以在美国的证券市场上流通。当塞尔弗里奇公司进行配股或者分红时，发行美国存托凭证的银行在英国的分支机构都会帮助美国投资者进行配股或者分红，这样美国投资者就省去了到英国去配股及分红的麻烦。

美国存托凭证出现后，各国根据情况相继推出了适合本国的存托凭证，比如全球存托凭证、国家存托凭证。目前我国也开始酝酿推出中国存托凭证（CDR），即在中国内地发行的代表境外或者我国香港地区证券市场上某一证券的可转让凭证。

（二）存托凭证的优点

存托凭证之所以能够取得较快发展，除资本市场国际化这个大背景之外，对发行人和投资者而言，均具有一定的吸引力。

1. 对发行人而言，发行存托凭证能够带来下列好处：

（1）市场容量大，筹资能力强。以美国存托凭证为例，美国证券市场最突出的特点就是市场容量极大，这使在美国发行存托凭证的外国公司能在短期内筹集到大量的外汇资金，提高其长期筹资能力。

（2）避开直接发行股票与债券的法律要求，上市手续简单，发行成本低。

（3）能够吸引投资者关注，增强上市公司曝光度，扩大股东基础，增加股票流动性。

（4）便于上市公司加强与美国投资者的联系，改善投资者关系；便于非美国上市公司对其美国雇员实施员工持股计划等。对于有意在美国拓展业务、实施并购战略的上市公司尤其具有吸引力。

2. 对投资者而言，与直接投资外国股票相比，投资存托凭证有如下好处：

（1）以美元交易，且通过投资者熟悉的美国清算公司进行清算。

（2）上市交易的存托凭证须经美国证监会注册，有助于保障投资者利益。

（3）上市公司发放股利时，存托凭证投资者能及时获得，并以美元支付。

（4）某些机构投资者受投资政策限制，不能投资非美国上市证券，存托凭证可以规避这些限制。

（三）美国存托凭证的种类

按照基础证券发行人是否参与存托凭证的发行，美国存托凭证可分为无担保的存托凭证和有担保的存托凭证。

1. 无担保的存托凭证。无担保的存托凭证由一家或多家银行根据市场的需求发行，基础证券发行人不参与，存券协议只规定存券银行与存托凭证持有者之间的权利义务关系。目前无担保的存托凭证已很少应用。

2. 有担保的存托凭证。有担保的存托凭证由基础证券发行人的承销商委托一家存券银行发行。承销商、存券银行和托管银行三方签署存券协议。协议内容包括存托凭证与基础证券的关系，存托凭证持有者的权利，存托凭证的转让、清偿、红利或利息的支付以及协议三方的权利、义务等。采用有担保的存托凭证，发行公司可以自由选择存券银行。

有担保的存托凭证分为一、二、三级公开募集存托凭证和美国 144A 规则下的私募传统品种。这四种有担保的存托凭证各有其不同的特点，美国的相关法律也对其有不同的要求。简言之，一级存托凭证允许外国公司无须改变现行的报告制度就可以享受公开交易证券的好处；想在一家美国交易所上市的外国公司可采用二级存托凭证；如果要在美国市场上筹集资本，则须采用三级存托凭证。存托凭证的级别越高，所反映的美国证券交易委员会登记的要求也越高，对投资者的吸引力就越大。

（四）美国存托凭证的发行与交易

1. 美国存托凭证的发行。美国存托凭证的发行通常是由美国投资者购买非美国公司的证券来驱动。如图 9－3 所示。

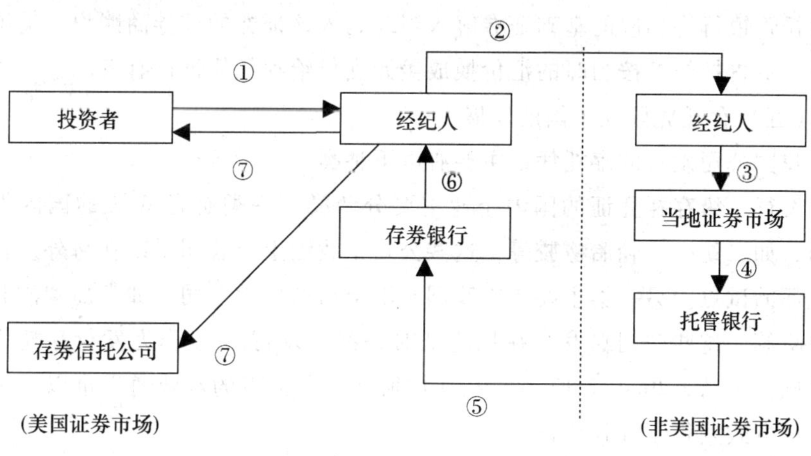

图 9－3

在图 9－3 中：

（1）美国投资者委托美国经纪人以存托凭证形式购买非美国公司证券。

（2）美国经纪人与基础证券所在地的经纪人联系购买事宜，并要求将所购买的证券解往美国的存券银行在当地的托管银行。

（3）当地经纪人通过当地的交易所或者场外市场购入所指示的证券，该证券既可以是已经在二级市场上流通的证券，也可以是非美国公司以存托凭证形式发售的证券。

（4）将所购买的证券存放在当地的托管银行。

（5）托管银行解入相应的证券后，立即通知美国的存券银行。

（6）存券银行即发出存托凭证交予美国经纪人。

（7）经纪人将存托凭证交给投资者或存放在存券信托公司，同时把投资者支付的美元按当时的汇价兑换成相应的外汇支付给当地经纪人。

2. 美国存托凭证的交易。美国存托凭证可以和其他任何美国证券一样在美国市场上交易，通常有两种交易形式。

（1）市场交易。这种交易是指在美国市场的存托凭证持有者直接相互买卖，在存券银行过户后，在存券信托公司清算。目前市场交易占全部存托凭证交易的95%左右。

（2）取消。当客户指示卖出存托凭证而本地无买家时，美国的经纪人委托基础证券所在国的经纪人出售基础证券。当经纪人接到已经出售的通知时，即把存托凭证交回存券银行，由存券银行取消存托凭证，同时存券银行指示托管银行将相应的基础证券解入当地购入该证券的证券商账户。美国的经纪人负责把外汇按当时的汇价换成美元支付给存托凭证持有者。

（五）存托凭证在中国的发展

我国公司发行的存托凭证主要有以下种类。

发行一级存托凭证的国内企业主要分两类：一类是含B股的国内上市公司，如二纺机、轮胎橡胶等，这些公司是我国上市公司早期在海外发行存托凭证的试点。另一类主要是在我国香港上市的内地公司，如青岛啤酒和平安保险等，这些公司在发行存托凭证时，都已发行H股作为发行存托凭证的基础。另外，2004年12月，在新加坡交易所上市的双威通讯也以一级存托凭证方式发行了存托凭证。

2004年以前，只有在香港上市的中华汽车发行过二级存托凭证；2004年后，随着中国网络科技类公司海外上市速度加快，二级存托凭证成为中国网络股进入NASDAQ的主要形式。

我国发行三级存托凭证的公司均在香港交易所上市，发行存托凭证的模式基本相同，即在香港交易所发行上市的同时，将一部分股份转换为存托凭证在纽约交易所上市，这样不仅实现在我国香港和美国同时上市融资的目的，而且简化了上市手续，节约了交易费用。

二、资产证券化与证券化产品

（一）资产证券化与证券化产品的定义

资产证券化是以特定资产组合或特定现金流为支持，发行可交易证券的一种融资形式。传统的证券发行是以企业为基础，而资产证券化则是以特定的资产池为基础发行证券。在资产证券化过程中发行的以资产池为基础的证券就称为证券化产品。

通过资产证券化，可将流动性较低的资产转换为具有较高流动性的可交易证券，提高了基础资产的流动性，便于投资者进行投资；还可以改变发起人的资产结构，改善资产质量，加快发起人资金周转。

（二）资产证券化的种类和范围

1. 按基础资产分类。按证券化的基础资产不同，可以将资产证券化分为不动产证券化、应收账款证券化、信贷资产证券化、未来收益证券化、债券组合证券化等类别。

2. 按资产证券化的地域分类。按资产证券化发起人、发行人和投资者所属地域不同，可将资产证券化分为境内资产证券化和离岸资产证券化。融资方通过境内特定目的机构在境内市场融资称为境内资产证券化。国内融资方通过在国外的特定目的机构（SPV）或结构化投资机构（SIVs），在国际市场上以资产证券化的方式向国外投资者融资称为离岸资产证券化。

3. 按证券化产品的属性分类。按证券化产品的金融属性不同，可以分为股权型证券化、债权型证券化和混合型证券化。

值得注意的是，尽管资产证券化的历史不长，但相关证券化产品的种类层出不穷，名称也千变万化。最早的证券化产品以商业银行房地产按揭贷款为支持，故称为按揭支持证券（MBS）。随着可供证券化操作的基础资产越来越多，出现了资产支持证券（ABS）的称谓。再后来，由于混合型证券越来越多，干脆用 CDOs 概念代指证券化产品。最近几年，还采用金融工程方法，利用信用衍生产品构造出“合成 CDOs”。

（三）资产证券化的当事人

资产证券化交易比较复杂，涉及的当事人较多。一般而言，下列当事人在证券化过程中具有重要作用。

1. 发起人。发起人也称原始权益人，是证券化基础资产的原始所有者，通常是金融机构或大型工商企业。

2. 特定目的机构或特定目的受托人。它指接受发起人转让的资产，或受发起人委托持有资产，并以该资产为基础发行证券化产品的机构。选择特定目的机构或受托人时，通常要求满足所谓“破产隔离”条件，即发起人破产时不对特定目的机构或受托人产生影响。

3. 资金和资产存管机构。为保证资金和基础资产的安全，特定目的机构通常聘请信誉良好的金融机构进行资金和资产的管理。

4. 信用增级机构。此类机构负责提升证券化产品的信用等级，为此要向特定目的机构收取相应费用，并在证券违约时承担赔偿责任。有些证券化交易中，并不需要外部增级机构，而是采用超额抵押等方法进行内部增级。

5. 信用评级机构。如果发行的证券化产品属于债券，发行前必须经过评级机构进行信用评级。

6. 承销人。指负责设计和发行承销证券的投资银行，如果证券化交易涉及金额较大，可能会组成承销团。

7. 证券化产品投资者。证券化产品投资者即证券化产品发行后的持有人。

除上述当事人外，证券化交易可能还需要金融机构充当服务人，服务人负责对资产池中的现金流进行日常管理，通常可由发起人兼任。

资产证券化的流程如图9－4所示。

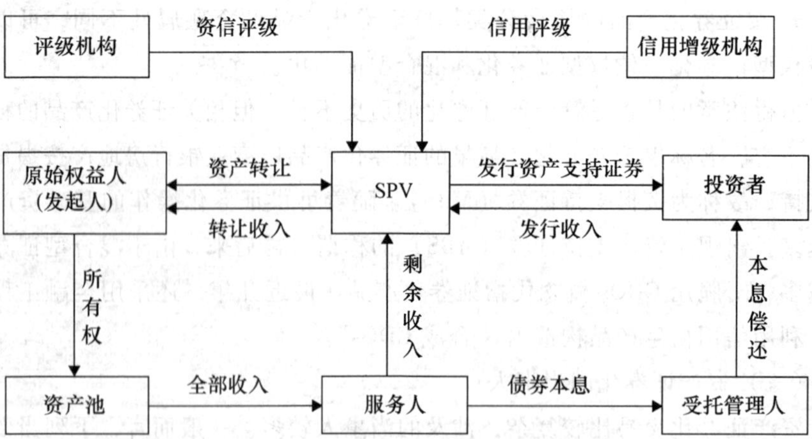

图9－4

相关资料：美国次级贷款危机的产生

一直以来，贷款尤其是住房按揭贷款证券化在整个资产证券化产品市场中具有重要地位，截至2007年1月，美国按揭贷款支持的证券化产品总额达到5.7万亿美元（IMF，GFSR，2007年4月）。

在美国，住房抵押贷款大致可分为五类：①优级贷款。对象为消费者评分最高的个人（信用分数在660分以上），月供占收入比例不高于40%及首付超过20%以上。②Alt－A贷款。对象为信用评分较高但信用记录较弱的人，如无法提供收入证明的个人。③次级贷款。对象为信用评分低于620分，月供占收入比例较高或记录欠佳，首付低于20%的个人。④住房权益贷款。对已经抵押过的房产，若房产总价扣除净值后仍有余额，可以申请再抵押。⑤机构担保贷款。经由房贷美、房利美等政府住房按揭贷款支持机构担保的贷款。

1995年以来，由于美国房地产价格持续上涨，同时贷款利率相对较低，导致金融机构大量发行次级按揭贷款，到2007年初，这类贷款大约为1.2万亿美元，占全部按揭贷款的14%左右。

金融机构为融回资金，将按揭贷款经结构性投资工具（SIVs）打包，据此发行不同等级的按揭支持证券（MBS），这些按揭支持证券的信用评级从AAA级到BBB级一直到权益级的均有。一些金融机构再设立SIVs，购买MBS形成资产池，进行再一次的证券化操作，形成所谓MBS CDOs或ABS CDOs。同样，这些CDO产品也要经过评级，等级仍然从AAA到BBB级。这个过程可以一直持续下去，在CDOs的基础上不断发展出新的CDOs。对于低等级CDOs的投资人而言，其收益取决于资产池所产生的现金流在偿付所有优先等级债券持有人后的剩余，风险相对比较大，但同时杠杆率也比较大，如果作为最原始基础资产的按揭贷款不出现大量违约，收益就比较可观；反之，若基础资产池出现恶化，则层层叠叠不断衍生的CDOs将面临越来越大的风险。

从2005年起，美国利率水平开始逐步提高，房价从2006年起出现回落，贷款不良率开始上升，进而导致证券化资产质量恶化。相关金融机构出现巨额亏损。其中，那些利用短期融资工具获取资金并以此投资于CDOs产品的机构受害尤其巨大。2008年，这场危机已经从美国不断传播到全球金融市场，大量的金融机构陷入破产，全球经济因此深受打击，处于严重衰退边缘。

思考与练习

1. 什么是金融衍生工具？衍生商品和基础商品的关系如何？
2. 金融衍生工具有哪些种类？
3. 金融衍生工具有哪些显著特点？
4. 金融衍生市场迅速发展的原因有哪些？
5. 什么是金融期货？期货交易与现货交易有何不同？
6. 简述金融期货市场的构成。
7. 金融期货价格是怎样形成的？有哪些影响因素？与现货价格有何关系？
8. 金融期货是怎样进行交易的？
9. 什么是金融期权？它与期货交易的区别有哪些？
10. 什么是远期利率协议？它是如何定价的？
11. 远期利率协议是怎样进行结算的？
12. 什么是金融互换？金融互换有何功能？
13. 货币互换与利率互换有何区别？

第十章

金融市场的风险与管理

内容提示 有市场活动就有风险存在，要规避和减少风险，就必须加强管理。本章从金融市场风险的概念入手，简要分析金融市场主要风险类型，提出防范金融市场风险的一般措施，并且分别对货币、资本、外汇、金融衍生等不同市场的管理作简要介绍，包括国外金融市场管理的一般方法，以及中国金融市场管理的现状和规定。

第一节 金融市场风险

一、金融市场风险的概念与分类

（一）金融市场风险的概念

金融风险是指投资者的实际收益偏离预期收益的可能性。金融市场的风险则是指参与金融市场活动的经济主体，由于金融市场上各种不确定因素的变化而造成投资的实际收益偏离预期收益的可能性。

在市场经济条件下，因为无法确切知道未来收益，任何一个经济主体都面临着实际收益偏离预期收益的可能性，也就是面临着盈利或亏损的可能性。风险通常是指实际收益低于预期收益的可能性。

（二）金融市场风险类型

金融市场的风险类型很多，如汇率风险、利率风险、流动性风险、信用风险、购买力风险、市场风险等。这些风险既有相对独立的特征，也包含着密切的联系。

1. 汇率风险。汇率风险指由于汇率变动而带来的风险。汇率风险又可细分为交易风险和换算风险。交易风险是指因汇率的变动而影响日常交易的收入。换算风险是指因汇率变动影响资产负债表中资产的价值和负债的成本。

2. 利率风险。利率风险指由于市场利率水平的变动，影响证券资产价格而给投资者带来的风险。一般来说，市场利率水平与有价证券价格成反比，利率水平上升，有价证券价格下降；反之，利率水平下降，有价证券价格上升。

3. 流动性风险。流动性风险指各种金融资产在变现过程中遭受损失（或获利）的可能性。一般来说，期限越短的金融资产，流动性越大，风险越小；信誉等级越高的金融资产，流动性也越大，风险就越小。此外，证券流通市场越发达，流动性越大，风险也越小。

4. 购买力风险。购买力风险也称通货膨胀风险，指由于物价普遍持续上涨而给有价证券的本金和利息带来损失的可能性。一般来说，通货膨胀有利于债务人，而不利于债权人。固定收入的有价证券（如债券）的购买力风险比可变收入的有价证券（如股票）大。

5. 信用风险。信用风险又称违约风险，指交易的一方因倒闭或其他原因不能履约而给另一方带来的风险。一般来说，普通股的股东、优先股的股东和债权人根据企业破产的清偿顺序，依次面临证券发行者的信用风险，普通股股东信用风险最大，债权人信用风险相对小。

6. 市场风险。市场风险指由于金融市场价格行情变化而引起的投资者的实际收益偏离预期收益的可能性。一般来说，在证券市场的牛市阶段，多数的证券价格会上涨；在熊市阶段，多数证券价格会下跌。

7. 法律风险。法律风险指由于金融市场的法律不健全，当交易双方发生纠纷时，很难找到适用的法律条款来约束而造成损失的风险。在衍生金融交易中，衍生工具和交易品种不断创新，法律的制定落后于市场的发展，容易出现法律风险。

（三）系统性风险和非系统性风险

金融市场上风险的种类虽然很多，但从引发风险的根本原因及其规避风险的结果上来分析，所有的风险均可以归结为系统性风险和非系统性风险两类。

1. 系统性风险。系统性风险也称为不可多样化风险，指因外部客观环境发生变化，金融投资者自身不能控制的一些因素所引起的投资报酬的变动。如战争、金融危机、经济衰退等原因所带来的风险。系统性风险的显著特点是：这类风险不可能通过调整投资结构和实行金融资产投资组合多样化而消除。

2. 非系统性风险。非系统性风险又称可多样化风险，它是某个市场、某种产业或某个企业所特有的风险。如某种股票的价格下跌，某种债券利率的上升，某个市场某种金融工具供不应求等给投资者带来的损失。投资者可以通过金融资产的多样化组合来规避非系统性风险。

二、金融市场风险的宏观管理

金融市场的风险种类繁多，无时不在。从参与金融市场活动的交易者或投资者来说，必须要有风险意识，要有承受风险的心理准备。对非系统性风险，投资者要熟悉市场、分析市场并可灵活运用市场工具进行多样化组合来有效规避风险，但这要求交易者或投资者必须具备较高的专业知识。就系统性风险而言，其波及性和危害性极大，规避比较困难，但从金融市场的整体运行和宏观经济管理来说，通过健全机制、规范市场、加强管理可以适当加以防范。结合我国金融市场实践，加强对金融市场风险的宏观管理可以从下面几方面入手。

（一）加快金融市场法制建设，规范金融市场运作

金融法制对金融市场的安全、稳健运行起着重要的保证作用。制定和颁布有关金融市场的法律，如《证券法》、《票据法》、《金融衍生交易法》、《同业拆借法》等法律，逐步建立适应市场经济发展的金融法律体系，规范金融市场运作，使金融市场的各种活动能够做到有法可依，违法必究，可以有效降低金融市场风险。

（二）发展和完善金融市场

金融市场的多层次，交易品种的多样化，有利于分散风险。“不要把所有的鸡蛋放在一个篮子里”是防范金融风险的最好办法。因此，建立多层次的金融市场是保证金融市场稳定发展、规避风险的必要条件。多层次的金融市场不仅要有货币市场，而且要有资本市场；不仅有传统的金融市场，而

且有金融期货、金融期权等衍生金融市场。利用金融期货、期权等衍生金融交易，通过套期保值等活动可以达到规避风险的目的。

（三）加强金融市场监管，防范金融过度投机

中央银行与金融市场的其他监管部门，要依照国际惯例，完善监管制度，加强对本国金融市场的监管，特别是对衍生金融市场、离岸金融市场的监管。要堵塞漏洞，维护金融市场安全稳健运行，做到公开、公平、公正。金融市场的监管当局，要密切关注金融市场的投机活动，采取措施防范和打击金融市场的过度投机活动。

（四）强化金融市场风险管理

1. 建立健全信息披露制度，增加金融市场的透明度。

2. 增强市场参与者对金融市场的理性认识，防止金融市场参与者的过度投机活动。

3. 建立健全各项交易制度。无论是交易所交易，还是柜台交易，都应该有严格的规章制度，从而规范交易操作，有效防范金融市场运作风险。

4. 督促证券公司与证券交易所建立有效的风险评价体系，健全财务管理制度。

5. 建立健全金融市场信用担保体系。

（五）建立健全汇率机制

建立健全汇率机制，实行灵活的汇率政策，避免钉住特定的“通货篮”而受制于其他国家货币波动的影响。要不断调整汇率政策，以适应金融市场的变化，防止汇率出现大幅度的波动，避免汇率风险。

（六）逐步推进利率市场化改革

利率作为金融市场上资金的价格，它是由市场供求关系决定的，客观上反映当期的资金成本。利率市场化是指中央银行控制基准利率，市场交易利率基本上由市场供求关系决定。实现利率市场化，能使利率水平的高低反映市场供求状况，还原资金价格的真实成本。利率市场化还有利于与国际利率水平接轨，减少国内外利率水平的过度反差引起的国际短期资本的套利流动，有利于稳定本国金融市场。

就市场的微观活动而言，不同的金融市场有不同的金融风险，需要实施不同的金融管理，下面几节将针对不同的市场结合我国的实际讨论市场的管理。

第二节
货币市场管理

一、同业拆借市场的管理

（一）同业拆借市场准入管理

同业拆借是金融机构法人之间相互融通资金。我国规定参加同业拆借市场的对象仅限于经过中国人民银行批准，并在工商行政管理机关登记注册的商业银行和其他金融机构。非金融机构和个人不得以任何形式参加同业拆借市场，不具有法人资格的银行分支机构不能参加，中国人民银行及其分支机构不得以任何形式参加同业拆借。1998 年 10 月起，允许保险公司加入同业拆借市场，1999 年 10 月 12 日，经中国人民银行批准，七家证券公司与十家基金管理公司获准进入同业拆借市场。

（二）同业拆借资金管理

金融机构的拆出资金仅限于交足法定存款准备金、留足备付金和归还中国人民银行再贷款后的闲置资金，严禁占用联行汇差资金和人民银行借款去搞拆借；拆入资金只能用于弥补票据清算、联行汇差的头寸不足和解决临时性、季节性资金周转的需要，拆入资金不得用于弥补信贷收支缺口，不得用拆借资金发放固定资产贷款或者用于投资。

（三）同业拆借资金额度管理

根据资产负债比例管理的要求，中央银行规定了金融机构拆入、拆出资金的比例：拆入资金余额与各项存款余额之比不得超过 4%，拆出资金余额与各项存款余额（扣除存款准备金、联行占款）之比不得超过 8%。基金管理公司回购的资金余额不得超过基金净资产的 40%；证券公司拆入、拆出资金余额均不得超过实收资本金的 80%；债券回购资金余额不得超过实收资本金的 80%。

（四）同业拆借资金期限管理

同业拆借期限分为 7 天（含 7 天）以内的同业头寸拆借和 7 天以上、4 个月以内的同业短期拆借。商业银行向证券公司、信托投资公司、企业集团财务公司、金融租赁公司拆出资金的期限不得超过 7 天；政策性银行、证券公司、保险公司在同业拆借市场上只能拆入7天以内的头寸资金。同业拆借应以7天以内的头寸拆借为主，商业银行之间的短期拆借，最长不得超过4个月。基金管理公司的债券回购最长期限为1年，不得展期。证券公司债券回购最长期限为1年。

（五）同业拆借资金利率管理

同业拆借利率是拆借市场上的资金价格，其确定和变化要受制于银根松紧、中央银行的货币政策意图、货币市场其他金融工具的收益率水平、拆借期限、拆入方的资信程度等多方面因素。

我国同业拆借市场形成之后，中国人民银行对同业拆借市场的拆借利率实行了较为严格的管理。1990年3月，中国人民银行发布了《同业拆借管理暂行条例》，规定同业拆借的利率高限由中国人民银行总行根据资金供求情况调整，拆借双方可在规定的限度之内，协商确定拆借利率。当时规定同业拆借利率最高不得高于中国人民银行对专业银行日拆性贷款利率的30%。以后随着人民银行日拆性贷款利率的调整，同业拆借利率的最高限也相应变动。1996年1月全国银行间同业拆借市场建立之后，中国人民银行运用计算机网络系统，对交易量、利率期限等拆借市场的各种信息集中汇总，并据此在加权平均的基础上生成全国统一的同业拆借市场加权平衡利率对外公布，以适应建立和发展社会主义市场经济体制的客观要求。为了使利率真正由市场资金供求关系自发决定，推进利率的市场化改革，以便为最终实现市场均衡利率创造条件，中国人民银行决定从1996年6月1日起，取消银行间同业拆借利率的上限限制。这是推进和完善我国同业拆借市场的重要举措。随着1996年中国人民银行两次下调存贷款利率，同业拆借利率运行平稳，呈现出明显的阶段性下降趋势。同业拆借利率对国家重大经济、金融政策的调整及金融市场资金供求关系变化的反映日趋敏感，其作为中央银行金融宏观调控的指示器的作用开始显现出来。2007年1月，在已有银行间同业拆借利率运行基础上，我国正式推出了上海银行间同业拆借利率（Shanghai Inter－bank Offered Rate，简称SHIBOR）。这是由信用等级较高的16家商业银行组成报价团进行自主报价，全国银行间同业拆借中心再根据上述报价行的报价，剔除最高、最低各2家报价行的报价，对其余12家报价计算算术平均利率，由此生成上海银行间同业拆借利率。目前上海银行间同业拆借利率包括隔夜、1周、2周、1个月、3个月、6个月、9个月及1年几种。SHIBOR的推出，意味着中国货币市场建立起了真正的价格中枢，它不仅是短期债券定价的参考基准，也是货币市场衍生金融工具如利率互换、利率期权、利率期货等的基础性指标。

（六）同业拆借合同管理

参加同业拆借双方必须签订拆借合同，合同内容包括拆借的金额、期限和利率，以维护拆借双方的权利和义务。

二、票据市场的管理

（一）使用票据的规定

我国 1995 年 5 月 10 日颁布的《票据法》规定，票据出票人制作票据，应当按照法定条件在票据上签章，并按照所记载的事项承担票据责任，即票据债务人向持票人支付票据金额的责任。持票人行使票据权利，应当按照法定程序在票据上签章，并出示票据。其他票据债务人在票据上签章的，按照票据所记载的事项承担票据责任。

票据的签发、取得和转让，应当遵循诚实信用的原则，应具有真实的交易关系和债权债务关系。票据上的记载事项应当真实，不得伪造、变造。签发汇票必须以合法的商品交易为基础，汇票经承兑后，付款人和承兑人负有到期无条件支付汇票金额的义务。

（二）使用票据的管理

1. 商业承兑汇票的管理。商业承兑汇票的付款人必须在汇票正面签署“承兑”字样并加盖印鉴；印鉴必须与其在开户银行预留印鉴相符；付款人应于汇票到期前，将票款足额缴存其开户银行。

2. 银行承兑汇票的管理。银行承兑汇票的承兑申请人向其开户银行申请承兑，银行应按规定进行审查，符合承兑条件的银行与承兑申请人签订承兑契约，并在汇票上签章。承兑申请人应于汇票到期前将票款足额交存其开户银行。

三、国库券市场的管理

国库券市场的管理，是对国库券发行、流通转让的管理。对发行的管理包括国库券的发行规模，发行期限、发行方式和发行利率的管理；对于流通市场的管理包括对国库券交易活动、券商以及支付清算系统的管理。

四、大额可转让定期存单市场的管理

大额可转让定期存单的管理包括发行单位、存单面额、存单期限、利率、发行和转让的管理。大额可转让定期存单仅限于银行发行，存单面额大小各国规定不同。在美国大额可转让定期存单最低面额是10万美元，在日本为1亿日元。存单期限为1个月、3个月、6个月、9个月和12个月。存单不得提前支取、但可以通过柜台交易转让。

五、证券回购市场的管理

买断式回购业务是指债券持有人（正回购方）将债券卖给债券购买方（逆回购方）的同时，交易双方约定在未来某一日期，正回购方再以约定价格从逆回购方买回相等数量同种债券的交易行为。

（一）证券回购交易市场准入的管理

证券回购交易市场的交易者必须是独立的法人、并具备准入不同证券市场的其他条件。不具备法人资格的机构，不允许进场交易。严格禁止个人进入场内交易。

（二）买断式回购业务合同的管理

市场参与者进行买断式回购应签订买断式回购主协议，该主协议须具有履约保证条款，以保证买断式回购合同的切实履行。市场参与者进行每笔买断式回购均应订立书面形式的合同，其书面形式包括全国银行间同业拆借中心交易系统生成的成交单，或者合同书、信件和数据电文等形式。

买断式回购主协议和书面形式的合同构成买断式回购的完整合同。交易双方认为必要时，可签订补充协议。

（三）买断式回购期限的管理

买断式回购的期限由交易双方确定，但最长不得超过91天。交易双方不得以任何方式延长回购期限。

（四）买断式回购交易的管理

买断式回购期间，交易双方不得换券、现金交割和提前赎回；进行买断式回购，交割时应有足额的债券和资金；买断式回购以净价交易，全价结算；买断式回购首期结算金额与回购债券面额的比例应符合中国人民银行的有关规定；进行买断式回购，交易双方可以按照交易对手的信用状况协商设定保证金或保证券。设定保证券时，回购期间保证券应在交易双方中的提供方托管账户冻结；进行买断式回购，任何一家市场参与者单只券种的待返售债券余额应小于该只债券流通量的20%，任何一家市场参与者待返售债券总余额应小于其在中央国债登记结算有限责任公司托管的自营债券总量的20%。

六、货币市场基金管理

货币市场基金是指仅投资于货币市场工具的基金。

（一）货币市场基金投资对象的管理

货币市场基金应当投资于以下金融工具：现金；1 年以内（含 1 年）的银行定期存款、大额存单；剩余期限在 397 天以内（含 397 天）的债券；期限在 1 年以内（含 1 年）的债券回购；期限在 1 年以内（含 1 年）的中央银行票据；中国证监会、中国人民银行认可的其他具有良好流动性的货币市场工具。

货币市场基金不得投资于以下金融工具：股票；可转换债券；剩余期限超过 397 天的债券；信用等级在 AAA 级以下的企业债券；中国证监会、中国人民银行禁止投资的其他金融工具。

（二）货币市场基金的投资组合的管理

投资于同一公司发行的短期企业债券的比例，不得超过基金资产净值的 10%；存放在具有基金托管资格的同一商业银行的存款，不得超过基金资产净值的 30%；存放在不具有基金托管资格的同一商业银行的存款，不得超过基金资产净值的 5%；在全国银行间债券市场债券正回购的资金余额不得超过基金资产净值的 40%；中国证监会、中国人民银行规定的其他比例限制。

（三）货币市场基金投资组合的剩余期限的管理

货币市场基金投资组合的平均剩余期限，不得超过 180 天。以市场利率为基准利率的可变利率或浮动利率债券，利率调整频率小于 1 年的债券的剩余期限等于计算日距下一个利率调整日的剩余时间；回购协议的剩余期限等于计算日距协议规定的交易基础债券的日期的剩余时间。

货币市场基金应当在年度报告、半年度报告和季度报告的投资组合报告部分披露基金投资组合的平均剩余期限。

第三节
资本市场管理

一、资本市场管理体制

资本市场又称长期资金市场，是指期限在一年以上的资金借贷和有价证券交易的市场。典型的资本市场指的是证券市场，主要包括证券发行市场和证券流通市场。

资本市场的管理体制可以分为三种类型，即集中型管理体制、自律型管理体制和中间型管理体制。

（一）集中型管理体制

集中型管理体制指政府通过制定专门的资本市场管理法律，并设立全国性的资本市场监督管理机构来实现对资本市场的管理。美国是集中型管理体制的代表，属于该体制的国家还有加拿大、日本、菲律宾、韩国、巴基斯坦、以色列和埃及等国家。

以美国为例，集中型管理体制首先要求制定专门的法律。美国资本市场管理的主要法律有：《1933 年证券法》、《1934 年证券交易法》、《1935 年公开专业控股公司法》、《1940 年投资公司法》和《1970 年证券投资保护法》等。同时必须设有全国性的管理机构。根据《1934 年证券交易法》，美国设立了专门证券管理机构——证券交易委员会，负责对全国的证券发行、证券交易所、证券商等实施全面监管。

（二）自律型管理体制

自律型管理体制指政府除了某些必要的国家立法外，较少干预资本市场，对资本市场的管理主要由证券交易所以及证券商协会等组织机构自律管理。自律型管理体制典型代表是英国，还有香港、马来西亚、荷兰、新加坡等国家和地区。

以英国为例，自律型管理体制没有单独制定资本市场管理法律。英国没有单独的证券法或证券交易法，证券立法散见于其他法律条文中。它主要由《1985 年公司法》中有关公开说明书规定、有关证券商的登记、防止欺诈的条例和有关证券发行的管理等法规组成。其次从管理机构看，没有设立全国性专门的证券管理机构。英国证券市场管理由证券市场及其交易的参与者进行自我管理，其核心由英国证券业理事会和证券交易所协会等非政府机构组成。

（三）中间型管理体制

中间型管理体制兼有集中立法和自律管理的特点，既强调立法管理又注重自律管理。属于中间型管理体制的国家主要有德国、泰国、约旦、意大利等。

（四）我国资本市场管理体制

1. 我国资本市场的管理机构。1992 年 10 月以前，资本市场的管理主要由中国人民银行负责。1992 年 10 月，成立了国务院证券委员会（简称证券委）及其执行机构——中国证券监督管理委员会（简称证监会），他们会同国家计划发展委员会、中国人民银行、财政部等职能机构对中国资本市场进行监管。但是，由于证券委没有专职人员，实际上很难履行其管理职能，而证监会在行使具体的监督管理职能时，又因为缺乏法定的权威性，很难与国务院有关职能部门和地方政府有效协调。于是，国务院决定撤销证券委，在 1998 年 5 月 18 日证监会正式挂牌，对全国证券市场实行集中统一监管。

证监会的主要职责是：依法制定有关证券市场监督管理的规章、规则，并依法行使审批或者核准权；依法对证券的发行、交易、登记、托管、结算等进行监督管理；依法对证券发行人、上市公司、证券交易所、证券公司、证券登记结算机构、证券投资基金管理机构、证券投资咨询机构、资信评估机构以及从事证券业务的律师事务所、会计师事务所、资产评估机构的证券业务活动，进行监督管理；依法制定从事证券业务人员的资格标准和行为准则，并监督实施；依法监督检查证券发行和交易的信息公开情况；依法对证券业协会的活动进行指导和监督；依法对违反证券市场监督管理法律、行政法规的行为进行查处。

2. 我国资本市场的自律性组织。除证监会负责对证券市场监管外，还有一些自律性管理机构。目前主要有证券业协会和证券交易所，证券业协会负责整个行业范围内的协调、管理，并侧重证券的场外交易管理；证券交易所负责证券的场内交易管理，即对在证券交易所上市的证券的管理。

证券业协会的主要职责是：协助证券监督管理机构教育和组织会员执行证券法律、行政法规；依法维护会员的合法权益，向证券监督管理机构反映会员的建议和要求；收集整理证券信息，为会员提供服务；制定会员应遵守的规则，组织会员单位从业人员的业务培训，开展会员间的业务交流；对会员之间、会员与客户之间发生的纠纷进行调解；组织会员就证券业的发展、运作及有关内容进行研究；监督、检查会员行为，对违反法律、行政法规或者协会章程的，按照规定给予纪律处分。

证券交易所的主要职责是：实行会员制度，通过制定严格的证券交易所章程，管理会员的经营行为；实施有关经营、清算、过户等一系列规章制度，对证券交易程序作出明确规定；对证券交易实行财务、信息公开制度。

二、证券发行市场的管理

对证券发行市场的管理，一般有注册制和核准制两种。

（一）注册制

注册制是指证券发行者在发行新证券之前，必须按照有关法规向证券主管机关申请注册，经正式注册批准，才能公开发行。注册制实际上是一种发行证券的公司财务公布制度，它要求发行证券公司提供关于证券发行本身以及与证券发行有关的一切信息，并要求他们保证其所提供信息的真实性和可靠性。美国、日本实行注册制。

美国的注册制采取自动生效方式，即证券主管机关接到申报书后20天内进行严格审核，如无异议，则自第21天起证券发行自动生效，证券便可进入证券初级市场，向投资者公开销售。但如果申报书内容不实，有谎报、漏报、缺报等不符注册要求的情况，则证券主管机关须在20天内通知发行公司作出修改或补充，并延长注册生效期，若延期修改后仍不符要求，证券主管机关有权取消发行公司的注册资格。如在证券发行后发现问题，则投资者有权提起诉讼，追究其法律责任，并可要求赔偿经济损失。

实行注册制的国家并非所有的证券发行都要进行申报注册，有些证券则免于注册。美国的有关证券法规就对一部分有价证券的发行准许免于注册，如美国财政部发行的国库券、政府公债券和其他联邦机构发行的债券，一部分州政府发行的市政债券经证券交易委员会批准后，也可享受发行注册豁免。

（二）核准制

核准制又称特许制，指发行者在发行新证券之前，不仅要公开其有关真实情况，而且必须符合《公司法》、《证券法》中规定的若干实质性的条件，经主管机关审查许可才能发行。核准制遵循的是实质管理原则，使一些不符合实质性条件的证券不能发行。西欧国家一般采用这种做法，中国也实行这种制度。

三、证券流通市场的管理

证券流通市场的管理以证券交易所、证券商以及各项交易行为为对象，其目的在于防止欺诈、垄断、操纵和其他违法行为，以维护公开、公平和公正的市场原则，达到吸引社会公众投资与促进证券市场发展的目的。证券流通市场管理的内容包括：对证券交易所管理、对场外交易市场管理、对证券商管理以及对证券上市和交易的管理。

（一）对证券交易所的管理

1. 设立证券交易所的管理。证券交易所的设立通常采用特许制、承认制和登记制三种管理方法。

（1）特许制。特许制是指证券交易所在设立之前，必须经过证券市场主管部门批准特许，所制定的各项规章制度也应该送请主管部门核批后，方为有效。特许制以日本为代表。中国也实行特许制，证券交易所的设立由国务院决定，证券交易所章程的制定和修改，必须经国务院证券监督管理机构批准。

（2）承认制。承认制是指凡经正式承认的证券交易所，在业务上完全自治，可自行制定各项规章制度，并具有一定的法律效力。证券交易所的最高权力机构为交易所协会，由会员选举产生。承认制以英国为代表。

（3）登记制。登记制是指凡欲经营一定交易数量的证券交易所，均须到证券管理委员会登记，经审查符合规定的要求，并做出遵守规章制度的书面保证后，方可设立。登记制以美国为代表。

2. 证券交易所行为的管理。证券交易所行为管理的内容一般包括：监督检查和审批证券交易所管理的规章制度；检查证券交易所公开的文件资料是否真实；交易行为有无违反法律规定。证券交易所的行为如果违反法令、妨碍公益、扰乱市场秩序，主管机关可给予行政处理，禁止一部分或全部业务，情节特别严重，可予以解散。

（二）对场外交易市场的管理

场外交易市场指在证券交易所以外进行交易而形成的证券交易市场。在证券交易所上市交易的有价证券一般都必须达到预定的条件，场外交易的证券主要是未达到上市条件的证券，但已在证券交易所上市的证券也可在场外市场进行交易。

场外交易市场形式多样、地点分散，交易时间、数量、方式灵活，交易规模大，涉及到各方面利益，各国对场外交易市场的管理十分重视。场外交易市场主要由证券商协会进行自律管理，辅以国家证券管理机关的监管。主要包括对从事场外交易的证券商、证券以及场外交易价格的管理。

1. 对从事场外交易证券商的管理。从事场外交易的证券商主要包括：①店头证券商，指以买卖未在交易所上市证券为主要业务的证券商。②证券自营商，指专门在证券市场上以自有资金自行买卖证券，从中赚取收益的证券商，其业务活动主要是通过场外市场与投资者进行交易，或者相互交易。③交易所的自营商，指在办理交易所代理或者自营买卖的同时，也办理场外市场交易业务。④政府债券商，指专门买卖中央政府债券和地方政府债券的证券商。

从事场外交易的证券商必须向证券管理当局登记注册，经核准后经营，并遵守有关规定，定期报告经营和财务情况。同时必须建立证券商协会，进行自我管理与监督。

2. 对场外交易行为的管理。在遵守自律管理组织有关规定的同时，场外交易必须遵守国家证券管理机关的有关规定，进行公平交易，防止操纵市场和欺诈等不良行为发生。

3. 对场外交易证券的管理。在场外交易市场上交易的证券，不仅包括交易所不经营的非上市的证券，还包括部分已在交易所上市的证券，主要是政府债券、公司债券和普通股。凡公开发行的、可以允许转让并经过批准的证券，一般可以在场外交易市场进行交易。

4. 对场外交易价格的管理。场外交易价格由证券商之间或者证券商与客户之间协商确定。证券商卖出证券的价格略高于进价，其差价就是收益，交易一般不收取佣金。由于场外交易比较分散，各地形成的交易价格差异较大，价格波动的风险也较大，因此，对其价格要进行管理。这种管理主要通过行业协调和政府管理进行，如由证券商协会定期公布证券的场外交易价格作为当日交易的参考价；证券主管部门对场外交易市场采取涨跌停牌制度，建立自动报价系统等。

（三）对证券商的管理

按照职能来划分，证券商可分为三类：证券承销商、证券经纪商和证券自营商。证券承销商指经营代理证券发行业务的证券经营机构。证券经纪商指接受客户委托，代客户买卖证券的证券交易中间人。证券自营商指为自己买卖证券的证券商。若身兼两职或三职的证券商称为综合证券商。对证券商的管理主要包括对证券商的设立和经营行为的管理。

1. 对证券商设立的管理。设立证券公司必须报请证券主管部门批准并具备基本的条件。

（1）采取注册制设立的证券商必须具备的条件是：达到注册资本金的最低标准；缴纳保证金；从业人员具备相应的知识、经验和能力；通过专门的考试。

（2）采取特许制设立的证券商必须具备的条件是：拥有足够的注册资本金；具备相应的知识、技能和经验；信誉良好。

中国采取特许制。在中国设立证券公司，必须经国务院证券监督管理机构审查批准，领取“经营许可证”，办理营业执照。未经国务院证券监督管理机构批准，不得经营证券业务。国家对证券公司实行分类管理，分为综合类证券公司和经纪类证券公司，并由国务院证券监督管理机构按照其分类颁发业务许可证。综合类证券公司，注册资本最低限额为人民币5亿元；主要管理人员和业务人员必须具有证券从业资格；有固定的经营场所和合格的交易设施；有健全的管理制度和规范的自营业务与经纪业务分业管理的体系。经纪类证券公司注册资本最低限额为人民币5 000万元；主要管理人员和业务人员必须具有证券从业资格；有固定的经营场所和合格的交易设施；有健全的管理制度。

2. 对证券商经营行为的管理。证券公司应该依照国家证券管理部门的有关规定，本着合法经营、公平交易的原则，开展业务活动。证券公司不得从事操纵市场价格、内幕交易、欺诈和其他影响市场行情的行为和交易。

（四）对证券上市和交易的管理

1. 对证券上市的管理。证券上市是指证券在证券交易所公开挂牌买卖。证券上市必须具备一定条件，一般包括最低资本金的规定、公司业绩状况、股权分散化、公司最低开业时间等。已经取得上市资格的证券，若丧失公司法规定的上市条件的，要依法暂停上市或者终止上市。

在中国，上市交易必须报经国务院证券监督管理机构核准，国务院证券监督管理机构可以授权证券交易所依照法定条件和法定程序核准股票上市申请。向国务院证券监督管理机构提出股票上市交易申请时，应当提交必要文件：上市报告书；申请上市的股东大会决议；公司章程；公司营业执照；经法定验证机构验证的公司最近三年的或者公司成立以来的财务会计报告；法律意见书和证券公司的推荐书；最近一次的招股说明书。上市交易申请经国务院证券监督管理机构核准后，其发行人应当向证券交易所提交核准文件和规定的有关文件。证券交易所自接到该股票发行人提交的规定文件之日起六个月内，安排该股票上市交易。上市交易申请经证券交易所同意后，上市公司应当在上市交易的五日前公告经核准的股票上市的有关文件，并将该文件置备于指定场所供公众查阅。

2. 对证券交易的管理。

（1）对证券交易行为的管理，其主要内容包括：①上市公司信息披露管理。上市公司必须向证券管理机构、证券交易所提交中期报告和年度报告，中期报告和年度报告必须符合会计制度和证券管理机构的有关规定。如中国的上市交易公司，应当在每一会计年度的上半年结束之日起两个月内提交中期报告；在每一会计年度结束之日起四个月内提交年度报告，并予以公告，公告应当在国家有关部门规定的报刊上或者在专项出版的公报上刊登，同时将其置备于公司住所、证券交易所，供社会公众查阅。当发生可能对上市公司证券交易价格产生较大影响、而投资者尚未得知的重大事件时，上市公司应当立即将有关该重大事件的情况向证券监督管理机构和证券交易所提交临时报告，并予公告，说明事件的实质。②对内幕人员和内幕交易的管理。内幕人员指知悉证券交易内幕信息的人员，包括：发行股票或者公司债券的公司董事、监事、高级管理人员；持有公司5%以上股份的股东及其董事、监事、高级管理人员，公司的实际控制人及其董事、监事、高级管理人员；发行人控股的公司及其董事、监事、高级管理人员；由于所任公司职务可以获得公司有关内幕消息的人员；证券监督管理机构工作人员以及由于法定职责对证券的发行、交易进行管理的其他人员；保荐人、承销的证券公司、证券交易所、证券登记结算机构、证券服务机构的有关人员；国务院证券监督管理机构规定的其他人。内幕信息是指在证券交易活动中，涉及公司的经营、财务或者对该公司证券的市场价格有重大影响的尚未公开的信息，如公司分配股利或者增资的计划，上市公司收购的有关方案等。证券交易内幕信息的知情人员或者非法获取内幕信息的人员，在涉及证券的发行、交易或者其他对证券的价格有重大影响的信息尚未公开前，买入或者卖出该证券，或者泄露该信息或者建议他人买卖该证券的，责令依法处理非法获得的证券，没收违法所得，并处以违法所得1倍以上5倍以下的罚款；没有违法所得或者违法所得不足3万元的，处以3万元以上60万元以下的罚款。单位从事内幕交易的，还应当对直接负责的主管人员和其他直接责任人给予警告，并处以3万元以上30万元以下的罚款。证券监督管理机构工作人员进行内幕交易的，从重处罚。③对操纵市场行为的管理。操纵市场行为指某一组织或者个人以获取利益或者减少损失为目的，利用其资金、信息等优势，或者滥用职权，影响证券市场价格，制造证券市场假象，诱导或者致使投资者在不了解事实真相的情况下做出证券投资决定，扰乱证券市场秩序的行为。操纵市场行为包括：单独或者通过合谋，集中资金优势、持股优势或者利用信息优势联合或者连续买卖，操纵证券交易价格或数量；与他人串通，以事先约定的时间、价格和方式相互进行证券交易，影响证券交易价格或者证券交易量；在自己实际控制的账户之间进行证券交易，影响证券交易价格或者证券交易量；以其他手段操纵证券市场。我国《证券法》第二百零三条规定："操纵证券市场的，责令依法处理非法持有的证券，没收违法所得，并处以违法所得1倍以上5倍以下的罚款；没有违法所得或者违法所得不足30万元的，处以30万元以上300万元以下的罚款。单位操纵证券市场的，还应当对直接负责的主管人员和其他直接责任人员给予警告，并处以10万元以上60万元以下的罚款"。④对证券业从业人员、证券业管理人员的管理。证券业从业人员是指从事证券发行交易及其相关业务机构的工作人员。证券业管理人员是指证券管理部门和证券业自律性管理组织的工作人员。证券交易所、证券公司、证券登记结算机构从业人员、证券监督管理机构工作人员，在任期或者法定限期内，不得直接或者以化名、借他人名义持有、买卖股票，也不得收受他人赠送的股票，其原已持有的股票，必须依法转让。上述人员故意提供虚假资料，伪造、变造或者销毁交易记录，诱骗投资者买卖证券的，取消从业资格，并处以3万元以上5万元以下的罚款；属于国家工作人员的，还应依法给予行政处分。构成犯罪的，依法追究刑事责任。

（2）对证券交易方式的管理。证券交易方式主要有现货交易、期货交易、信用交易、期权交易、期货指数交易等，证券交易采用什么方式与证券市场发展状况和管理制度完善程度有关。中国目前只开展证券现货交易，未经批准，任何单位和个人不得进行证券的期货、期货指数、期权等交易。

第四节
金融衍生市场管理

一、金融监管当局的专门机构管理

金融衍生市场管理首先是由金融监管当局的专门机构负责金融衍生工具的宏观管理，制定金融衍生工具交易与监管的法规，组织日常管理和查处重大违法违规事件。

金融衍生市场比较发达的国家，一般均设有专门的机构或部门，负责对金融衍生市场的管理。如美国的联邦金融检察署、1995年9月英国证券监督委员会设立的金融风险部、香港的金融管理局、1992年澳大利亚成立的金融监管委员会等机构，均负有对本国金融衍生市场管理的职责。上述机构对金融衍生市场管理的内容主要有：①制定和颁布有关金融衍生交易监管法规。如美国联邦金融检察署制定和颁布了《衍生金融商品风险交易管理》、《衍生金融商品交易的统一标准》等。②增加金融衍生市场的透明度，及时准确掌握金融衍生市场的风险暴露情况。③做好金融衍生市场发展规划，明确目标，评估其对金融经济的影响。

在各个国家加强对金融衍生市场监管的基础上，加强金融衍生工具国际统一监管的呼声越来越高，有关机构之间的协调也越来越多。各国监管当局积极加入了国际监管组织，制定并执行统一的国际监管条例。例如，1988年7月巴塞尔委员会颁布了《巴塞尔协议》，其中对金融衍生工具的监管在对表外业务的规定中有了明确体现；1994年巴塞尔委员会发出《衍生工具风险管理指南》，呼吁全球银行及证券管理机构携手合作，严格控制衍生工具的风险；巴塞尔委员会1996年公布《巴塞尔资本金协议市场风险修正案》、1997年7月推出《有效银行监管的核心原则》、1998年9月22日又发表了《关于操作风险管理的报告》、《银行组织内部监控体系框架》、《关于银行透明度的建议》，都对衍生金融工具风险控制作了具体规定。

二、行业自律组织管理

为了制约交易者行为，规范金融衍生市场交易，有效降低交易风险，不少国家建立了行业自律组织，通过制定一系列的规章制度，对加入该组织的所有会员实行统一管理、统一协调和统一监督。行业自律组织的管理内容主要有：制定衍生金融交易规则；对市场参与者的道德准则、执业水平、补偿措施制定统一标准；对会员提供各种业务咨询活动和培训服务。

例如，1974年美国联邦政府成立了“商品期货交易委员会”，由该委员会授权期货行业成立自我管理性质的全国期货行业协会，其主要职能有：①宣传、传达政府监管机关的有关政策法规，为政府监管机构提供各交易所的运行和市场交易情况；②强化衍生交易会员的标准，统一职业道德的行为规范，实施客户保护条例；③定期审查专业人员的会员资格；④审计、监督衍生市场参与者的资金账户、财务和执行交易法规的情况；⑤对衍生交易中出现的一些问题和纠纷进行仲裁；⑥普及客户和会员的衍生交易知识，宣传该协会的职能和作用等。

三、交易所的自我监管

交易所是进行衍生交易活动的基本场所，是衍生市场管理体系最基本的管理与执行机构。交易所必须遵守有关法规条例，在自觉接受政府监管的基础上开展业务，对交易所内的衍生交易活动行使监督、管理职能，以保证交易活动的正常进行。

美国的交易所对金融衍生业务的自我监管主要从以下几个方面进行：①检查会员资格，监督会员依法从事业务活动，监督不同类型的会员有否超出其规定的范围进行交易；②监督交易场内的一切交易活动，包括衍生交易的种类、数量、品种、规模及价格水平，防止任何垄断、操纵价格的做法，保证衍生交易在具有透明度的公开条件下竞争；③制定交易所的规章、业务惯例、实施细则，监督和管理交易所内衍生交易的行为准则；④检查经纪行会员的资本充足率，监督经纪行会员有无多收客户佣金而代理超出其资金限额能力的交易；⑤对违规、违章的交易会员作出相应的行政处罚及刑事申诉，通过仲裁方式解决资产活动中出现的纠纷；⑥维护交易准则的严肃性，监督衍生交易法规的执行情况。

四、从事金融衍生交易的各类机构的内部管理

交易者参与衍生市场交易活动，要有效规避风险，必须加强自身的内部管理。

（一）建立风险管理系统

参与金融衍生交易的机构应由高层管理部门负责拟定风险管理的程序，董事会定期考核金融衍生交易风险的暴露情况，并对风险管理程序进行评估和修正，尤其应对风险衡量、风险限制和风险报告的有效性进行评估。

（二）确定合理的风险管理过程

风险管理过程包括：①风险衡量系统。对各类的风险进行全面、准确和及时的衡量。②风险限制系统。界定各类风险的界限，保证风险暴露超过规定界限时能及时报告管理层，并能采取相应的对策。③风险报告系统。由风险管理部门将所衡量的风险及时向高层管理部门报告。

（三）实行全面的内部控制

全面的内控制度包括：①健全和完善衍生金融交易的风险管理和制度，加强对风险管理过程和内部控制系统进行定期检查。②实行“四眼原则”，有关交易的环节都必须由两位授权人员共同执行完成。③落实岗位责任制和岗位分离制度，将交易人员与事后监督人员分开，前台与后台人员分开。④实行授权授信制度，对不同层次的操作人员实行不同的授权授信，每一个操作人员都应该在授权授信的范围内行事。⑤重视事中控制和事后监控。

（四）严格实行保证金制度或最低资本金制度

投资者必须有足额的初始保证金，才能将其委托单传送到交易系统；实施日间保证金追加制度，以防止市场发生剧烈波动而带来的信用风险；在金融衍生商品交易中应持有防范交易对手信用风险的资本金。

第五节 外汇市场管理

一、外汇市场管理的概述

（一）外汇市场管理的对象

外汇市场管理分为对外汇市场上的参与者管理和对交易对象的管理。

国家一般根据自然人和法人居住地的不同，将外汇市场上的参与者划分为居民和非居民。居民指在外汇管制国家以内居住和营业的法人和自然人。非居民是指在外汇管制国家以外居住和营业的法人和自然人。多数国家对居民的管理较严格，对非居民管理较宽松。

外汇市场上的交易对象包括外国货币、外币支付凭证、外币有价证券以及其他在外汇收支中所使用的各种支付手段和外汇资产。

（二）外汇市场管理机构

各国有不同的外汇管理机构，从事对外汇市场的管理。管理机构的类型主要有：①国家授权中央银行对外汇市场进行管理，如英国的英格兰银行。②国家设立专门的外汇管理机构对外汇市场进行管理，如法国、意大利设立的外汇管理局。③由国家的行政部门负责外汇市场管理，如日本的大藏省（类似我国财政部）。

（三）外汇市场管理的形式

对外汇市场的管理分为直接管理和间接管理两种形式。①直接管理，指外汇市场管理机构对外汇市场上的外汇供求直接从数量上进行控制。主要措施包括：实行统一的外汇买卖政策；实行不由市场供求决定的汇率制度；禁止或限制外汇资金出入国境；直接限制外汇需求数量。②间接管理，指通过间接手段来影响外汇市场的供求关系。主要措施包括：设立外汇平准基金，干预市场汇率；实行进口许可制和配额制等。

二、外汇市场管理的内容

（一）对外汇收支的管理

1. 经常项目外汇收支的管理。经常项目外汇收支的管理包括贸易外汇收支的管理和非贸易外汇收支的管理。①贸易外汇收支的管理包括：对进口付汇的管理，主要措施有实行进口许可制、进口配额制、垄断经营等。对出口收汇的管理，主要措施有补贴、外汇留成、在指定银行办理结汇等。②非贸易外汇收支的管理包括：对非贸易外汇收入的管理，主要措施有：强制兑换、许可证制度、留成制度、免征利息税等。对非贸易外汇支出的管理，主要措施有：开征外币兑换税、规定购汇的限额和购买间隔期等。

2. 资本项目外汇收支的管理。资本项目外汇收支的管理包括对本币资本、外币资本、投资利润、股息等输入输出以及有价证券买卖进行管理。主要措施有：对资本的输入输出实行审批管理；对外国投资的比例进行限制；对外国投资所取得利润的汇出实行限额控制；对有价证券买卖以及存款实行限制等。

（二）对汇率的管理

对汇率的管理主要是对汇率制度和汇率水平进行管理，主要方式有：①直接管制汇率。如实行官定汇率，一国的汇率水平由政府或中央银行来制定、调整和公布。②间接调节汇率。如监管机构对汇率不进行直接的干预，汇率由外汇市场供求关系自发调节。当市场汇率剧烈波动时，监管机构可以利用外汇平准基金干预外汇市场，使市场汇率稳定。

（三）对外汇交易的管理

在外汇交易市场上对外汇交易进行管理主要包括：①指定外汇交易的机构，即指定哪些金融机构可以办理外汇交易。②规定外汇交易的种类、期限和金额。③对交易风险实施管理，监管机构要确定外汇银行的敞口头寸，一般情况下限额为相关资本的20%。④制定外汇交易的管理法规，对违反法律规定和交易规则的进行检查处理。

三、中国外汇市场管理

中国外汇市场分为两个层次：一是通过中国外汇交易系统进行的银行间的外汇买卖市场；二是外汇指定银行与企业之间的结售汇市场。

（一）银行间外汇市场的管理

1. 对外汇交易中心的管理。外汇交易中心要提供并维护银行间的外汇交易系统；入市交易的主体采取会员制，只有会员才能参与外汇市场交易；会员必须遵守有关外汇管理法规，接受外汇交易中心的管理。外汇交易中心组织人民币对美元、港币和日元的即期交易，本外币资金清算采取“T+1”原则，并提供外汇市场的信息服务。

2. 交易行为的管理。会员之间的外汇交易必须通过外汇交易中心进行，非会员外汇交易必须通过有代理资格的会员进行。外汇交易中心自身不得从事外汇交易。交易价格采取直接标价法，交易中心和会员单位应当保证用于清算的外汇和人民币资金在规定的时间内办理交割入账。

3. 对市场汇率的管理。中国人民银行授权国家外汇管理局规定和调整每日外汇市场交易价格的最大浮动幅度；中国人民银行根据外汇市场形成的价格，公布当日人民币市场汇率，外汇交易应当根据当日市场汇率并在规定的每日最大价格浮动幅度内进行。

4. 对违规交易的管理。会员违反国家外汇管理规定、交易中心章程和业务规则，国家外汇管理局对其处以通报批评、暂停交易或取消会员资格，由此造成的经济损失由会员承担；交易员违反交易中心的交易规则，给予警告、通报批评、取消交易资格等处罚，造成经济损失的应承担民事责任，经济损失由其会员单位承担；交易中心擅自改变交易时间、交易方式、交易币种及品种、清算方式，无故拖延清算资金划拨，造成经济损失的由交易中心承担，同时追究主管人员的责任。

（二）对结售汇市场的管理

1994年外汇体制改革后，我国对中资企业经常项目下的外汇收入实行严格的结汇制，对外汇支出实行银行售汇制。1996年7月1日，外商投资企业的外汇买卖也纳入结售汇体制。1997年10月15日，允许部分中资企业开立外汇账户，保留一定限额的经常项目外汇收入，从强制结汇开始向意愿结汇过渡。2001 年 11 月，放宽中资企业外汇结算账户开立标准，并将中资企业外汇收入保留限额提高至 25%；2002 年 10 月，取消中资企业开立经常项目外汇账户的条件限制，允许企业按照其上年度经常项目外汇收入的 20% 核定账户限制；2004 年 3 月，将境内机构经常项目外汇账户可保留现汇的比例由 20% 调高至 30% ~50%；2005 年 8 月，将境内机构经常项目外汇账户保留现汇的比例由 30% ~50% 调高到 50% ~80%；2006 年 6 月，调整银行结售汇头寸管理办法，实行结售汇综合头寸管理；2007 年 8 月，境内机构可根据经营需要自行保留其经常项目外汇收入，在中国实行了 13 年的强制结售汇制度正式退出了历史舞台。

思考与练习

1. 什么是金融市场风险？金融市场风险有哪些种类？
2. 防范金融市场风险的一般措施有哪些？
3. 同业拆借市场的管理包括哪些内容？
4. 资本市场的管理体制有哪几种类型？
5. 中国资本市场有哪些管理规定？
6. 什么是证券发行注册制和核准制？
7. 如何对证券交易进行管理？
8. 对金融衍生市场管理可以从哪几个方面入手？
9. 简述经常项目和资本项目外汇收支的管理内容。

主要参考书目

1.《金融市场学》，郭国有主编，陕西人民出版社 1999 年版。

2.《金融市场投资》，朱淑珍、李金明等编著，中国纺织出版社 1999 年版。

3.《金融市场与证券投资》，安杰山、徐莉主编，中国财政经济出版社 1997 年版。

4.《金融市场与证券投资》，夏德仁等主编，东北财经大学出版社 1992 年版。

5.《股份制经济学概论》，于纪渭著，复旦大学出版社 1996 年版。

6.《证券市场导论》，周正庆主编，中国金融出版社 1998 年版。

7.《证券知识读本》，周正庆主编，中国金融出版社 2000 年版。

8.《支付结算制度汇编》，中国人民银行会计司编，新华出版社 1997 年版。

9.《金融市场概论》，王宗军主编，华中理工大学出版社 1999 年版。

10.《国际金融概论》，陈彪如主编，华东师范大学出版社 1988 年版。

11.《国际金融》，刘舒年主编，对外经济贸易大学出版社 1991 年版。

12.《国际金融市场操作实务》，蒋鸿雁编著，经济日报出版社 1996 年版。

13.《金融市场原理与实务》，金建栋主编，中国金融出版社 1990 年版。

14.《投资基金》，袁文平主编，西南财经大学出版社 1998 年版。

15.《实用期货指南》，张衡、陈学彬主编，成都科技大学出版社 1995 年版。

16.《国际金融专题研究》，崔荫编著，福建教育出版社 1999 年版。